权威·前沿·原创

皮书系列为
"十二五""十三五""十四五"时期国家重点出版物出版专项规划项目

B

BLUE BOOK

智 库 成 果 出 版 与 传 播 平 台

中三角蓝皮书

BLUE BOOK OF CHANGJIANG MIDDLE
REACHES MEGALOPOLIS

长江中游城市群发展报告
（2024）

THE DEVELOPMENT REPORT ON
CHANGJIANG MIDDLE REACHES MEGALOPOLIS (2024)

统筹推进高水平保护和高质量发展

组织编写／湖北省社会科学院
主　　编／张　静
副主编／汤鹏飞　李春香

社会科学文献出版社
SOCIAL SCIENCES ACADEMIC PRESS (CHINA)

图书在版编目（CIP）数据

长江中游城市群发展报告.2024：统筹推进高水平
保护和高质量发展/张静主编；汤鹏飞，李春香副主编.
北京：社会科学文献出版社，2025.3.--（中三角蓝皮
书）.--ISBN 978-7-5228-4980-5

Ⅰ.F299.275

中国国家版本馆 CIP 数据核字第 2025WT9591 号

中三角蓝皮书
长江中游城市群发展报告（2024）
——统筹推进高水平保护和高质量发展

组织编写/湖北省社会科学院
主　　编/张　静
副 主 编/汤鹏飞　李春香

出 版 人/冀祥德
责任编辑/张　超
责任印制/岳　阳

出　　版/社会科学文献出版社·皮书分社（010）59367127
　　　　　地址：北京市北三环中路甲 29 号院华龙大厦　邮编：100029
　　　　　网址：www.ssap.com.cn
发　　行/社会科学文献出版社（010）59367028
印　　装/天津千鹤文化传播有限公司

规　　格/开本：787mm×1092mm　1/16
　　　　　印张：22　字数：328 千字
版　　次/2025 年 3 月第 1 版　2025 年 3 月第 1 次印刷
书　　号/ISBN 978-7-5228-4980-5
定　　价/158.00 元

读者服务电话：4008918866

《长江中游城市群发展报告（2024）》
编　委　会

主　任　徐艳国　黄学龙

副主任　袁北星　邓　为　魏登才

撰稿人　（按姓氏笔画排序）

王礼刚　王健飞　王露瑶　邓子纲　叶青清

朱　静　刘　险　刘　陶　刘亚威　汤鹏飞

孙龙图　牟惠琳　李志萌　李春香　杨　琴

杨顺顺　肖宇航　吴若凝　宋　哲　宋秀生

张　宁　张　姿　张　静　张子能　陈　珍

陈丽媛　陈旺民　陈思怡　周睿全　柳　灿

秦尊文　栗向阳　唐　清　唐苗苗　黄　琦

黄永忠　曹前满　彭　颖　舒　隽　路　路

管志鹏　阚如良　熊　曦

主要编撰者简介

张　静　经济学博士，湖北省社会科学院科研处处长、长江中游城市群研究中心副主任，研究员，硕士生导师，兼任湖北省区域经济学会副会长、长江技术经济学会流域经济发展专委会秘书长，湖北省有突出贡献中青年专家。主要研究方向为区域经济、流域经济、生态经济。先后主持完成国家社科基金青年项目1项、国家社科基金重大项目子课题1项，参与完成国家社科基金项目3项，承担省社科基金重点项目、省委重大调研课题、省政府智力成果采购重点项目、省软科学重点项目等省部级课题30余项，在《中国经济史研究》《当代中国史研究》《中国农史》《江汉论坛》等发表论文40余篇；独著2部，副主编、合著10余部，参著10余部。撰写决策咨询报告80余篇获省领导肯定性批示。作为主要执笔人参与国家和省级规划编制。相关成果获湖北省社会科学优秀成果奖一等奖，武汉市社会科学优秀成果奖二等奖、三等奖。先后入选湖北省社会科学院第一、二届青年学术骨干，湖北省宣传文化人才培养工程"七个一百"。

汤鹏飞　理学博士，湖北省社会科学院长江流域经济研究所所长，长江中游城市群研究中心执行主任，副研究员，硕士生导师，湖北省社会科学院第三届青年学术骨干。主要研究方向为区域经济与区域规划。近年来，参与编制国家级规划《长江中游城市群发展规划》《汉江生态经济带发展规划》《长江中游城市群发展"十四五"实施方案》和4项省级发展规划，在《经济日报》《地理科学进展》等发表论文10余篇，出版专著5部，主持湖北省社科基金重点项目和一般项目 5 项，执笔撰写的咨询建议被省领导批示或省委省政府内刊转载 20 余篇，相关成果获湖北省社会科学优秀成果奖一等奖、湖北省发展研究奖三等奖、湖北优秀调研成果奖三等奖、武汉市社会科学优秀成果奖三等奖。

李春香 经济学博士，湖北省社会科学院长江流域经济研究所副研究员，硕士生导师。主要研究方向为区域经济、流域经济与生态经济。近年来，在《马克思主义研究》《人口研究》《江汉论坛》《统计与决策》《湖北社会科学》等发表论文 10 余篇，出版学术著作 2 部，主持省社科基金 3 项。作为主要执笔人参与国家和省级规划编制。执笔撰写的咨询建议被国家领导人批示 1 篇，被省领导批示或省委省政府内刊转载 20 余篇，相关成果获湖北省社会科学优秀成果奖一等奖 1 项。

摘　要

党的二十届三中全会通过的《中共中央关于进一步全面深化改革　推进中国式现代化的决定》强调，聚焦建设美丽中国，加快经济社会发展全面绿色转型，健全生态环境治理体系，推进生态优先、节约集约、绿色低碳发展，促进人与自然和谐共生。"高质量发展和高水平保护的关系"是习近平总书记在全国生态环境保护大会提出的新时代新征程继续推进生态文明建设需要处理好的"五个重大关系"的首个关系。2023年10月，习近平总书记在江西省南昌市主持召开的进一步推动长江经济带高质量发展座谈会上强调，"统筹推进生态环境保护和经济社会发展"。统筹推进长江中游城市群高水平保护和高质量发展，是鄂湘赣三省推进落实长江经济带发展战略和中部地区崛起战略的有效实践，是更好地支撑和服务中国式现代化的迫切需要。

全书由总报告、专题篇、区域篇三部分组成，共计19篇研究报告。总报告分析认为，长江中游城市群深入贯彻落实习近平新时代中国特色社会主义思想，统筹推进生态环境保护和经济社会发展，生态环境保护和修复取得重大成就，经济发展方式发生明显转变，区域发展联动不断加强。同时，长江中游城市群统筹高水平保护和高质量发展还面临一些难题。基于此，报告提出长江中游城市群应深入贯彻落实党的二十大和二十届二中、三中全会精神，坚持"共抓大保护、不搞大开发"，坚持"生态优先、绿色发展"，持之以恒推动高水平保护；坚持科技创新引领，塑造更多高质量发展新动能新优势；坚持强化区域协同融通，稳步推进生态共同体和利益共同体建设，奋力谱写中国式现代化长江中游城市群协同发展新篇章。专题篇围绕长江中游城市群省际交界地区合作、数字经济发展、新质生产力发展、"通平修"绿色发展先行区建设等展开了专题研究。区域篇分别研究了湖北、湖南和江西三省推进高水平保护和高质量发展的主要做法、经验借鉴和策略路径。湖北省聚焦美丽湖北建设、新型城镇化高质量发展、小流域综合治理、制造业高质量发展、低空经济发展、科技成果转化、文旅产业发展、革命老区高质量发展、"以竹代塑"引领绿色发展等内容。湖南省研究内容主要包括国家重要先进制造业高地建设、先进能源材料产业集群发展和内陆地区改革开放高地打造等方面。江西省研究内容聚焦于生态修复模式探索。

关键词： 长江中游城市群　高水平保护　高质量发展

目 录

Ⅰ 总报告

Ⅱ 专题篇

Ⅲ 区域篇

皮书数据库阅读**使用指南**

总报告

B.1
统筹推进长江中游城市群
高水平保护和高质量发展

湖北省社会科学院课题组*

摘 要： 近年来，长江中游城市群深入贯彻落实习近平新时代中国特色社会主义思想，统筹推进生态环境保护和经济社会发展，生态环境保护和修复取得重大成就，经济发展方式发生明显转变，区域发展联动不断加强。同时，长江中游城市群依然存在高水平保护面临制约因素、高质量发展水平有待提升、经济社会发展与资源环境协调性有待增强等问题。长江中游城市群应深入贯彻落实党的二十大和二十届二中、三中全会精神，坚持"生态优先、绿色发展"，坚持创新引领发展，强化区域协同融通，统筹推进高水平保护和高质量发展，奋力谱写中国式现代化长江中游城市群协同发展新篇章。

---

* 课题组成员：黄学龙，湖北省社会科学院党组副书记、院长，长江中游城市群研究中心主任，主要研究方向为文化理论与政策、长江文化；张静，湖北省社会科学院科研处处长、长江中游城市群研究中心副主任，研究员，主要研究方向为区域经济、流域经济、生态经济；李春香，经济学博士，湖北省社会科学院长江流域经济研究所副研究员，主要研究方向为区域经济、流域经济与生态经济；汤鹏飞，湖北省社会科学院长江流域经济研究所所长，长江中游城市群研究中心执行主任，副研究员，主要研究方向为区域经济与区域规划。

关键词： 长江中游城市群　人与自然和谐共生　高水平保护　高质量发展

习近平总书记在江西省南昌市主持召开的进一步推动长江经济带高质量发展座谈会上指出，"统筹推进生态环境保护和经济社会发展"，并强调"从长远来看，推动长江经济带高质量发展，根本上依赖于长江流域高质量的生态环境"。[①] 2024 年 3 月，习近平总书记在主持召开新时代推动中部地区崛起座谈会上指出，"要协同推进生态环境保护和绿色低碳发展，加快建设美丽中部"。[②] 高水平保护和高质量发展有机统一、相辅相成。高水平保护是高质量发展的重要支撑，高质量发展只有依靠高水平保护才能实现，良好的生态环境已成为影响高质量发展的重要因素。高质量发展是解决生态环境问题的治本之策，是提升生态环境质量的坚实保障和决定性因素。在奋力推进中国式现代化的新征程中，长江中游城市群要统筹推进高水平保护和高质量发展，进一步提升环境承载力与经济实力，构筑生态保护与经济高质量发展"1+1>2"协调发展格局。

一　生态环境高水平保护和经济社会高质量
发展的内在关系

（一）生态环境高水平保护是经济高质量发展的基础和重要支撑

清新的空气、清澈的水体、安全的土壤等既是人类赖以生存的基础，也是人类生产活动赖以进行的基石。人类一切活动的开展依赖于资源的消耗和环境空间的支撑。地球自然生态环境是人类经济社会活动得以进行并实现高

[①] 《习近平主持召开进一步推动长江经济带高质量发展座谈会强调：进一步推动长江经济带高质量发展 更好支撑和服务中国式现代化》，新华社，2023 年 10 月 12 日。
[②] 《习近平主持召开新时代推动中部地区崛起座谈会强调：在更高起点上扎实推动中部地区崛起》，新华社，2024 年 3 月 20 日。

质量发展的基础和重要支撑。

良好的生态环境为经济高质量发展提供重要支撑和基本前提。生态系统为经济社会发展提供自然资源与生产要素。2023 年，鄂湘赣三省用电量约7000 亿千瓦时，用水量约 885 亿立方米。2022 年三省规上工业企业能源消费约 3.4 亿吨标准煤，其中，原煤 2.2 亿吨、原油 3000 万吨。[①] 生态安全是经济高质量发展的基本前提，改善生态环境就是发展生产力。生态环境质量和生态产品安全将直接决定居民生活幸福指数，优美的生态环境能够留住人才资源，有利于吸引外来人口流入并抑制本地人口流出；优美的生态环境、优质的生态产品供给，也是优质的营商环境，吸引绿色环保企业入驻，带动高附加值、低污染的高新技术产业、现代服务业、生态农业快速发展，促进环境友好型生产活动进行，进而推动经济高质量发展。

生态保护与环境改善为经济高质量发展提供不竭动力与活力。一方面，生态保护与治理方式的革新能够为经济高质量发展注入新活力，环境治理模式由"末端修复"向"源头防控、前端创新"变革，将倒逼经济发展方式转型升级，推进产业结构高级化、绿色化，促进集约节约绿色新增长模式形成，推动经济高质量发展。另一方面，生态产品价值实现为经济高质量发展注入新动力。"绿水青山就是金山银山"理念为生态产品价值的实现提供了理论指引，通过"价值化"和"市场化"等手段充分体现自然资源和生态要素的价值，实现由生态资源向生态资产的转化、生态价值向经济价值的转化，从而推动生态保护与经济发展矛盾体由对立走向统一。

（二）经济高质量发展是生态环境高水平保护的根本保证和外部动力

随着经济发展过程中产业结构优化升级、资源优化配置、生产效率提

---

① 数据来源于湖北省、湖南省和江西省 2023 年水资源公报、国民经济和社会发展统计公报、统计年鉴等。

升，经济发展质量和效益不断提升，而经济高质量发展所带来的相关成果为生态环境高水平保护提供根本保证。同时，经济高质量发展过程中伴随的技术升级变迁、区域城乡差距缩小、文明素养提升也为生态环境高水平保护提供外部动力。

经济持续高质量发展是维护生态安全的重要保障。经济社会平稳运行能够为生态环境保护与治理提供充足的资金支持、健全的政策法规体系、完善的生态环境监测、预警体系及相关基础设施，有利于加大环境保护及治理投入，系统推进山水林田湖草协同治理，有效遏制生态系统退化与生态环境恶化，抵御自然灾害对生态环境的破坏，从而维护区域生态安全。

经济高质量发展过程中科技创新对于生态环境具有保护和改善作用。通过加大绿色科技投入，将绿色技术应用于生产、生活、生态中，带来资源利用效率提升和生态环境的改善，促进生态产品价值实现，激发劳动力、资本等要素资源流向绿色产业、生态环境保护等领域，为绿色创新技术的研发营造良好的激励环境。此外，科技创新推动产业结构由资源依赖型向绿色技术创新驱动型发展，从而大大减少污染物的排放。

高质量发展成果共享对于生态文明建设提出更高要求。随着社会物质财富的丰富和生活质量的提高，人民群众的需求随之升级，对于精神层面的需要以及公平正义、绿色环保等方面的需求将提出更高要求。与此同时，伴随着经济社会的发展进步，人民群众的环保意识和生态素养不断提升，从而生态环境保护的需求与意愿叠加，资源集约、环境友好的绿色生产方式以及低碳文明的绿色生活方式将逐渐在全社会形成，进而推动经济社会全面绿色转型。

（三）统筹生态环境高水平保护和经济社会高质量发展是中国式现代化的内在要求

高质量发展是全面建设社会主义现代化国家的首要任务，高水平保护是夯实中国式现代化绿色本底的必然要求，中国式现代化要求必须走高质量发展与高水平保护之路。① 西方发达国家在环境保护的过程中曾经走了弯路，即在经济发展早期只注重经济增长和经济财富的积累，不注重环境保护，从而在工业化中后期花费更多的时间和资金投入进行环境的治理。中国式现代化不同于西方发达国家的现代化，具有人口规模巨大、全体人民共同富裕、物质文明和精神文明相协调、人与自然和谐共生、走和平发展道路五个特征。② 推进中国式现代化要求长江中游城市群必须统筹经济社会高质量发展和生态环境高水平保护。

人口规模巨大的现代化要求长江中游城市群转变经济发展方式，建设资源节约型、环境友好型社会。我国是人口大国，世界发展史上从未有过如此人口规模的经济体实现现代化。长江中游城市群鄂湘赣三省作为长江经济带的重要组成部分，2023 年常住人口达 1.69 亿人，占全国总人口的 12%。较大的人口规模为长江中游城市群经济发展提供了广阔的市场需求，但也给资源环境带来了巨大负担。近年来，随着长江中游城市群产业转型升级和人口老龄化的加快，人力成本迅速增加，部分资源导向型产业受到冲击。新发展阶段长江中游城市群必须加快转换发展动能，转变发展方式，走节约集约高效之路，通过技术革新、理念更新、行为转变实现高质量发展。同时，也要求长江中游城市群必须深入推进长江大保护，正确处理好经济发展同人口、资源和环境的关系，建设资源节约型、环境友好型社会，探索多元主体协同生态治理，推动生态共建共治共享，实现高水平生态保护。

全体人民共同富裕的现代化，不仅要求长江中游城市群缩小区域和城乡发展差距，也要求生态福利的发展成果惠及全体人民，实现生态共富。一方面，通过不断优化空间格局，大力实施区域协调发展战略、新型城镇化战略和乡村振兴战略，缩小区域、城乡的收入差距，推动经济社会高质量发展。

---

① 罗琼：《面向中国式现代化的实践向度：推进长江经济带高质量发展与高水平保护路径研究》，《治理现代化研究》2024 年第 3 期。

② 习近平：《高举中国特色社会主义伟大旗帜 为全面建设社会主义现代化国家而团结奋斗——在中国共产党第二十次全国代表大会上的报告》，《中华人民共和国国务院公报》2022 年第 30 期。

另一方面，加快推动产业绿色转型，加快推动"绿水青山"向"金山银山"转化，提供更多优质生态产品，使人们拥有平等享有生态福利的权利。

物质文明和精神文明相协调的现代化，要求长江中游城市群加快形成新质生产力赋能生态文明和高水平保护的社会氛围。中国式现代化不仅需要建设高度的物质文明和精神文明，也需要建设高度的生态文明，满足人们对优美生态环境、优质生态产品的需要。长江中游城市群应积极大力发展绿色生产力，推进生态要素融入物质生产过程，积极推进产业生态化和生态产业化。同时，在精神文化生产过程中，注重生态文化的宣传和生态氛围的营造。

人与自然和谐共生的现代化，要求长江中游城市群夯实绿色低碳发展基底。人与自然和谐共生的现代化本身要求我们在实现现代化、发展社会生产力的过程中，尊重自然、保护自然，以绿色做底色，加快高质量发展。因此，统筹生态环境高水平保护和经济社会高质量发展是人与自然和谐共生的现代化的内在要求。长江中游城市群必须站在人与自然和谐共生的高度谋发展，持续优化主体功能区布局，持续加大环境污染治理，不断提高资源能源利用效率，加快推进重点领域低碳转型，协同推进降碳、减污、扩绿、增长。

走和平发展道路的现代化，要求长江中游城市群推进高水平对内对外开放。当前，世界正经历百年未有之大变局，贸易保护、技术封锁抬头，长江中游城市群高质量发展面临的形势更复杂。长江中游城市群应充分利用国内国际两个市场，加强与共建"一带一路"国家合作，深化在新兴产业、高新技术、环境治理、绿色低碳等方面合作，以高水平对内对外开放支撑区域高质量发展。

二　长江中游城市群高水平保护和高质量发展现状

（一）生态环境保护和修复取得重大成就，美丽"中三角"成效显著

1. 现代环境治理体系加快构建

一是合力共建大环保工作机制。鄂湘赣三省分别建立了省、市、县三级

建立生态环境保护委员会，生态环境保护"党政同责、一岗双责"等要求有效落实。二是不断完善政策保障。党的二十大以来，三省围绕大气污染防治、重污染天气应急、"无废城市"建设、入河排污口监督、重金属污染防控、减污降碳协同增效、生态保护补偿等出台相关政策文件（见表1），推动长江大保护提质升级。湖北调整优化生态环境"三线一单"分区管理，完善形成流域治理综合行政执法和统一的生态环境监察体系。湖南高质量、高标准编制《美丽湖南建设规划纲要（2023~2035年）》，系统谋划美丽湖南建设战略路线与实施路线。江西聚焦水域执法"九龙治水"协作难问题，省公安厅牵头农业农村、水利、交通运输、林业、生态环境等部门成立鄱阳湖联谊联防领导小组。三是不断完善评价考核机制。三省将污染防治攻坚战成效考核结果纳入年度考核重要内容，纳入对市州党委和政府政治巡视、绩效考核指标体系等，做到一体部署、一体推进、一体考核。四是创新机制建设。三省全面推行省、市、县、乡、村五级河湖长制、林长制，实现河湖林管护全覆盖，积极推进自然资源产权体系、国土空间规划体系建设，大力推进生态环境损害赔偿制度改革，积极完善生态环境保护补偿机制。五是强化公众参与。湖北扎实开展美好环境与幸福生活共同缔造活动，广泛实施绿色细胞工程建设，推进形成全社会共建生态文明的浓厚氛围。湖南鼓励公众积极参与生态环境监督管理，2023年出台《湖南省生态环境问题线索举报奖励办法（试行）》，对提供破坏和污染生态环境问题线索的举报人实施奖励。江西推进环保设施集中向公众开放，2023年，全省46家环保设施和城市污水垃圾处理设施单位面向公众开展线上线下同时开放活动。

2. 深入推进长江大保护和流域综合治理

围绕提升长江流域生态系统质量和稳定性，长江中游城市群贯彻落实《长江保护法》，深入推进长江大保护和流域综合治理，切实扛起生态环境保护政治责任。

湖北一方面持续发力长江大保护，严格落实长江"十年禁渔"，持续实施长江高水平保护十大攻坚提升行动和长江经济带降碳减污扩绿增长十大行动"新双十"行动，截至 2024 年 5 月"关改搬转"沿江化工企业 467 家，取缔各类码头 1859 个，完成 101 家省级及以上工业园区污水集中处理设施建设，多领域推进磷石膏综合利用，腾退长江岸线 150 公里。① 另一方面，全面推进流域综合治理，将全省划分为长江、汉江、清江 3 个一级流域和 16 个二级流域片区，分区分类建立安全管控负面清单和经济社会发展正面清单。在十堰市茅塔河、荆州市公安县崇湖、荆门市东宝区牌楼西河、咸宁市赤壁市羊楼洞港、恩施州恩施市带水河开展小流域综合治理试点，统筹生产、生活、生态协同高质量发展。

表 1　近年鄂湘赣三省出台的部分生态环境保护文件

区　域	法规、政策文件
湖　北	《湖北省关于进一步加强重金属污染防控的实施意见》 《湖北省重污染天气应急预案》 《湖北省减污降碳协同增效实施方案》 《关于深化流域上下游生态保护补偿机制建设助推流域综合治理的指导意见》 《湖北省深入打好长江保护修复攻坚战三年实施方案》 《湖北省大气污染防治"三大"治理攻坚战役和"六大"专项提升行动计划》 《湖北省"无废城市"建设三年行动方案》 《湖北省噪声污染防治行动实施方案（2023~2025 年）》 《湖北省农村生活污水治理三年行动方案（2023~2025 年）》 《湖北省排污权储备和出让管理办法（试行）》 《湖北长江高水平保护十大提质增效行动方案》
湖　南	《湘江干流重金属污染突发环境事件专项应急预案》 《湖南省深入打好长江保护修复攻坚战实施方案》 《关于深化生态保护补偿制度改革的实施意见》 《湖南省重污染天气防治若干规定》 《湖南省大气污染防治"守护蓝天"攻坚行动计划（2023~2025 年）》 《湖南省重污染天气应急预案》 《湖南省"无废城市"建设实施方案》 《湖南省长株潭生态绿心保护条例》（2024 年修订）

————————

① 数据来源于湖北省生态环境厅、湖北省发展和改革委员会调研资料。

区　域	法规、政策文件
江　西	《江西省减污降碳协同增效实施方案》 《江西省深入打好长江保护修复攻坚战工作方案》 《江西省加强入河排污口监督管理工作方案》 《萍水河—渌水流域协同保护条例》 《江西省鄱阳湖流域总磷污染防治条例》 《江西省生态环境分类执法监管办法》 《江西省"无废城市"建设工作方案》 《江西省打造国家生态文明建设高地三年行动计划(2024~2026年)》

湖南以"一江一湖四水"为主战场，坚决推进长江保护修复攻坚战，组织开展洞庭湖总磷污染控制与削减攻坚行动，推进"千人以上"饮用水水源地问题整治，持续推进城市黑臭水体治理、入河排污口整治等行动。2023年，"一江四水"131个干流断面连续四年全部达到或优于Ⅱ类，全省劣Ⅴ类断面全面消除。国家湿地公园达到70个，数量位居全国第一。[①]"十年禁渔"成效明显，洞庭湖江豚数量逐年提升，洞庭湖麋鹿成为我国目前最大的自然野化种群。

江西深入推进"五河两岸一湖一江"全流域生态环境综合整治，巩固提升"长江大保护"成效，不断加强鄱阳湖水生态环境保护修复，大力开展入河排污口整治，深入实施长江、赣江"十年禁渔"，持续推进大规模土地绿化行动和长江最美岸线建设，率先在全流域开展生态补偿，长江生态环境的质量不断改善和提升。2023年，江西省完成3448个长江入河排污口中2926个排污口的整治；全省森林覆盖率稳定在63.1%以上，稳居全国第2位；长江干流10个断面连续6年、赣江干流33个断面连续3年保持Ⅱ类水质。[②]

3. 持之以恒打好污染防治攻坚战

一是持续推进蓝天保卫战。建立长江中游城市群大气污染联防联控机

---

① 《湖南持续打好蓝天、碧水、净土三大保卫战》，湖南民生网，2024年8月18日。

② 数据来源于《2023江西生态环境状况公报》。

制，扎实开展 PM2.5 和臭氧协同控制，深入开展 VOCs 综合治理和重污染天气应对，积极推进钢铁、冶金、水泥、焦化等行业超低排放改造。二是持续推进碧水攻坚保卫战。统筹水资源、水环境、水生态"三水"共治，聚焦风险河湖实施综合治理工作，深入开展农村生活污水和黑臭水体治理行动，推动区域水生态环境质量持续巩固改善。湖北重点推进府澴河、四湖流域、梁子湖和斧头湖等流域综合治理工作，推动 19 个流域建立跨市流域联防联治机制。湖南着力提升长江湖南段水质和水生态环境，全力控制与削减洞庭湖湖体总磷浓度，全年实施 349 个整治项目，着力排查 16 条重点河湖入河排污口，全部完成 2110 个问题排污口的整治。① 江西开展入河排污口、饮用水水源地、城市黑臭水体等专项整治，在全国范围内率先启动第二轮省内流域横向生态保护补偿机制建设。此外，宜昌、娄底、抚州全国首批地下水污染防治试验区建设有序推进。三是持续推进净土保卫战。开展农用地土壤镉等重金属污染源头防治行动，防范工矿企业用地新增土壤污染，推动疑似污染地块、污染地块国土空间"一张图"管理，区域土壤环境质量状况总体良好，鄂湘赣三省受污染耕地安全利用率均达 90% 以上，② 重点建设用地安全利用得到有效保障。

4. 生态环境质量总体稳中趋好

通过深入落实长江大保护，坚持实施专项治理，一批突出的生态环境问题得到有效解决，生态环境质量不断改善。2023 年，鄂湘赣三省生态质量均稳定在一类，湖北、湖南和江西生态质量指数 EQI 值分别为 70.41、72.54、75.18，远高于国家 59.6 的均值。其中，湖北生态质量为一类的重点城市面积占全省土地面积的 51.7%；湖南生态质量为一类的县域面积占全省土地面积的 63.3%；江西 66 个县（市、区）生态质量为一类，占全省土地面积的 81.3%。长江干流长江中游段水质稳定在 Ⅱ 类，丹江口水库水质常年稳定在 Ⅱ 类以上。2023 年三省国控断面水质优良比例均在 90% 以上，

---

① 《共绘生态文明新画卷——2023 年湖南生态环境成果丰硕》，湖南政研网，2021 年 1 月 29 日。

② 数据来源于湖北省、湖南省和江西省 2023 年生态环境状况公报。

无劣 Ⅴ 类水体，其中，湖南地表水国考断面水质优良比例为 98.6%，排名中部第一；三省空气质量优良天数比例均在 80% 以上，其中，江西重点城市 PM2.5 浓度较上年均有所下降，空气质量优良天数比例 96.5%，排名中部第一；湖北、湖南和江西森林覆盖率分别达 42.11%、53.15%、63.10%（见图 1）。

2023 年，鄂湘赣三省有 15 个县（市、区）被生态环境部命名为第七批国家级生态文明建设示范区，分别是湖北省蔡甸区、黄陂区、宜都市、南漳县、松滋市、英山县，湖南省炎陵县、桂东县、沅陵县、芷江侗族自治县、凤凰县，江西省全南县、永新县、横峰县、弋阳县。三省有 6 个地区被命名为第七批国家级"绿水青山就是金山银山"实践创新基地，分别是十堰市竹山县、黄冈市罗田县、长沙市雨花区圭塘河流域、湘西土家族苗族自治州花垣县十八洞村、赣州市石城县、宜春市奉新县。截至 2023 年 11 月，三省已创建国家级生态文明建设示范区 101 个，"绿水青山就是金山银山"实践创新基地 28 个。[①]

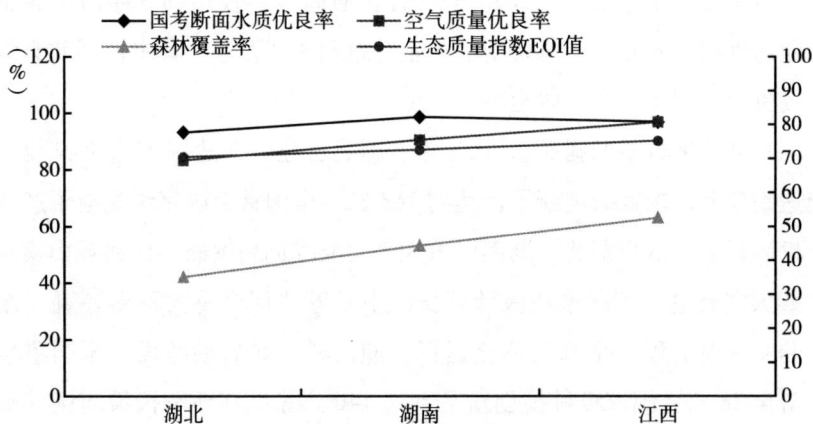

图 1 2023 年鄂湘赣三省生态环境相关指标

资料来源：《2023 中国生态环境状况公报》及湖北省、湖南省、江西省 2023 年生态环境状况公报。

---

① 根据生态环境部网站相关数据整理。

（二）产业现代化水平不断提升，发展方式发生明显转变

1. 加速构建全域区域创新体系

由中国科技发展战略研究小组联合中国科学院大学中国创新创业管理研究中心发布的《中国区域创新能力评价报告 2023》显示，湖北、湖南创新能力分别排第 8 位、第 9 位，江西创新能力排在第 16 位。武汉具有全国影响力的科技创新中心，长沙全球研发中心城市、南昌区域性科技创新中心建设稳步推进，以汉江国家实验室为龙头的战略科技力量矩阵基本形成，全域创新体系加快构建。

一是创新主体不断壮大。从科创人才来看，湖北实施"楚才兴鄂"科创行动，加大海外人才引进力度，2023 年两院院士总数达到 81 位，高技能人才总量达 226 万人；湖南大力实施"芙蓉人才行动计划"，在湘两院院士增至 42 名，国家级、省级高层次科技人才突破 3100 人；江西大力实施"赣鄱英才计划"，2023 年引进高层次技术人才 4000 多人，在赣两院院士 10 名。从研发孵化主体来看，2023 年三省普通高等学校达到 364 所，高新技术企业达到约 4.8 万家，科技型中小企业达到 8.2 万家，其中，湖北省级新型研发机构达到 477 家，居全国第 2 位。

二是创新平台不断搭建。2023 年，湖北已建、在建国家重大科技基础设施达到 8 个，国家级创新平台达到 163 家，全国首个国家级光电子产业知识产权运营中心落户湖北。湖南以重大平台支撑创新突破，由岳麓山实验室等"四大实验室"和国家超级计算长沙中心等"四个重大科学装置"组成的"4+4 科创工程"全部实体化运行，湘江科学城启动建设，全国重点实验室增至 28 家，国家级科技创新平台达 140 余家。江西积极策应国家战略科技力量调整布局，国家级重点实验室达 7 个。

三是科技创新产出成果丰硕。湖北聚焦芯片、工业母机、新能源新材料等重点方向，优化配置创新资源，光芯片、北斗芯片等取得重大技术攻关成果，华中数控世界首台三维五轴数控机床实现产业化应用，中科极化全球首个人体肺部多核磁共振成像获批上市。湖南楚天科技医用高端机器人、中车

株机混合动力机车等"十大技术攻关项目"累计突破关键核心技术 147 项，取得"首"字、"最"字号成果 17 项。江西 AC313 大型民用直升机、半导体发光器件等领域实现重大突破，全球最大、国内首艘万吨级远洋通信海缆铺设船在赣下水。2023 年，鄂湘赣三省技术合同成交额超过 1 万亿元，其中，湖北全省技术合同成交额达到 4802.2 亿元，增长 57.9%，科技成果省内转化率提高到 65.2%；湖南技术合同成交额 3995.3 亿元，增长 57.0%；江西技术合同成交额超过 1600 亿元，增长 110%（见表 2）。

表 2　2023 年鄂湘赣三省科技创新发展情况

项　目	湖　北	湖　南	江　西	三　省
普通高等学校数（所）	132	123	109	364
普通高等教育在校学生数（万人）	184	177.8	154.6	516.4
高新技术企业（万家）	2.5	1.6	0.7	4.8
科技型中小企业（万家）	3.5	3.3	1.4	8.2
技术合同成交金额（亿元）	4802.2	3995.3	1604.7	10402.2
专利授权量（万件）	13.5	7.5	6	27.0
发明专利授权量（万件）	2.9	2	1.0	6.0
研发经费占 GDP 的比重（%）	2.3	2.4	1.8	2.2

资料来源：湖北省、湖南省和江西省 2023 年国民经济和社会发展统计公报及相关部门网站。

2. 持续推动"数智"赋能传统产业转型升级

一是大力发展数字经济。鄂湘赣三省积极出台相关的法规、政策文件、发展规划等推进引导数字经济发展，推动区域数字产业化、产业数字化发展（见表 3）。湖北深入实施数字经济跃升工程，数字化综合发展水平位列全国前 10，截至 2023 年底，累计建成 5G 宏基站 12 万个，千兆光网实现乡镇以上全覆盖；算力与大数据产业营业收入达到 1200 亿元，武汉超算等 13 个算力中心、三峡东岳庙等 144 个数据中心高效运营，45 个项目入选国家大数据产业发展示范，上云工业企业超过 5 万家。[①] 湖南强化

① 数据来源于《湖北省政府工作报告（2024）》。

顶层设计、完善法规体系，出台"数字经济促进条例"，为全省数字经济高质量发展提供法治保障。2023 年，湖南省数字经济总量突破 1.7 万亿元，增长 15%，连续 6 年保持两位数增长；100 个数字新基建标志性项目加快推进，中部第一家的湖南大数据交易所投入运营，累计交易额超 12 亿元；湖南博物院文物数据资源融合应用案例入选首批国家 20 个"数据要素×"典型案例。① 江西深入推进数字经济做优做强"一号发展工程"，促进经济、社会各领域数字化转型，积极推进赣深数字经济走廊建设和京九（江西）电子信息产业带集聚发展，在全国率先完成覆盖规模以上工业企业的数字化评价普查，率先发布《制造业企业数字化综合发展水平评价指南》地方标准，获批建设数字化转型贯标试点省、"工业互联网+安全生产"试点省。

二是持续推动产业数字化改造，加速长江中游城市群从"制造"向"智造"蝶变。持续实施"技改提能、制造焕新""千人入万企""智赋万企"等行动，"一业一策"推进冶金、钢铁、有色、化工、建材、纺织服装等传统产业转型发展，持续提升产业链现代化水平。湖北加大技改资金投入，2023 年省级财政技改资金增至 25 亿元，其中 5 亿元为数字经济专项，积极推进智能制造试点，加快智能工厂和数字化车间建设，生产装备和生产过程智能化水平不断提升。湖南大力推进产业数字化，推动企业"上云用数赋智"，推进服务业数字化转型。截至 2023 年底，全省累计"上云"企业 62.06 万家，"上平台"3.7 万家。② 江西省持续深化制造业数字化转型，截至 2023 年 10 月，江西省上云企业累计突破 28 万家，智能工厂（数字化车间）累计达到 1604 个，工业互联网接入企业突破6500 家。③

---

① 《"智赋万企"行动取得明显成效 全省数字经济总量突破 1.7 万亿元》，《湖南日报》2024 年 1 月 13 日。
② 数据来源于《湖南省 2023 年度全省工业互联网创新发展情况通报》。
③ 《江西：向"数"而行，共"数"未来》，新华网，2023 年 10 月 31 日。

表 3　2020 年以来鄂湘赣三省出台的主要与数字经济发展相关的政策文件

区域	政策文件
湖北	《湖北省数字经济促进办法》 《湖北省数字经济高质量发展若干政策措施》 《湖北数字经济强省三年行动计划(2022~2024 年)》 《湖北省数字化赋能中小企业转型行动方案(2023~2025 年)》 《湖北省 5G+工业互联网融合发展行动计划(2021~2023 年)》 《全省制造业实施"技改提能　制造焕新"三年行动方案(2021~2023 年)》
湖南	《湖南省数字经济促进条例》 《湖南省"智赋万企"行动方案(2023~2025 年)》 《关于持续推动移动互联网产业高质量发展加快做强做大数字产业的若干意见》 《海峡两岸产业合作区(湖南)数字化低碳化发展规划》 《湖南省中小企业"两上三化"三年行动计划(2021~2023 年)》
江西	《关于深入推进数字经济做优做强"一号发展工程"的意见》 《江西省实施数字经济发展战略的意见》 《关于加快推进数字经济创新发展的若干措施》 《江西省数字经济发展提升行动方案》 《江西省创新营造数字技术应用场景行动计划》 《江西省数字经济集聚区建设行动计划》 《江西省数据中心等新型基础设施绿色高质量发展行动计划》 《江西省制造业数字化转型行动计划(2024~2025 年)》

3. 积极推进绿色低碳发展

深入贯彻党中央、国务院关于碳达峰、碳中和重大战略决策，鄂湘赣三省分别出台《关于完整准确全面贯彻新发展理念做好碳达峰碳中和工作的实施意见》，并结合省情积极探索绿色低碳发展的有效路径。一是稳妥推进"双碳"行动。构建"1+N"碳达峰政策体系，分别制定印发碳达峰实施方案和适应气候变化行动方案，积极探索工业、城乡建设等领域碳达峰实施方案和绿色低碳发展路径。二是积极推进能源结构调整。大力提升绿电比重，加快风光水火、源网荷储一体化发展，2023 年，湖北、江西、湖南风电和光伏装机占各省发电总装机比重分别为 30%、41%、33%①，风光新能源成

---

① 数据来源于电查查电力数据平台。

为电力装机增长主体。三是不断完善碳市场体系。湖北建成运行全国碳市场注册登记结算系统，碳市场交易规模、引进社会资金量、纳入企业参与度等指标均居全国试点省市前列；江西出台林业碳汇交易试行规则，深入探索碳排放、排污权等环境权益交易，在全国碳市场第二个履约周期内，全省45家重点排放单位碳排放配额盈余368.86万吨，折合碳资产约2.83亿元。①四是深入探索横向生态保护补偿机制。2023年1月，湖北与湖南就长江干流鄂湘段（首期）签署了流域横向生态保护补偿协议；2024年1月，湖北与江西正式签订长江流域横向生态保护补偿协议。从三省内部来看，截至2023年底，江西上下游县（市、区）实现流域横向生态保护补偿全覆盖。湖北宜昌与恩施制定全省首个跨市州横向生态保护补偿机制，81个县（市、区）初步建立流域横向生态保护补偿机制。湖南印发《关于深化生态保护补偿制度改革的实施意见》，健全有效市场和有为政府更好结合。

4. 产业绿色化、高级化水平不断提升

长江中游城市群产业现代化水平不断提升，高新技术产业和战略性新兴产业快速发展。2024年上半年，鄂湘赣三省的二、三产业占比超过90%，达93.6%（见图2）。高技术制造业稳步增长，2024年上半年，三省高技术制造业增加值增长率均在16%以上，其中，湖北增长24.6%；2023年，高技术制造业增加值占规模以上工业增加值的比重均在12%以上，其中，江西占比达19.9%（见图3）。湖北光电子信息、新能源与智能网联汽车、生命健康、高端装备、北斗等五大优势产业突破性发展，2023年营收占规上工业增加值比重超过60%，约1.5万家光电子信息企业汇聚"武汉中国光谷"，成为全球最大的光纤光缆生产基地、国内最大的光电器件生产基地；国家创新型产业集群达到16个，居全国第3位，国家级专精特新"小巨人"企业达到678家，居中部第1位。湖南前瞻布局现代化产业体系，2024年上半年电子及通信设备、计算机及办公设备增加值分别增长23.5%、28%，2023年8家企业进入中国制造业企业500强，国家新型工业化产业示范基地

① 数据来源于《2023江西生态环境状况公报》。

19 个，居中部首位。江西设立现代产业引导基金、未来产业发展基金，全省战略性新兴产业占规模以上工业增加值的比重达到 28.1%，国家创新型产业集群达 8 个，国家级中小企业特色产业集群 10 个，国家级专精特新"小巨人"企业达 255 家，数字经济核心产业实现增加值占 GDP 比重达 8.4%。

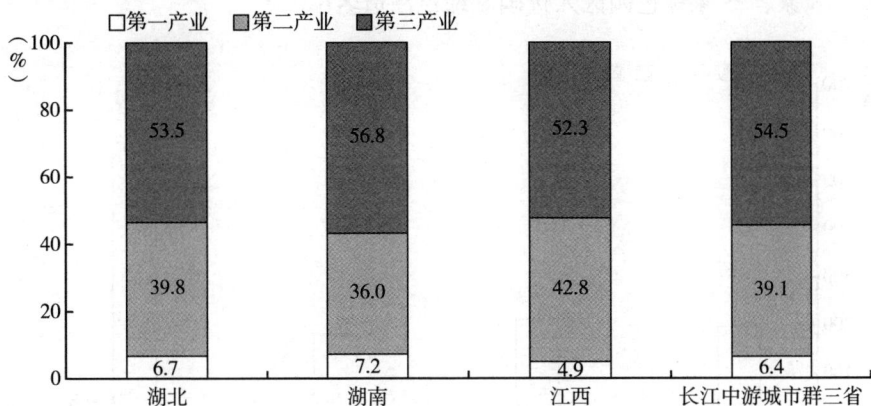

图 2　2024 年上半年鄂湘赣三省三次产业结构

资料来源：湖北省、湖南省和江西省 2024 年上半年经济运行情况。

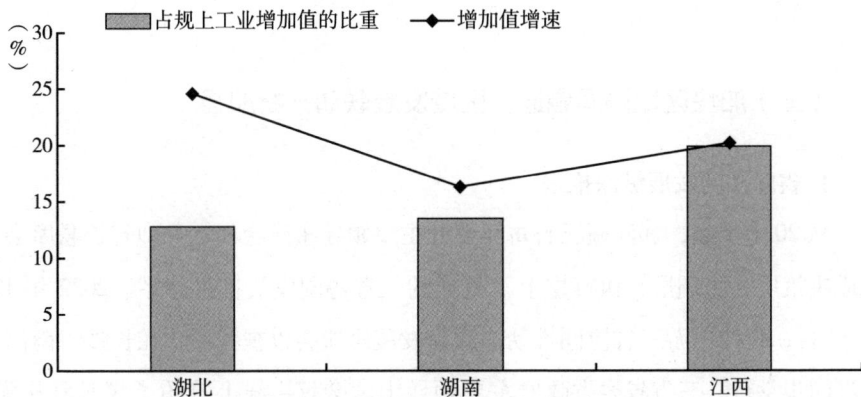

图 3　2023 年鄂湘赣三省高技术制造业增加值占规上工业增加值的比重及 2024 年上半年增速

资料来源：湖北省、湖南省和江西省 2023 年国民经济和社会发展统计公报及 2024 年上半年经济运行情况。

另外，长江中游城市群积极实施绿色制造工程，全面推进绿色工厂、绿色工业园区等建设，产业不断向绿色转型。截至2023年末，鄂湘赣三省共有595家绿色工厂、49家绿色工业园区入选国家级绿色制造名单（见图4）。其中，湖北、湖南、江西分别有198家、213家、184家绿色工厂和8家、18家、23家绿色园区入选国家绿色制造名单。

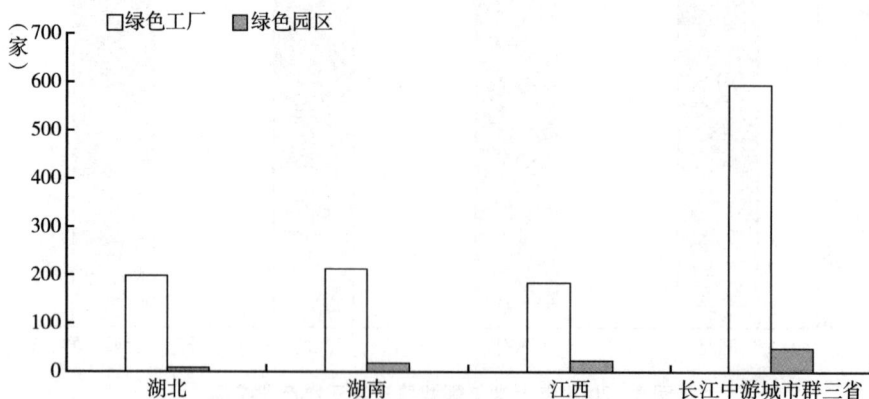

图4　截至2023年底鄂湘赣三省国家级绿色工厂和绿色工业园区数量

资料来源：工信部网站。

（三）加快区域协同融通，区域发展联动不断加强

1. 省际协同发展纵深推进

从2021年起，鄂湘赣三省每年召开主要领导座谈会和常务副省长联席会，形成决策层、协调层、执行层上下贯通的三省协同发展推进体系。2022年12月23日，长江中游三省协同推动高质量发展座谈会以视频形式在长沙、南昌、武汉同步举行，三省省委省政府主要领导出席会议，线上签约了《长江中游三省省会城市重点合作事项》《长江中游三省打通省际瓶颈路（含航道）合作协议》等14个合作协议。2023年1月26日，国务院批复同意《新时代洞庭湖生态经济区规划》，提出湘鄂共同建设洞庭湖生态经济区。2023年11月29日，长江中游三省协同推动高质量发展座谈会举行，紧扣"协同"和"高质

量",三省签署了《长江中游三省商务协同发展合作协议》等 10 个合作协议。

交通方面,三省会城市之间已形成两小时高铁互达圈,其中武汉和南昌每天往来 80 多趟高铁动车,长沙和南昌每天往来 150 多趟高铁动车,武汉和长沙每天往来 260 多趟高铁动车。① 生态文明建设方面,三省在江河湖泊治理与保护、污染防治、环境执法监管、节能降耗等方面加强合作。教育科研方面,推动资源的配置和共享,成立长江中游城市群科技服务联盟、长江中游省会城市教研协作体等。文旅方面,成立了长江中游三省旅游合作发展联盟,推出 8 条跨省旅游精品线路,三省旅游一卡通于 2022 年 12 月 14 日正式上线发售,共同推进旅游市场一体化建设,共同激发长江旅游消费潜能。公共服务方面,长沙、武汉、南昌等 20 个城市公积金中心签署《长江中游城市群住房公积金管理中心合作公约》。毗邻地区合作方面,通城县、平江县、修水县建立"通平修"次区域合作示范区建设高层联席会,先后签署了《通平修次区域合作示范区建设总体规划》及"绿心"建设、旅游发展等多个行动计划,建立了劳务协作对接、医疗机构合作、文化旅游合作、生态环境协同管理和联合巡查执法机制。2023 年 6 月,"通平修"举办首届文化旅游消费季,推动优势互补、发展互促。洞庭湖生态经济区合作不断深入,沿湖地区共同推进湖区综合治理,共同推动荆岳铁路、洞庭湖堤防加固等重大基础设施建设。

2.省内联通融通不断加强

长江中游城市群加快推动武汉、长株潭、南昌等都市圈协同高质量发展,以都市圈整体跃升引领省域高质量发展,基本形成以都市圈为引领的城镇化格局和区域经济布局。

湖北加快实施三大都市圈同城化发展。加强规划统筹,印发实施武汉、襄阳、宜荆荆三大都市圈的发展规划、三年行动方案和年度工作要点等,加快打造大中小城市协同联动、一体化发展格局。武汉都市圈武鄂黄黄"三横三纵"快速道路加快建设,都市圈市域断头路、瓶颈路加快打通,武汉

---

① 数据来源于中国铁路 12306 网站。

新城建设全面启动，中轴线十大重点项目加快推进。襄阳都市圈积极推进区域性科技创新中心建设，高标准推进东津城市新中心建设，光电通信、智能装备、新能源汽车等一批产业园加快建设。宜荆荆都市圈推进宜昌东部产业新区、荆州关沮新城、荆门漳河新区等关键节点加快建设，当（阳）枝（江）松（滋）宜（都）东（宝）文旅产业一体化发展联盟成立。

湖南一体化推进长株潭都市圈建设。2023年8月，《长株潭一体化发展三年行动计划（2023~2025年）》印发并部署推进，奥体公园、花博园等绿心项目加快布局。交通融城积极推进，"六纵七横多环"高速公路网加快建设，融城干道连环成网有序推进，都市圈半小时交通圈加速形成。城市间产业优势互补、链条互补格局加速形成，搭建上线产业协同发展服务平台，组建轨道交通装备产业协会、长株潭技术市场联盟、长株潭园区发展联盟等。积极推进公共服务协同共享，开设"湘易办"长株潭服务专区，202种政务电子证照互通互认，149项政务服务事项跨市跨区通办，全面实现了异地医保电子凭证直接结算、住房公积金跨中心按月还贷提取等，教育资源实现"圈中同享"。

江西积极培育南昌都市圈。江西省委十五届四次全会提出加快做优做强南昌都市圈，引领带动全省区域协调发展。围绕增强南昌中心城市区域辐射能力，健全都市圈协同发展机制，深化昌九、昌抚一体化，加强对赣江新区发展支持。围绕建设全国重要影响力的综合交通枢纽目标，推进昌九高铁、昌北机场三期等项目建设，加快都市圈"1小时"交通圈建设，实现昌景黄高铁建成通车，布局临空空港、向塘陆港、东南物流产业园、西部物流产业园及冷链物流体系。围绕提升产业能级，持续优化完善汽车、电子信息、生物医药、航空装备和绿色食品、现代轻纺、新型材料、机电装备制造及若干生产性服务业的"4+4+X"产业体系。积极布局区域科创中心，高标准规划建设未来科城、瑶湖科学岛、南昌实验室等，辐射带动都市圈错位发展。围绕公共服务一体化布局，南昌与高安、樟树等周边城市联合办医、合作办学，推行住房公积金个人住房贷款南昌都市圈乃至省内"一体化"，推进都市圈优质资源均衡发展。

（四）深化高水平制度型开放，对外开放水平稳步提升

1.加速建设开放通道和流通节点

长江中游城市群深入实施"联网、补网、强链"工程，在国家发展改革委等五部门2023年发布的102个现代流通战略支点城市中，鄂湘赣三省有12个支点入选，其中，湖北4个、湖南4个、江西4个（见表4），依托支点城市率先探索交通流、资金流、商业贸易流、信息流等融合发展，积极融入国内国际双循环。三省加速开放通道建设，优化铁路主动脉，开工建设沿江高铁合武段、沿江高铁宜涪段、呼南高铁宜常段、京港高铁昌九段、邵永高铁等。2023年三省中欧班列有序运营，共开行班列1759列，发送货物18.9万标箱（见图5），占全国中欧班列开行列数的10%、发送货物的10%。其中，中欧班列（武汉）跨境运输线路达52条，辐射欧亚40个国家的115个城市，长沙、武汉发运量分别居全国非集结中心城市第1位、第2位。加速建设水运主通道，2023年1月，长江中游宜昌至昌门溪河段航道整治二期工程交付使用；2024年4月，长江干线武汉至安庆段6米水深航道整治工程通过交通运输部竣工验收，长江中游航运通道加速畅通。加快建设"空中出海口"，亚洲最大的专业货运机场花湖机场全面投运，自2023年9月航空货运航线完成转场以来，累计开通货运航线63条（国内49条、国际14条），货邮吞吐量达39.45万吨（国际6.37万吨），"运全国、配全国，运全球、配全球"的航空物流格局加速形成。

表4　鄂湘赣三省现代流通支点城市情况

区域	类型	支点城市
鄂湘赣三省	综合型流通支点城市	武汉、长沙—株洲—湘潭、南昌—九江
	复合型流通支点城市	怀化、岳阳
	功能型流通支点城市	赣州、上饶、宜春、襄阳、宜昌、黄冈—鄂州—黄石、郴州

资料来源：国家发展改革委等五部门《关于布局建设现代流通战略支点城市的通知》。

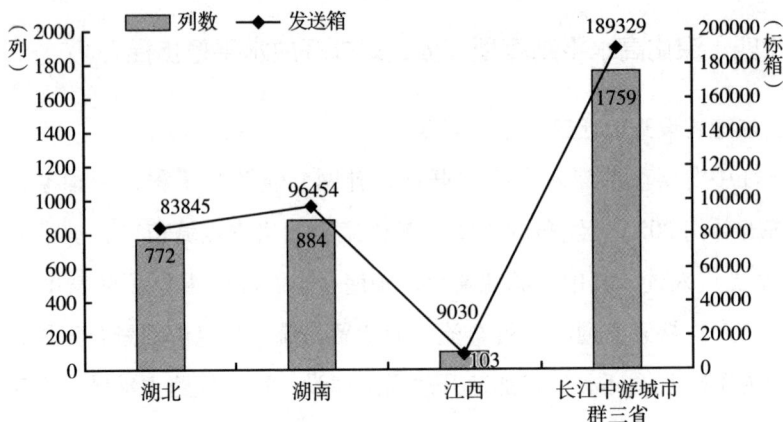

图5　2023年鄂湘赣三省中欧班列开行情况

资料来源：中国一带一路网。

2. 不断完善开放型经济机制

长江中游城市群积极推进开放型经济机制创新和制度完善，鄂湘赣三省分别出台了《湖北省关于促进外资扩增量稳存量提质量的若干措施》《武汉海关促进外贸保稳提质三十条措施》《湖南省推动外贸稳规模优结构若干政策措施》《江西省以制造业为重点促进利用外资量质双升的若干举措》等政策文件。武汉获批中部首个国家服务业扩大开放综合试点，湖北自贸试验区QFLP（合格境外有限合伙人）试点积极推进，首批研发用"白名单"物品快速通关。湖南自贸试验区形成首创成果16项，获批全国内外贸一体化试点，上交所科创板企业培育中心（中部地区）落户长沙。江西深入推进内陆开放型经济试验区建设，国际贸易"单一窗口"全面推广应用，出口通关效率居中部第1位。

长江中游城市群外贸市场主体不断壮大，高附加值制造产品加快走向世界。2023年，鄂湘赣三省实现进出口总额18322.4亿元，实现出口额12271.2亿元，与共建"一带一路"国家贸易保持增长；一般贸易出口占比达81.3%，机电产品和高新技术产品出口占比达72.2%；对外承包工程完成营业额135.3亿美元，比上年增长7.7%（见表5）。

表5 2023年鄂湘赣三省外贸发展情况

项 目	湖 北	湖 南	江 西	鄂湘赣三省
进出口总额(亿元)	6449.7	6175	5697.7	18322.4
出口额(亿元)	4333.3	4009.4	3928.5	12271.2
进口额(亿元)	2116.4	2165.6	1769.2	6051.2
一般贸易出口占比(%)	76.8	86.4	81.0	81.3
机电产品和高新技术产品出口占比(%)	75.0	61.6	79.8	72.2
对共建"一带一路"国家进出口占比(%)	47.9	52.4	47.9	49.4
实际使用外商直接投资(亿美元)	27.3	14.4	12.8	54.5
对外承包工程完成营业额(亿美元)	74.0	23.5	37.8	135.3

资料来源:湖北省、湖南省和江西省2023年国民经济和社会发展统计公报及相关部门网站。

3. 加快建设供应链体系

长江中游城市群以供应链体系建设为重要抓手,优化区域经济资源配置与流通,畅通国内国际双循环,建设更高水平开放型经济。湖北在国内首创打造"铁水公空仓"五网数据融合的湖北供应链物流公共信息平台,聚焦大宗商品、纺织、汽车、农产品、医药等重点行业,"一链一策"组建了湖北楚象、国控、长江汽车、华纺链、九州医药、湖北供销集团等一批公共开放的行业供应链平台。2023年,楚象、国控、长江汽车供应链分别实现营收136亿元、135亿元、27亿元,湖北联投获评5A级供应链企业。湖南和江西成功入选2022~2023年全国加快农产品供应链体系建设支持省份,高质量编制《湖南省加快农产品供应链体系建设进一步促进冷链物流发展工作实施方案(2022~2023年)》《江西省2022年支持农产品供应链体系建设加快冷链物流发展工作方案》等,加快农产品供应链体系建设。

4. 持续优化营商环境

在全国工商联发布的2023年度营商环境得分排名中湖北、湖南分别位列第8位、第9位。湖北深入实施《关于持续深化一流营商环境建设的若干措施》《以控制成本为核心优化营商环境的若干措施》等系列政策措施，在全国率先将营商环境评价范围拓展至县（市、区），开展市场准营承诺即人制等54项改革试点，5项改革成果在全国推广。湖南制定实施《湖南省优化营商环境规定》《湖南省人民政府关于持续打造"三化"一流营商环境的实施意见》《湖南省进一步优化外商投资环境更大力度吸引和利用外资的若干措施》等文件，持续打造市场化、法治化、国际化一流营商环境。江西出台"加强数字赋能营商环境15条"等，对标海关总署优化营商环境16条制定发布了25条细化措施，以实际行动推动江西高水平开放发展。长江中游城市群全面落实中央稳经济一揽子政策和接续措施，在鄂湘赣投资的世界500强企业分别超过210家、320家、130家。

三　长江中游城市群高水平保护和高质量发展存在的问题

（一）高水平保护面临制约因素

一方面，生态环境质量仍有较大的改善空间。从大气质量来看，2023年，鄂湘赣三省空气质量优良率均在84%以上，其中湖南和江西空气质量优良率均在90%以上，但是三省依然不同程度存在重污染天气，如湖北17个重点城市平均重度及以上污染天数的比例为1.8%，武汉重污染天数达6天；湖南14个重点城市平均重度及以上污染天数的比例为1.3%，重度及以上污染天数达66天。此外，城市细颗粒物（PM2.5）浓度偏高，2023年三省PM2.5浓度分别为36微克/m^3、37微克/m^3、29微克/m^3，除江西外，湖南、湖北均高于国家30微克/m^3平均浓度。从能耗及能源利用效率上看，2022年鄂湘赣三省能源消费总量为4.64亿吨标准煤，比上年增长2.2%，鄂湘赣三省单位GDP能耗虽然低于全国平均水平，但是高于上海、重庆和江苏的能耗水平（见图6）。

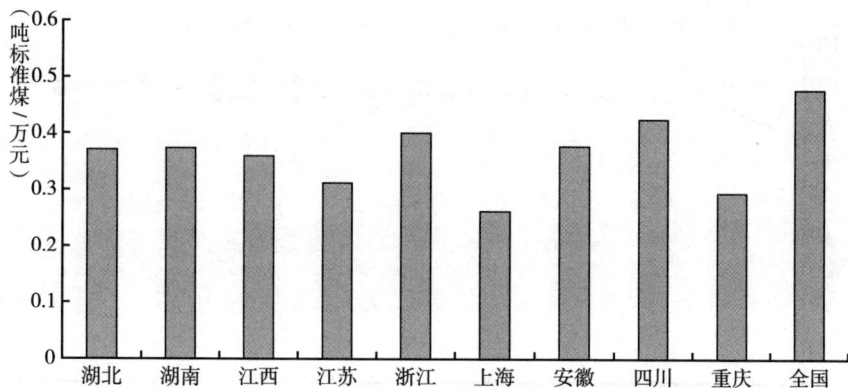

图 6　2022 年长江经济带部分省市单位 GDP 能耗情况

资料来源：相关省市 2023 年统计年鉴、《中国能源统计年鉴 2023》。

　　另一方面，高水平保护面临制约因素。经过持续的污染防治攻坚，长江中游城市群生态环境问题得到明显的改善，但同时存在诸多难题。2023 年三省地表水优良比例均达 90% 以上，但湖泊监测断面中，水质达标率偏低，如 2023 年湖北主要湖泊总体水质为轻度污染，无Ⅰ类水质，水质为Ⅱ类和Ⅲ类的占比仅为 44.8%，Ⅴ类水质占 17.3%，2024 年上半年Ⅱ类和Ⅲ类水质占比下降至 41.4%；江西鄱阳湖 2023 年水质总体轻度污染，Ⅴ类水质断面 1 个；湖南洞庭湖水质总体轻度污染，营养状态为中营养。

　　此外，生态环境治理现代化水平有待提升，多元化投入机制尚未健全。2022 年鄂湘赣三省节能环保支出分别为 170.0 亿元、166.6 亿元、237.6 亿元，分别占地方一般公共预算支出的 2.0%、1.8%、3.3%，其中，湖南低于全国平均水平，湖北接近全国平均水平，江西高于全国平均水平。环境基础设施方面，乡镇环境基础设施薄弱。鄂湘赣三省县城污水收集处理率均在 96% 以上，生活垃圾无害化处理率均达 100%，在长江经济带处于中上游水平，但乡镇污水处理、生活垃圾处理能力和部分设施数量低于全国平均水平和长江经济带先进省市水平（见图 7、表 6），环境基础设施建设及管理制度尚需健全。

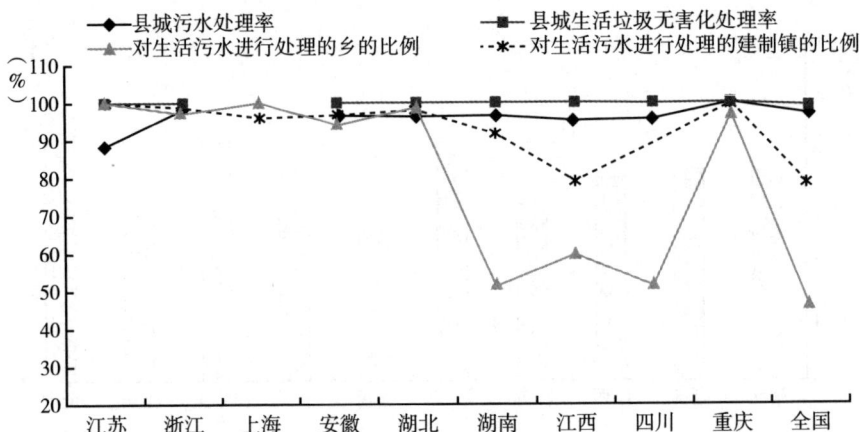

图 7　2022 年长江经济带部分省市县城、乡镇污水收集处理和生活垃圾无害化处理情况

资料来源：《中国城乡建设统计年鉴 2022》。

表 6　2022 年长江经济带部分省市乡镇污水、垃圾处理设施情况

地　区	建制镇平均污水处理厂数量（座）	建制镇污水处理厂平均日污水处理能力（万立方米）	乡平均污水处理厂的数量（座）	乡污水处理厂平均日污水处理能力（万立方米）	建制镇平均生活垃圾中转站数量（座）	建制镇平均环卫专用车辆设备（辆）
江　苏	0.95	0.32	0.71	0.17	1.9	11.6
浙　江	0.43	0.34	0.18	0.01	1.9	11.9
上　海	0.17	0.37	1.00	0.06	2.8	25.8
安　徽	0.86	0.10	0.85	0.05	1.2	6.7
湖　北	0.80	0.14	0.65	0.06	1.6	6.2
湖　南	1.16	0.10	0.27	0.01	1.3	4.2
江　西	1.10	0.04	0.48	0.01	1.4	3.3
四　川	1.28	0.07	0.44	0.02	1.6	3.5
重　庆	1.23	0.07	1.04	0.03	1.0	3.4
全　国	0.71	0.12	0.30	0.02	1.2	5.4

资料来源：《中国统计年鉴 2023》《中国城乡建设统计年鉴 2022》。

　　全民生态文明共建共治共享的意识还不够牢固，部分地区公众的生态文明素养有待提高，绿色低碳文明的生活方式和生产方式有待形成，生态环境保护仍过分依赖政府行政手段，生态文明建设的内生动力有待进一步激发。

（二）高质量发展水平有待提升

科技创新能力有待增强。从研发经费投入来看，2023 年鄂湘赣三省研发经费占 GDP 的比重平均为 2.2%，低于长三角各省市研发经费投入强度。从企业创新能力来看，2023 年，长江中游地区鄂湘赣三省平均高新技术企业 1.6 万家，远低于长三角地区 3.4 万家的均值；从规上工业企业 R&D 人员全时当量来看，2022 年鄂湘赣三省研发人员全时当量均在 17 万人年及以下，远远低于江苏、浙江的 66 万人年、52 万人年，也低于长三角地区平均水平。从科技成果产出及转化来看，2023 年长江中游地区鄂湘赣三省平均专利授权量和发明专利授权量分别为 9.0 万件、2.0 万件，大大少于长三角地区 28.3 万件、6.2 万件的平均水平；技术合同成交额湖北、湖南与长三角各省市规模相当，但江西成交额规模偏低（见表 7）。

表 7　鄂湘赣三省与长三角地区科创指标比较

项目	研发经费占 GDP 的比重（%）	规上工业企业 R&D 人员全时当量（万人年）	高新技术企业（万家）	技术合同成交额（亿元）	专利授权量（万件）	发明专利授权量（万件）
湖　北	2.3	17	2.5	4802	13.5	2.9
湖　南	2.4	17	1.6	3995	7.5	2.0
江　西	1.8	10	0.7	1605	6.0	1.0
鄂湘赣三省均值	2.2	15	1.6	3467	9.0	2.0
上　海	4.4	10	2.4	4850	15.9	4.4
江　苏	3.2	66	5.1	4607	44.7	10.8
浙　江	3.2	52	4.2	4324	38.2	6.5
安　徽	2.6	18	1.9	3598	14.3	3.1
长三角地区均值	3.4	37	3.4	4345	28.3	6.2

注：规上工业企业 R&D 人员全时当量指标为 2022 年数据，其余指标为 2023 年数据。

资料来源：相关省市 2023 年国民经济和社会发展统计公报、部门网站以及 2023 年《中国统计年鉴》。

传统产业绿色化水平有待提升。长江中游城市群大部分地区处于由工业经济向服务经济转型的过程中，冶金、钢铁、纺织、建材、食品制造等传统行业工业增加值在地区工业增加值中依然占有不小的比重，传统产业的结构性污染问题依然突出，其废气、废水、二氧化硫排放量以及化学需氧量排放量等在地区工业排放量中占有一半以上的比重，产业绿色化水平有待进一步提升。

开放水平有待提升。2023 年鄂湘赣三省地区生产总值占全国的10.9%，但是进出口总额占全国仅为 4.4%，其中，出口额、进口额分别占全国的 5.2%和 3.4%。货物出口额中机电产品和高新技术产品出口占比也低于全国平均水平，比全国平均水平低 11.3 个百分点（见表8）。从营商环境来看，尽管鄂湘赣三省营商环境不断改善、排名提升，但与先进地区相比仍有差距。在 2023 年全国工商联发布的营商环境排名中，长三角的上海、江苏、浙江和安徽分别排第 2 名、第 3 名、第 4名、第 5 名，均高于长江中游地区鄂湘赣三省排名，三省营商环境有待进一步优化。

表8　鄂湘赣三省部分外贸指标占比情况

单位：%

指标	数据
进出口总额全国占比	4.4
出口额全国占比	5.2
进口额全国占比	3.4
GDP 全国占比	10.9
三省货物出口额中机电产品和高新技术产品出口占比	72.2
全国货物出口额中机电产品和高新技术产品出口占比	83.5

资料来源：国家及湖北省、湖南省、江西省 2023 年国民经济和社会发展统计公报。

（三）经济社会发展与资源环境协调性有待增强

环境库兹涅茨曲线（EKC）用来描述经济社会发展和资源消耗、污染物排放之间的关系。本文利用鄂湘赣三省 2005～2022 年经济社会发展和资源消耗、污染物排放相关数据，检视鄂湘赣三省的资源消耗、污染物排放和经济社会发展之间是否存在 EKC 模型。模型拟合结果显示，三省人均 GDP 和能源消费量、用水总量拟合曲线呈现单调同步增长趋势，经济社会发展依然处于依赖能源和资源消耗带动的阶段；人均 GDP 和二氧化硫排放量拟合曲线呈现平滑的单调同步减少趋势，说明随着经济社会的发展，二氧化硫排放峰值已过，处于 EKC 曲线下降阶段，污染程度降低；人均 GDP 与化学需氧量排放量拟合曲线呈"波浪式"波动，且为波动式上升，随着经济社会的发展、人均收入的增加，化学需氧量环境污染由低趋高；人均 GDP 和氨氮排放量、氮氧化物排放量的拟合曲线出现"N"形，处于下降阶段（见图8）。总体而言，资源环境和经济社会发展协调性有待增强，能源消耗、用水总量和部分污染物排放量峰值尚未达到。

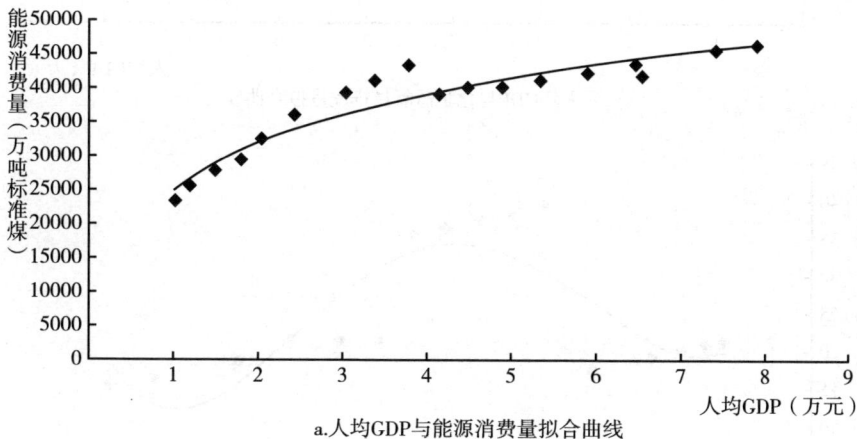

a.人均GDP与能源消费量拟合曲线

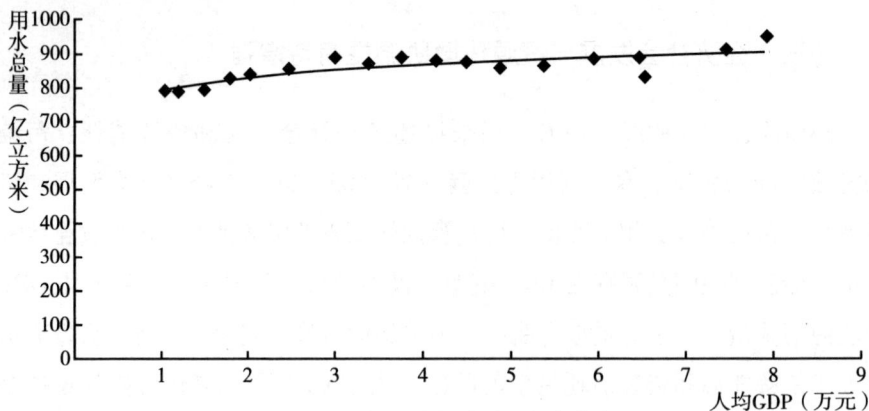

b.人均GDP与用水总量拟合曲线

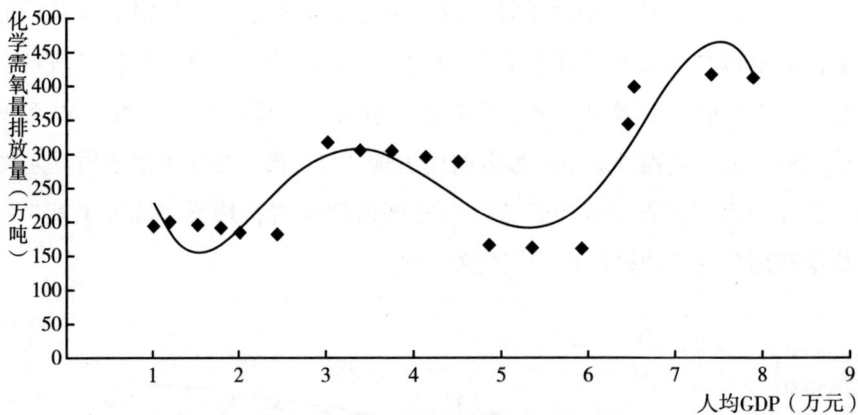

c.人均GDP与化学需氧量排放量拟合曲线

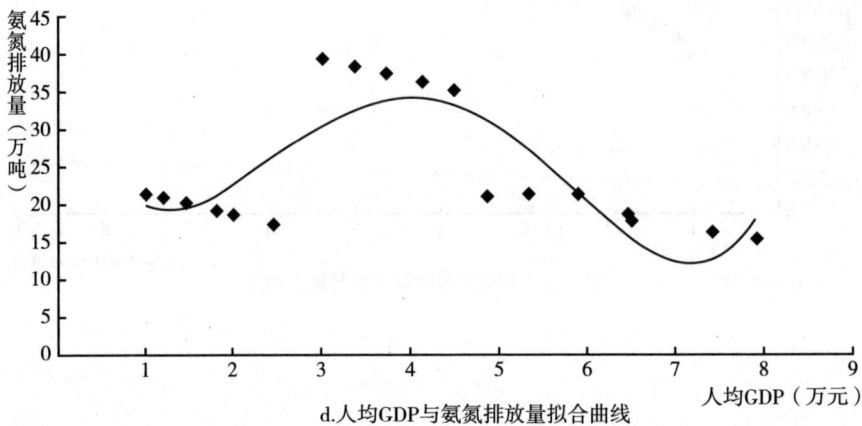

d.人均GDP与氨氮排放量拟合曲线

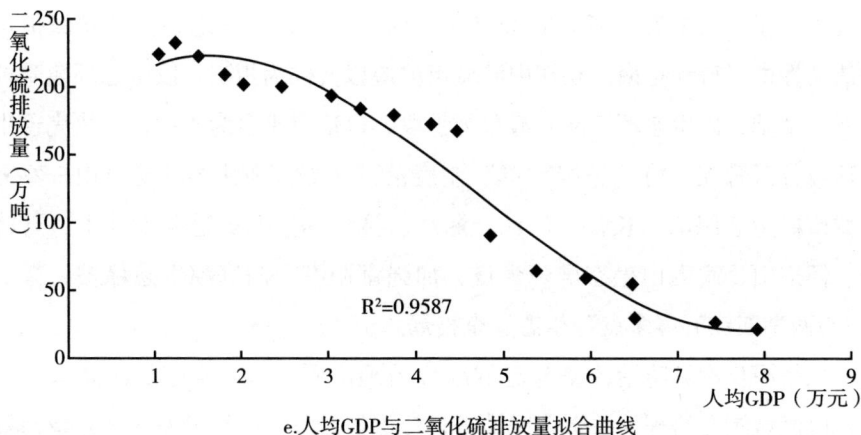

e.人均GDP与二氧化硫排放量拟合曲线

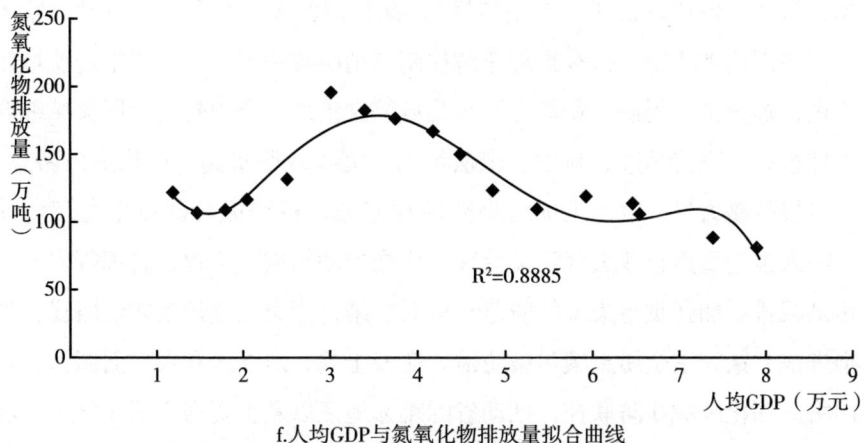

f.人均GDP与氮氧化物排放量拟合曲线

图8 鄂湘赣三省2005~2022年环境库兹涅茨曲线

注：氮氧化物排放量为2006~2022年数据。

资料来源：2006~2023年《中国统计年鉴》《湖北统计年鉴》《湖南统计年鉴》《江西统计年鉴》，湖北省、湖南省和江西省部分年份环境统计公报。

四 统筹推进长江中游城市群高水平保护和高质量发展优化路径

（一）坚持"共抓大保护、不搞大开发"，持之以恒推动高水平保护

一是加强生态环境分区管控。2024年3月，《中共中央办公厅　国务院

办公厅关于加强生态环境分区管控的意见》发布，为各地各类开发保护建设活动提供了行动指南。长江中游城市群应以文件为指引，以生态环境管控单元为基础，以生态环境准入清单为手段，以信息平台为支撑，加快完善生态环境分区管控，将"三线一单"制度落到实处。加快推动幕阜山—罗霄山城市群生态绿心，长江、汉江、湘江、赣江等生态廊道及大别山、雪峰山、怀玉山、武夷山生态屏障建设，加强鄱阳湖、洞庭湖生态保护，夯实"一心两湖四江五屏多点"生态安全格局。

二是深化污染防治攻坚与流域综合治理协同。深入实施长江高水平保护，以流域综合治理为关键系统推进长江保护修复，持续抓好长江总磷污染控制，坚持不懈抓好长江"十年禁渔"，深化洞庭湖、鄱阳湖、洪湖、梁子湖、斧头湖治理攻坚，持续推动总磷控制与削减攻坚行动。扎实推进流域综合治理，加快扩面提质，积极开展小流域综合治理，全力打造全国流域综合治理样板区。坚持精准、科学、依法治污，完善攻坚机制，严格成效考核，坚决打好打赢大气、水、土壤污染防治攻坚战，持续提升区域生态环境质量。深入推进重点行业大气污染治理，协同推动结构、工程、管理等方面大气污染减排，加强重污染天气防范与应对。结合国家土壤污染防治路线，加快推进镉、锰等重金属土壤污染防治。完善土壤、地下水和农村面源污染监控网络。深化区域联防联控，推动省际毗邻地区以及主要都市圈大气污染联防联控，推动区域内流域上下游水污染协同治理，推动区域生态环境质量持续改善。

三是加快推进生态环境治理能力现代化。借鉴国内外先进地区提升生态环境水平和构建环境治理体系的经验，融合各地生态环境保护思想、制度和行动体系，建立完善长江中游城市群生态环境保护法制、标准衔接机制，构建多层次环保合作模式，搭建开放型环保交流合作平台。鼓励社会公众参与生态文明建设与监督，营造具有长江中游地区特色的生态文化。进一步推进生态文明体制改革，打好法治、市场、科技、政策等"组合拳"，加强生态环境保护立法管理，完善生态环保科技工作协调机制，将生态环境分区管控纳入污染防治攻坚战考核内容，加快构建现代环境治理体系。加大环境与治理投入，健全生态环境与产业融合的多元化投融资模式，积极推动 EOD 项目试点。加快补齐乡镇生活污水、生活垃圾收集处理和危险废物处置等生态环境基础设施短板，并保障运维经费。完善生态环境监测体系网络建设，实现自动监控数据闭环管理，不断提升监管能力，切实提升"美丽中三角"建设的各项保障条件和支撑水平。

四是大力提升经济绿色化水平。深入践行"两山"理念，协同推进降碳、减污、扩绿、增长，促进长江中游城市群生态环境保护和经济发展共赢。积极推动产业生态化、生态产业化协同发展。加快传统产业全链条改造升级，大力发展战略性新兴产业和未来产业，积极培育绿色节能产业。同时，尽快破解生态产品"度量难""交易难""变现难""抵押难"等难题，实现发展"含绿量"和生态"含金量"同步提升。积极落实国家"双碳"目标，扎实推进绿色低碳发展。严格落实国务院办公厅《加快构建碳排放双控制度体系工作方案》的要求，不断建立健全地方碳考核、行业碳管控、企业碳管理、项目碳评价、产品碳足迹等政策制度和管理机制，积极参与碳达峰、碳中和试点建设，不断提升能源利用效率，积极推行清洁能源替代。积极推进通（城）平（江）修（水）绿色发展先行区、三峡坝区绿色低碳发展示范区等建设，加快发展绿色生产力。

（二）坚持科技创新引领，塑造高质量发展新动能新优势

一是强化战略科技力量建设。聚焦光电科学、空天科技、人工智能、生物安全、生物育种等重大领域，加快长江中游城市群国家和省级实验室以及重大科技基础设施集群建设，组建长江中游城市群实验室联盟，推动知识创新、技术创新、成果转化和知识产权等领域开展合作交流。统筹用好科研院所科技力量，瞄准基础前沿领域，实施重大科技专项，加强原创性、引领性技术攻关，解决更多"卡脖子"问题。推动光谷科技创新大走廊、湘江西岸科技创新走廊、赣江两岸科创大走廊合作对接，共同申报国家重大战略项目、重大科学计划、科技重大专项和国家实验室布局，共同组织参与"揭榜挂帅"科技项目。推进城市群综合科技服务平台开展深度合作，联合组

建国际科技合作离岸中心和国际技术转移离岸中心，探索创新券互通互兑。加强科技成果转移转化和产业化应用，鼓励城市群内企业联合高等院校和科研院所共建需求对接、优势互补、利益共享的科技成果转化平台。

二是着力打造良好人才生态环境。完善有利于人才培养、引进、使用和成长的体制机制，促进人口和经济要素向长江中游城市群中心城市、都市圈集聚。制定长江中游城市群人才共认共用共享的指导意见，促进人才跨地区自由流动。不断拓展长江中游城市群职称资格互认范围和领域，推进职称评审结果互认。加强长江中游城市群人才信息共享，推进外籍高端人才等认定互认。推动户籍准入年限累计互认，推动与人才自由流动紧密相关的配套社保、医保、户籍等公共服务互通。

三是大力推进产业链供应链现代化。习近平总书记强调，"发展新质生产力不是忽视、放弃传统产业""用新技术改造提升传统产业，积极促进产业高端化、智能化、绿色化"。① 这就要求长江中游城市群既要推动传统产业链升级，通过数字化、智能化改造，提升传统优势产业竞争力，又要通过科技创新和科技攻关，加快培育新兴产业和未来产业，打造具有国际竞争力的优势产业集群。深化长江中游城市群产业链供应链协同，以"链长制"协同为基础，推进城市群内部制造业的研发、设计、生产、销售、服务等各个领域的纵向关联。推动覆盖城市群重点产业的供应链平台建设，逐步从制造业推广到农业、服务业等领域。

四是打造数字经济发展新引擎。加快数字经济和实体经济深度融合，打造长江中游城市群经济高质量发展的新动能。大力推动产业数字化、数字产业化，推动互联网、大数据、人工智能同各行业深度融合，推动数字经济向基层、向农村延伸，不断创造新业态、新模式、新场景，推动数字经济持续健康发展。加强长江中游城市群城市间数据中心的协作共享，联合开展车联网和交通设施智能化技术创新试点，共建工业互联网平台国家先行区，加强

---

① 《习近平在参加江苏代表团审议时强调因地制宜发展新质生产力》，《人民日报》2024 年 3 月 6 日。

城市群数字流域、智能水网、地理空间信息分发与交换中心建设，合力打造"数字中三角"。

（三）坚持区域协同融通，稳步推进生态共同体和利益共同体建设

一是加快完善综合立体交通网络，共建开放大平台、大通道。加快建设沿江高铁、呼南高铁、厦渝高铁等干线铁路。推进三峡水运新通道、湘桂运河、赣粤运河、荆汉运河前期研究论证。推动长江中游地区多式联运发展，加强不同运输方式间的相互衔接，推动主要港口进港铁路全覆盖，加快构建多向综合立体交通运输走廊。健全以长江黄金水道、中欧班列（武汉、长沙、南昌）为支撑的出海出境大通道体系，推动长江中游地区中欧班列协同联动，联合打造长江中游地区中欧班列集结中心。提升长沙黄花机场、武汉天河机场、南昌昌北机场区域航空枢纽功能，协同完善国际航线网络。以花湖机场为核心区域规划建设国际自由贸易航空港，探索构建以"贸易自由、投资自由、资金自由、运输自由、人员从业自由、数据有序流动"和"零关税、低税率、简税制"为主要特征的政策和制度体系，形成引领中部、辐射全国、通达全球的内陆"新沿海"。推动湖北自贸试验区、湖南自贸试验区与江西内陆开放型经济试验区联动发展。高质量建设中非经贸深度合作先行区、武汉中德产业园、中法生态示范城、南昌临空经济区中德 4.0 工业园等，打造对非、欧经贸合作示范区。发挥中国中部博览会、中非经贸博览会、世界绿色发展投资贸易博览会、世界 VR 大会、世界 500 强对话湖北、中国—北欧经贸合作论坛等品牌活动引资功能，争取外资标志性项目在长江中游城市群落地。

二是加强产业协同，打造利益共同体。鄂湘赣三省既要立足本地已有产业基础和资源禀赋，做精做强特色产业、优势产业，又要协同联动发展，加强区域产业政策、招商引资政策、科技创新政策等协同对接，促进区域发展联动协作，避免区域内部同质化竞争、产业结构趋同。同时，积极支持区域内先进地区和后发地区之间、省际交界区域完善产业园区共建机制，完善利益分享机制，积极探索产业转移、飞地经济等财税利益分享机制、流转招商

引资项目共建共赢机制。支持城市群建立新兴未来产业发展共同体，联合实施重大新兴产业工程，联合实施关键核心技术攻关，联合建立关键产业安全风险评估预警体系等。支持共建承接外资转移示范区，积极发挥湘南湘西、湖北荆州国家级承接产业转移示范区的示范作用，突出产业承接重点，优化产业承接布局，因地制宜承接发展现代制造业、现代服务业、现代农业，鼓励发展"一区多园""飞地经济"等产业合作模式。加强国家级承接产业转移示范区信息对接，加强与国内外先进地区人才、技术、设备等创新要素对接，积极引进具有较强创新能力的企业。

三是稳步推进生态共同体建设。联合培育长江中游城市群绿色生产力，共同培育区域生态产品公共品牌——长江中游"绿心"，联合建立长江中游城市群生态产品与资源环境权益综合交易平台，联合成立生态产品价值转化基金，共同探索"两山银行"制度，对自然资源开展集中收储试点。联合健全和完善流域横向生态补偿体系，推动生态综合补偿，共同争取设立幕阜山全国生态产品价值实现试验区。发挥湖北中碳登的全国碳市场枢纽作用，推动资源环境要素市场化配置体系改革走在全国前列，围绕全球碳交易注册登记中心、全国碳市场中心、全国碳金融中心目标，加快建设打造更具影响力的碳市场。联合打造绿色技术国家技术创新中心，持续强化对重点领域绿色技术创新的全产业链支持，构建引领低碳发展的创新高地。共同推进文化和旅游深度融合发展，深入发掘长江中游文化的时代价值，推出更多体现新时代长江中游文化的文艺精品，建设一批具有自然山水特色和历史人文内涵的美丽城镇和美丽乡村，打造长江中游重要旅游线路和产品，高质量建设鄂湘赣长江国际黄金旅游带。

四是促进各类要素跨区域自由流动。持续优化长江中游城市群营商环境，深入实施长江中游城市群新一轮营商环境提升行动。深化政务服务合作，积极推进产权保护、要素市场化、政府行政管理领域相关制度的改革创新联动，完善产权保护、市场准入、公平竞争、社会信用等基础制度，建设区域一体化市场体系，扩大要素市场化配置范围。共同培育发展长江中游城市群数据要素市场，完善不同行业、区域间的数据平台共建和数据信息共享机制。积极实施服务外资提质增效行动，共同开展为外资企业找市场、找人才、找伙伴活动，完善外资企业圆桌会议机制。

参考文献

《中共中央关于进一步全面深化改革 推进中国式现代化的决定》（二〇二四年七月十八日中国共产党第二十届中央委员会第三次全体会议通过），《人民日报》2024 年 7 月 22 日。

《中共中央 国务院关于加快经济社会发展全面绿色转型的意见》（2024 年 7 月 31 日），《人民日报》2024 年 8 月 12 日。

《习近平：进一步推动长江经济带高质量发展更好支撑和服务中国式现代化》，《当代党员》2023 年第 20 期。

习近平：《高举中国特色社会主义伟大旗帜 为全面建设社会主义现代化国家而团结奋斗——在中国共产党第二十次全国代表大会上的报告》，《中华人民共和国国务院公报》2022 年第 30 期。

《习近平在参加江苏代表团审议时强调因地制宜发展新质生产力》，《人民日报》2024 年 3 月 6 日。

《湖北省政府工作报告（2024 年）》，http://hb.people.com.cn/n2/2024/0208/c192 237-40743222.html。

《湖南省政府工作报告（2024 年）》，http://www.hunan.gov.cn/topic/slh/yqdbg/bgqw/202402/t20240218_32861683.html。

《江西省政府工作报告（2024 年）》，http://zfgb.jiangxi.gov.cn/art/2024/2/19/art_83700_4788960.html。

谈文胜、钟君主编《2022 年湖南生态文明建设报告》，社会科学文献出版社，2022。

罗琼：《面向中国式现代化的实践向度：推进长江经济带高质量发展与高水平保护路径研究》，《治理现代化研究》2024 年第 3 期。

胡军、宁晓巍：《正确处理高质量发展和高水平保护的关系》，《瞭望》2024 年第 23 期。

张静：《以高水平保护支撑长江经济带高质量发展》，《政策》2023 年第 9 期。

岳海珺：《淮河流域生态保护与经济高质量发展的耦合协调性测度与分析》，山东财经大学硕士学位论文，2022。

殷琪惠：《绘就高质量发展的绿色画卷》，《江西日报》2024 年 7 月 3 日。

郭志强：《长江中游城市群：下好"一盘棋"打造新增长极》，《中国经济周刊》

2024 年 2 月 29 日。

秦尊文：《一体化是长江中游城市群发展的主旋律——基于〈实施方案〉与〈规划〉衔接的视角》，《企业经济》2022 年第 7 期。

刘琳轲、梁流涛、高攀等：《黄河流域生态保护与高质量发展的耦合关系及交互响应》，《自然资源学报》2021 年第 1 期。

李森、王万宾、刘岳雄等：《协同推进生态环境高水平保护和经济高质量发展的路径研究——以云南省为例》，《环境科学与管理》2023 年第 5 期。

黄报远、卢显妍、陈桐生等：《粤港澳大湾区协同推进经济高质量发展和生态环境高水平保护的对策研究》，《环境与可持续发展》2020 年第 3 期。

寇江泽、王崟欣、李蕊等：《差异化保护精准化管理》，《人民日报》2024 年 3 月 18 日。

专 题 篇 ▷

B.2
长江中游城市群省际交界
地区合作进展与对策研究

汤鹏飞*

摘　要： 党的二十届三中全会提出，构建跨行政区合作发展机制。省际交界地区既是探索建立跨行政区合作机制的"突破点"，也是"难点"所在。前期，长江中游城市群着力推动了洞庭湖生态经济区、湘赣边区域合作示范区、"通平修"绿色发展先行区、黄冈小池与九江等省际交界地区合作，并取得积极成效。本文分别从城市群和流域两个视角选择长三角生态绿色一体化发展示范区和晋陕豫黄河金三角示范区两个典型案例，从合作机制、合作重点和合作特色等方面总结经验做法。基于此，提出长江中游省际交界地区要强化县域和口子镇的重要作用，共推四大领域合作、共促三类经济发展、共建合作机制等对策。

关键词： 长江中游城市群　省际交界地区　绿色发展

---

* 汤鹏飞，湖北省社会科学院长江流域经济研究所所长、长江中游城市群研究中心执行主任，副研究员，主要研究方向为区域与区域规划。

一 长江中游省际交界地区合作举措与进展

（一）依托洞庭湖生态经济区共同守护"一湖碧水"

1. 国家出台规划加强地区发展引领

洞庭湖地跨湖南、湖北两省，作为我国第二大淡水湖，与鄱阳湖共称为长江"双肾"，是长江生态大保护中处理好"江湖关系"，实现"江湖两利"的关键地区之一。

为促进洞庭湖地区经济社会与人口资源环境全面协调可持续发展，2014年4月，国务院批复《洞庭湖生态经济区规划（2014~2020）》，范围包括岳阳、常德、益阳、长沙望城区、荆州市在内的33个县（市、区），面积约为6.05万平方公里。湖南省加快推进落实，先后出台了《中共湖南省委湖南省人民政府关于加快推进洞庭湖生态经济区建设的实施意见》《洞庭湖生态环境专项整治三年行动计划》《湖南省洞庭湖水环境综合治理规划实施方案》《洞庭湖生态经济区国土空间专项规划》《洞庭湖总磷污染控制与削减攻坚行动计划》，对洞庭湖生态经济区的生态环境进行了重点部署。同时，2021年5月，湖南省出台《洞庭湖保护条例》，开启了法治护湖护绿的模式。

为进一步推动洞庭湖生态经济区生态保护和绿色发展，2023年1月，国务院批复了《新时代洞庭湖生态经济区规划》，要求湖南与湖北承担主体责任将洞庭湖生态经济区建设成为更加秀美富饶的大湖经济区（见表1）。为加快规划落实，湘鄂两省联合编制了《新时代洞庭湖生态经济区规划实施方案》，围绕"八大洞庭"的目标提出8个方面29项具体任务。

2. 建立生态环境联动治理和绿色发展联席会议机制

为助推洞庭湖生态经济区建设，自2018年以来，湖南与湖北的"四市一区"建立政协主席联席会议制度，常态化搭建了洞庭湖生态环境联动治理和绿色发展联席会议机制。"四市一区"政协充分发挥人民政协作为专门协商机构的作用，密切联动、深入协作、协商建言、共同发力，已在岳阳、常德、荆州、益阳四地召开 6 次会议，并形成丰硕成果（见表 2）。

表 1　国家出台的洞庭湖生态经济区规划相关内容

规划名称	战略定位	重点任务
《洞庭湖生态经济区规划（2014～2020）》	• 全国大湖流域生态文明建设试验区 • 保障粮食安全的现代农业基地 • "两型"引领的"四化"同步发展先行区 • 水陆联运的现代物流集散区 • 全国血吸虫病综合防治示范区	• 水域生态修复 • 产业转型发展 • 宜居家园建设 • 民生事业改善 • 基础设施支撑
《新时代洞庭湖生态经济区规划》	• 江湖协同治理引领区 • 湖区绿色转型先行区 • 内陆港口型物流枢纽 • 山水文化旅游目的地	• 加强生态保护修复 • 强化污染综合治理 • 推进江湖"安澜洞庭"建设 • 促进产业绿色转型升级 • 推动人水和谐乡建设 • 构建完善基础设施网络 • 增强开放发展动力 • 提升民生保障水平

表 2　洞庭湖生态经济区"四市一区"政协合作成果

时间	地点	成果
2018 年	岳　阳	• 研讨洞庭湖区生态环境突出问题的成因和解决方略 • 《洞庭湖生态经济区（四市一区）政协主席联席会议工作规则》 • 《助推洞庭湖生态环境联动治理和综合施策岳阳共识》
2019 年	常　德	• 《洞庭湖生态经济区政协主席联席会议常德共识》 • 倡议共同推进联席会议协商平台建设
2021 年	荆　州	• 《深化洞庭湖生态经济区域文旅产业联动融合发展荆州共识》 • 签订《洞庭湖生态经济区旅游联盟协议》
2022 年	益　阳	• 《洞庭湖生态经济区"致力绿色安全　共建洞庭粮仓"益阳宣言》
2023 年	岳　阳	• 《关于推动新时代洞庭湖生态经济区高质量发展的共识》
2024 年	常　德	• 通报《新时代洞庭湖生态经济区规划》执行落实情况 • 《洞庭湖生态经济区政协主席联席会议常德共识》

资料来源：根据会议新闻报道相关内容整理。

（二）依托湘赣边区域合作示范区探索革命老区振兴发展

1.红绿交织共推湘赣边特色领域合作

红色方面，两省共建红色文化传承创新核心区。两省统筹共建湘赣边红色旅游环线，开通浏阳—醴陵—攸县—茶陵—炎陵—井冈山红色旅游观光列车组，"秋收起义—湘赣红旗"入选建党百年百条红色旅游线路。同时，两省打造以"一节一会一论坛"为标志的湘赣边红色文化品牌，扩大红色文化旅游影响力（见表3）。

表3　湘赣边共建红色文化传承创新核心区重点任务与内容

任务	主要内容
共建湘赣边红色旅游环线	● 打造互联互通的湘赣边红色旅游环线 ● 开通浏阳—醴陵—攸县—茶陵—炎陵—井冈山红色旅游观光列车组 ● 改造升级湘赣边主要旅游景点间交通干线，建设红色旅游景区通达路网，节假日在机场码头、旅游集散中心、景区换乘站等区域组织临时接驳交通
共推红色文化旅游提升工程	● 举办中国红色文化艺术节 ● 举办中国红色旅游博览会 ● 打造"不忘初心、牢记使命"高峰论坛
长征国家文化公园建设工程	● 建设长征国家文化公园 ● 建设红色基因数据库 ● 打造初心源旅游景区

资料来源：《湖南省推进湘赣边区域合作示范区建设三年行动计划（2020~2022）》。

绿色方面，两省强化环境共保联治。湖南与江西签署了《渌水流域横向生态保护补偿协议》，健全跨省流域横向生态补偿机制。在此基础上，两省逐步推动湘赣边16条跨界河流共抓共管，并成立湘赣边区域供水合作联盟。同时，围绕大气、固废、土壤等污染问题建立了协同处置等机制。

2.构建特色产业基地与合作产业园

两省着力共建三大特色产业基地。依托浏阳、醴陵、上栗、万载4县

（市）建设全国烟花爆竹转型升级集中区，并成立烟花爆竹产业发展委员会。加强醴陵东富产业园与萍乡湘东区电瓷产业园合作，携手打造世界级电瓷产业园。[①] 共同打响"湘赣红"区域公用品牌，依托"一县一特"品牌共建优质农副产品供应基地。

跨省合作建设湘赣边区域合作产业园。鼓励萍乡、宜春与长沙、株洲等地跨省合作建设湘赣边区域合作产业园，重点建设醴陵—湘东园区、浏阳—上栗园区、浏阳—袁州园区，探索成立联合管理委员会和合作开发投资公司，加快园区标准化厂房和基础设施建设。大力发展"飞地经济"，探索建立园区共建机制。鼓励湘南湘西、赣南两大国家级承接产业转移示范区积极承接粤港澳大湾区、长三角等区域产业转移。加快株洲、萍乡等产业转型升级示范区建设，支持建设一批特色产业园区。

3. 打造湘赣边界治理共同体

湘赣边界地区的 6 个县（市、区）签订了《湘赣边区域基层社会治理协同创新战略合作框架协议》，建立健全"联动、融合、快速、便捷"的协同治理机制，开展"政法宣教联推、矛盾纠纷联调、社会治安联防、安全隐患联查、平安建设联创、重点问题联治、违法犯罪联打、突发事件联处、情报信息联通、执法司法联动"十大合作[②]，实现区域深度合作。

为落实基层社会治理"框架协议"，湖南浏阳市澄潭江镇和江西省上栗县桐木镇、金山镇以建设省际边界治理共同体为目标，建设了湘赣边综治服务中心，打造信息指挥平台、快警快处平台、多元化解平台三大平台，努力推动政治、法治、德治、自治、智治"五治"融合，并联合开展湘赣边巡防专项整治行动，整合三镇边界"天网""雪亮"等工程，区域治理的信息化、协同化水平全面提升。

---

① 陈淦璋：《巍巍罗霄今更红——湖南大力推进湘赣边区域合作示范区建设综述》，《湖南日报》2022 年 5 月 17 日。

② 刘启红：《萍乡大力推进湘赣边区域合作示范区建设》，《江西日报》2024 年 5 月 6 日。

（三）依托"通平修"绿色发展先行区共建城市群"绿心"

1. 从"次区域合作示范"到"绿色发展先行区"的共识与谋划

2015 年 4 月，国务院批准实施《长江中游城市群发展规划》，明确指出"鼓励和支持通城、平江、修水建设次区域合作示范区"。2015 年 9 月，通城县召开了"'通平修'次区域合作示范区建设座谈会"，三地共同签署了《"通平修"合作示范区建设共识》。同年 12 月 18 日，湖南平江县召开了长江中游城市群"通平修"次区域合作示范区首届联席会议。随后，三县加强互访、共商与合作，签署了《共建长江中游城市群次区域合作示范区框架协议》，编制了《通平修次区域合作示范区建设总体规划》和六个专项规划等系列文件。

2021 年 9 月，湖北、湖南、江西三省省委省政府主要领导召开了"长江中游三省协同推动高质量发展座谈会"，其中，《长江中游三省"通平修"绿色发展先行区建设框架协议》作为会议签署的六个合作文件之一，提出将"通平修"打造成长江中游生态绿心、区域交通枢纽、文旅一体核心区、产业协同示范区和湘鄂赣革命老区振兴发展示范区的目标。随后，三地启动编制了《长江中游三省"通平修"绿色发展先行区总体规划》。

2. 把握生态关键共建城市群"绿心"

长江中游城市群"发展规划"和"十四五"实施方案中均明确提出，以幕阜山和罗霄山为主体打造城市群"绿心"。在此背景下，通城、平江、修水三地以幕阜山、罗霄山等区域为重点，坚持环境保护联防联治、产业落地联审联查等协调机制，通过生态保护，加快生态修复，合力守护和建设好三县共同的生态屏障。同时，有效落实"河长制""林长制"等工作，湖南平江县与江西修水县签订了《湘赣边区域河长制合作协议》。[①]

通山、平江、修水三县充分利用良好生态资源，积极探索生态产品价值实现路径。三县积极发展绿色生态农业，共同打造全国知名的区域性无公

---

① 周磊：《涵养一方山水，呵护生态绿心》，《湖南日报》2022 年 9 月 14 日。

害、有机特色农产品基地，共建共享"通平修"农产品通用品牌。加强林业资源利用，平江县政府与岳阳林纸合作开展林业碳汇、绿色金融等项目建设。2022年7月，平江县举办了"'通平修'绿色发展先行区协同推进生态产品价值实现"专场活动，三县联合签署了"年度绿色发展协同推进实施要点备忘录"，发布了《关于智力支持平江县开展生态产品价值核算与实现探索的框架协议》《平江县生态产品价值实现年度十大示范工程》等文件和案例。

3. 探索加强区域跨界要素流动

一是以文旅合作为突破，2021年4月，湘鄂赣毗邻地区文化旅游产业发展联盟成立；2022年7月，三地发布了"通平修"全域生态旅游经典线路图和三县文旅景点、民宿、农林产品，签订《环天岳幕阜山生态旅游度假经典线路"引客·通平修"协议》；2023年11月，"通平修"作为入选国家文化产业和旅游产业融合发展示范区，是入选名单中仅有的两个跨省合作示范区之一。二是完善交通设施网络，三县目前已联合开通直通客运班车，加快完善高速公路网络和国省道连接升级，努力让三地迈入"1小时生活圈"。三是推动政务服务"跨省通办"实施，修水、通城两县市场监管局于2022年7月共同签署企业开办"跨省通办"合作协议。

（四）依托黄冈小池与九江对接探索跨江合作

1. 省、市统筹谋划

2012年6月，湖北省委省政府将小池开放开发上升为省级战略，设立滨江开放新区。2012年11月，黄冈与九江两地签订跨江跨区合作开发框架协议，就携手建设"一江两岸"达成共识，随后湖北编制出台了《湖北小池滨江新区开放开发总体规划》，小池全力推进跨江融合发展。2022年8月，湖北省发改委出台《小池高质量发展新三年行动计划（2022~2024年）》。2022年5月，九江与黄冈共同印发了《2022年黄冈九江跨江合作一体协同发展工作要点》。2022年9月，黄冈九江跨江合作座谈会在黄梅县小池召开，进一步探索跨江联动、跨江融合发展新模式，构建跨江一体化发展格局。

2. 多领域推进跨江合作

产业领域，2024 年 3 月，九江经开区与黄梅县政府正式签订了《合作共建小池江北工业园框架协议》，提出"将小池的主导产业纳入九江经济技术开发主导产业目录，推荐符合条件项目落户小池江北工业园"。交通领域，跨九江和黄梅两地的 17 路公交自 2000 年以来已通行 24 年，九江城西港与黄梅小池港的跨江合作集装箱业务正式运营，九江与湖北小池之间的跨江隧道建设有序推进。公共服务领域，2023 年，九江与黄梅实现了 112 个政务服务事项异地通办，出台了《九江市中等职业学校跨江招生实施办法（试行）》，推出跨江职业教育合作新模式。①

二 国内省际交界地区合作经验

（一）长三角生态绿色一体化发展示范区：引领城市群一体化的省际交界地区合作

该示范区是长三角区域一体化发展战略的先手棋和突破口，其重点围绕生态优势转化为经济优势、区域一体化机制等方面形成一批经验成果，是引领我国城市群省际交界地区一体化发展的示范标杆。

1. 加强规划引导，形成"共编、共研、共推、共议"的空间规划

长三角生态绿色一体化发展示范区围绕一体化重点领域，实现"一张蓝图管全域"，示范区按照"共编、共研、共推、共议"的思路编制了示范区国土空间规划。

一是"共编"，由沪苏浙职能部门共同牵头编制示范区国土空间规划和专项规划，联合组建省市县三级政府、八个相关方面共同参与的工作专班，委托第三方设计团队开展编制。二是"共研"，各规划牵头单位会同示范区执委会围绕规划中期成果、征询意见成果、规划重大问题等重要节点召开专题会，协调各方诉求、形成统一认识，为两省一市及时达成一致意见提供基

---

① 陈芳：《推动区域协调发展助力节点城市建设》，《九江日报》2024 年 1 月 3 日。

础。三是"共推"，按照"省级统筹、求同存异"的方法协调解决问题。"省级统筹"是指两省一市职能部门负责协调本省各市、区、县意见，达成一致后一并反馈牵头单位；"求同存异"是指根据两区一县的不同情况，暂时搁置难以达成一致意见的问题，允许三地在具体指标和布局方面存在一定差异；同时不断放大三地共同目标，找到最大公约数，形成基本共识。四是"共议"，在规划报批流程上，两省一市联合按程序同步分头推进，设置了30天的规划公示期，充分吸纳社会公众和各方专业力量的意见。

2. 完善组织机构运作，建立"理事会—执委会"运行模式

一是协力推进法治保障工作。沪苏浙两省一市人大常委会共同研究立法问题和立法路径，共同向全国人大常委会上报请示、共同起草决定文本。二是两省一市联合成立示范区理事会和执委会，建立代表跨区域共同责任、共同利益的决策和执行机构。理事会是指导和统筹协调一体化建设的决策平台，理事长由两省一市政府常务副省（市）长实行年度轮值，执委会是理事会的执行机构。截至2024年3月，长三角生态绿色一体化发展示范区理事会已举行八次全体会议。三是以企业联盟为抓手建立政企对话平台。在示范区执委会统筹下，由市场和社会专业机构为主体自愿发起成立示范区开发者联盟。自2020年8月开发者联盟成立以来，凝聚众多企业、机构，发挥各自优势资源，在示范区建设中发挥了很好的作用，特别是在"一厅三片"、互联互通、生态环保、科技创新、公共服务等各类重点项目建设中，以及在生态绿色、一体化发展等示范区重大战略研究中，都有着众多联盟成员的积极参与。截至2023年7月，开发者联盟经过4次扩容已吸纳64家成员单位。

3. 依托"三统一"制度打造生态友好型一体化发展样板

示范区建立了环境"三统一"制度（见表4），并以此为基础推进生态环境共治。一是实施跨界水体的联合河（湖）长制和水体联保工作。二是建立跨区域生态项目共同投入机制、生态治理市场化平台和多元化生态补偿机制。三是率先打造跨域一体的生态产品价值核算样板间，形成生态产品价值实现全链条的工作体系。四是开展碳普惠联建试点建设，推动碳普惠规则共建、标准互认、信息共享、项目互认。

表4 长三角生态绿色一体化发展示范区生态"三统一"制度

领 域	内 容
统一生态环境标准	确定制药、汽车维修、固定式内燃机等多个行业生态环保标准
统一生态环境监测监控系统	同步制定示范区大气监测超级站运行管理、示范区空气质量预报等技术规范,同步开发示范区预报平台功能模块和专项预报产品
统一环境监管执法	签署协同推进长三角区域生态环境行政处罚自由裁量规则和基准一体化工作备忘录,印发《环境执法跨界现场检查互认工作方案》,并组建示范区生态环境综合执法队

4. "六大"跨省范例打造省际交界共同富裕示范

为率先走出一条具有示范区特色的跨域一体、协同高效共同富裕之路,为长三角乃至全国跨省域省际交界地区的共同富裕探路和示范,示范区围绕"六大"跨省范例进行探索(见表5)。

表5 长三角生态绿色一体化发展示范区共同富裕"六大"跨省范例

领 域	内 容
经济高质量发展跨省域范例	协同育强"五型经济",重点培育融合型数字经济、前沿型创新经济、生态型湖区经济、功能型总部经济、特色型服务经济等。 协同打造长三角创新高地,重点共建世界级绿色创新活力湖区、全国首个跨省域国家级高新区等。 协同激发市场活力,重点引进培育更具竞争力的市场主体、扩大市场开放程度、优化营商环境、突破要素供给瓶颈
生态文明共建跨省域范例	开展生态环境联保联防联治,重点构建示范区跨界水体联保共治机制和生态环境联防共治机制。 推进资源节约和绿色低碳发展,重点加快能源结构调整、推进生产生活低碳化。 建立健全生态产品价值实现机制,重点开展示范区生态系统生产总值(GEP)核算、生态产品交易等
区域城乡融合跨省域范例	构建优化跨域一体发展格局,重点建立一体化规划体系、一体化交通网络体系,迭代升级政务服务跨省通办。 协同推进新型城镇化和美丽乡村建设,重点推进以人为核心的新型城镇化、打造美丽乡村升级版、促进城乡联动发展等
居民增收共促跨省域范例	完善就业创业促进体系,重点建立一体化就业市场、联合打造富有吸引力的创业生态。 持续增强农民增收能力,重点推进科技富农、深化农业农村改革、大力推进强村富民行动。 不断加强困难群体收入保障,重点强化困难群体政策兜底、拓宽困难群体增收渠道、积极发展新型慈善

领　域	内　容
公共服务优质共享跨省域范例	完善"一老一小"服务体系,重点完善老有颐养和幼有善育体系。 提升教育优质均衡水平,重点促进义务教育优质均衡发展,推进示范区职业教育一体化。 优化健康服务,重点提升医疗服务、公共卫生服务联动和全民健身水平。 共建公共文化服务高地,重点提升公共文化设施标准和服务,构建"10分钟品牌文化生活圈",促进公共文化服务一体化。 推动建立"共富型"社保体系,重点完善社会保险体系、住房保障体系和社会救助体系等
社会和谐共筑跨省域范例	共建新时代精神文明高地,重点共建学习宣传实践习近平新时代中国特色社会主义思想阵地,共建"红色根脉"传承弘扬体验区、推进全域文明创建。 共建江南水乡文化旅游高地,重点共塑江南水乡文化名片,共建文旅体融合的世界级湖区、共兴文化产业。 构建大平安体系,重点做强"C位长安"品牌,构建"大安全、大应急、大减灾"联动体系。 提升社会治理效能,重点加强法治社会建设,提升数字治理水平

资料来源:《长三角生态绿色一体化发展示范区共同富裕实施方案》。

5. 建立跨区域要素自由流动机制

一是产业项目实现"一个目录明导向、一个标准定准入"。联合制定统一的企业投资项目核准目录,最大限度缩小核准范围、下放核准权限,并通过联合立法授权执委会行使省级项目管理权限。共同编制统一的跨省域的产业发展指导目录,明确示范区"应当发展什么样的产业"。同时,统一先行启动区的产业准入标准,实现跨区域"一个标准管准入"。二是统筹盘活土地资源。优先保障示范区建设用地指标,建立存量土地一体化盘活机制和存量土地盘活重大项目库,实行"三年滚动、一年一策"动态管理。三是畅通人才流动。示范区出台了《长三角生态绿色一体化发展示范区外国高端人才工作许可证互认实施方案》《长三角生态绿色一体化发展示范区专业技术人才资格和继续教育学时互认暂行办法》等文件,加强人才的引进与合作交流。四是创新财税分享机制。建立了"长三角电子税务局办税专栏",依托自助办税终端和实体办税服务厅窗口等便利跨区域涉税事项办理,服务模式上实现"标准统一、异地受理、内部流转、属地办理、限时反馈"，在区内注册经营的纳税人可在两区一县就近选择办税服务场所。

（二）晋陕豫黄河金三角：流域欠发达地区的省际交界地区发展

晋陕豫黄河金三角地处黄河流域，范围包括运城、渭南、三门峡、临汾四市，是全国首个"省际交界地区协同发展试验区"，其在大河流域合作与高质量发展方面进行了积极探索。

1. 以次区域开展特色化试点

为加强黄河金三角地区发展，晋陕豫三省从省级层面建立了协调领导小组，市级层面由四市建立了轮值的联席会议制度。同时，以"县"为单元，开展6个"次区域"的合作，依托各自发展优势开展特色化的探索，成为黄河金三角区域特色化发展"试验"的突破口（见表6）。

表6　黄河金三角"次区域"特色化探索

次区域	特色化试点
侯马—新绛—绛县—曲沃	物流中心与基础设施一体化
韩城—河津—万荣—稷山—乡宁	国家循环经济试点建设、文化旅游合作
永济—芮城—风陵渡—潼关—灵宝	产业与物流合作
富平—蒲城—临渭	城乡统筹和区域一体化
三门峡—平陆	以基础设施和公共服务共享的同城化
义马—渑池	市场体系与生态系统共建共享

资料来源：《晋陕豫黄河金三角区域合作规划》。

2. 聚焦"四个领域"探索高质量发展新路径

一是针对黄河生态问题，四市贯彻落实《中华人民共和国黄河保护法》，发布《共建黄河流域绿色发展示范区宣言》，共同开展黄河流域综合治理。二是针对地区欠发达问题，四市共同深化在特色农业种植、区域品牌打造及文旅协同等方面的合作。三是针对地区产业短板问题，四市共同建设国家承接产业转移示范区。四是针对后发地区"弯道超车"问题，四市共建"数字金三角"增强区域转型发展动力（见表7）。

表7 黄河金三角"四个领域"合作路径

领　域	路　径
黄河流域综合治理	共同实施黄河、汾河、渭河等流域综合治理； 加强水源地水土保持及全流域面源污染联防联治； 建立环境保护联席会议制度，开展黄河"清四乱"专项行动
乡村振兴	共同打造国家级优质水果、中药材、蔬菜生产基地； 共建区域性物流中心和区域性优质农产品交易市场； 共塑"中华根　黄河魂"品牌形象，共设黄河文化走廊
国家承接产业转移示范区	联合编制承接产业转移指导目录； 推行"管委会+公司"模式，创新园区体制机制和运营模式； 发展"飞地"经济； 探索产业跨区域转移的利益共享机制
数字金三角	统筹布局5G、大数据、物联网等"新基建"； 共建区域级云平台、数据交换平台和网络安全中心； 完善在统一网络和共享数据支撑下的智慧应用和服务体系

3.创新一体化发展机制

一是建设统一市场体系，重点推进工商注册制度便利化，探索实行统一的市场准入制度和市场监管。二是设立区域合作发展基金，重点用于跨区域基础设施建设、生态建设与环境治理、公共服务体系建设、产业协作等合作共建项目。三是创新区域利益协调机制，包括产业跨区域转移的利益共享机制、跨行政区水资源和土地资源开发利用机制、跨区域的生态补偿机制等。四是搭建区域法治合作平台，探索建立协调处理跨地区利益纠纷制度。

三　推动长江中游省际交界地区合作的建议

（一）做好特色文章，共推交界地区四大领域合作

一是推动流域共治成带。总结前期长江中游省际交界地区渌水流域、汨罗江流域开展的流域治理合作经验，推广湖北省在小流域综合治理的经验成

效，推动长江中游省际交界地区开展流域共治。共同确定流域综合治理"底图单元"，统筹流域的水安全设施、水资源配置、江河湖库堤防、病险水库、城市防洪排涝及农业灌溉水利等重点任务。

二是促进文旅互拓成串。湘鄂赣地区红色文化一脉相承，湘赣边区域合作示范区已在红色文旅方面率先突破，湘鄂赣三省应联合共建全国红色文化传承创新发展示范区。推进革命文物集中连片保护利用工程，共同策划红色旅游路线，联合开通大别山—井冈山—韶山全国首条跨省红色旅游铁路，打造红色文化精品，协同开展湘鄂赣党史和苏区精神的研究宣传。

三是实现生态互惠成区。按照"统一规划、统一监测、统一评估、统一协调"建立区域大气环境信息共享、跨界断面水质监测、联防联合执法机制。按照"共谋一个项目、共推一个计划、共管一个运维"打造跨区域的生态利益共同体。加快生态产品价值实现，以流域为突破探索构建跨区域生态补偿机制，推进"生态扶贫"向"生态富民"转变。

四是加快市场互动成圈。依托特色农业基地建设，大力推动省际交界县的物流、农产品专业市场建设，如推动蕲春（蕲艾）等创建国家级农产品产地专业市场，辐射带动周边地区农业市场一体化。在省际交界地区打造一批综合交通枢纽和物流基地，依托生产要素流通助力市场一体化建设。鼓励省际交界县围绕市场准入、市场消费维权、市场监管和市场信用等领域突破，创新市场一体化机制。

（二）支持试点探索，强化县域、口子镇的重要作用

一是以县为单位开展省际交界合作试点探索。从长三角生态绿色一体化发展示范区和黄河金三角的次区域合作经验来看，其均将县域作为区域合作的主要空间单元。省际交界县往往是各省县域经济发展"洼地"，也是畅通国内大循环的省际边界"堵点"，该地区的高质量发展值得重视。一方面，要发挥县域单元在省际交界地区高质量发展中的主体作用，根据省际交界县域国土空间功能、资源禀赋与特色优势，形成壮大县域块状经济的强大合力。另一方面，找准毗邻地区契合点，推动县域从点对点合作到深度融合发

展，大力探索经济区和行政区分离，推动基础设施共建、协同创新、产业合作、服务共享、县域集成改革等方面深层次改革合作。前期长江中游城市群在"通平修"绿色发展先行区已积极开展县域合作的探索，下一步可积极推进洞庭湖生态经济区、湘赣边区域合作示范区等区域积极开展县域单元合作，"由点及面"拓展区域合作的深度和广度。

二是强化口子镇在省际交界地区发展支撑作用。开展"擦亮小城镇"建设美丽城镇行动，推动省际交界地区建设一批特色口子小镇。推动省际边界口子镇加强与相邻省份乡镇交流合作，以园区共建为重点搭建跨区域产业发展协作平台。

（三）增强动力赋能，共促交界地区三类经济发展

一是共建产业基地和园区，加快产业经济发展。鼓励长江中游省际交界地区围绕农副产品加工、医药能源、装备制造、轻纺建材等领域共建一批产业基地，按照产业链协同需求，分区制定产业协作发展方案，探索统一的产业发展指导目录和产业准入标准，推动协同抱团发展。探索跨省县域之间建设"双向飞地"，而接受方县市可采用土地、厂房等资源入股，年终参与税收分红。

二是共推生态产品价值实现，加快生态经济发展。以"通平修"绿色发展先行区为试点，在协同推进自然资源确权、生态产品价值统一核算、跨区域文旅项目共建、一体化公共品牌塑造等领域率先破题，打造跨省合作的生态产品价值实现示范区。总结湘赣交界地区渌水流域生态补偿经验，支持省际交界地区率先围绕跨界小流域探索横向生态补偿试点，支持在幕阜山区开展横向生态补偿试点。

三是共促城乡数字化建设，加快数字经济发展。将数字乡村建设纳入乡村振兴重点，实施农村新基建、智慧农业、"互联网+"农产品出村进城、"互联网+乡村治理"等重点工程，弥补省际交界农村地区的"数字鸿沟"。增强数字化对绿色经济赋能，为生态修复与环境治理监测、管理评价以及生态产权交易、抵押贷款提供大数据支持。

（四）深化制度创新，共建交界地区四类合作机制

一是建立更加有效的工作对接机制。建议形成省级统筹、以"市、县"为主体的机制，市、县层面建立"联系市（县）领导+工作专班"推进机制，由县级工作专班设立省际交界县联合办公室，负责发展规划、制度创新、改革事项、重点项目的研究拟定和推进实施，探索开放灵活、互联互通的干部互派机制。

二是建立高水平公共服务共建共享机制。以公共服务标准化为抓手，为省际交界地区居民提供同质的公共产品和服务。建立一体化的医疗合作关系和教育资源共享模式，实现医疗和教育资源共享。共同促进交界地区医疗和教育均衡发展、特色发展，实现跨界区域公共服务的互补与相融。

三是建立高效率跨界社会协同治理机制。参照湘赣边区域合作示范区经验，支持建立省际边界治理共同体，构建联网、联勤、联动、联办的处置机制，完善跨区域社会治理体系，形成有效的社会治理、良好的社会秩序。

四是建立互利共赢的利益分配机制和征管协调机制。建立省际交界地区投资、税收等利益争端处理机制，形成有利于生产要素自由流动和高效配置的良好环境。探索跨区域产业合作、项目共建的统计和税收分成制度。

参考文献

安树伟、黄艳、王慧英：《中国省际交界区域合作与发展的新态势和新特点》，《区域经济评论》2022年第1期。

鲁家峰：《长三角一体化示范区为何强调"整体政府"》，《决策》2024年第5期。

马燕坤、王喆：《中国省际交界区域高质量合作发展研究》，《区域经济评论》2021年第2期。

肖金成、马燕坤、洪晗：《我国区域合作的实践与模式研究》，《经济研究参考》2020年第4期。

杨萍：《从项目协同走向区域一体化制度创新路径探索》，《科学发展》2020年第7期。

B.3
城乡融合背景下长江中游城市群
数字经济发展水平及影响因素研究

熊曦 张子能 柳灿 肖宇航*

摘 要: 结合城乡融合背景,本文建立数字经济发展水平评价指标体系,利用2013~2021年长江中游城市群数字经济的相关数据,采用加速遗传算法的投影寻踪模型测算近年来该城市群数字化发展水平和地区间发展水平差异,实证检验城乡融合背景下长江中游城市群数字经济对城乡融合发展的影响效应,并探究其影响因素。结果表明,第一,长江中游城市群各地州市数字经济发展水平存在较强的空间分异,呈现以武汉、长沙、南昌等省会城市为中心向周边地州市逐步递减的空间分异特征,同时,三个省会城市数字经济发展对其他地州市产生较强的辐射带动效应,一些地市数字经济发展水平上升较快,如襄阳、宜昌、衡阳、岳阳、上饶、吉安等。第二,政府投入对湖北省和江西省各地数字经济发展水平起到较强的推动作用,而城镇化对湖南各地近些年的数字经济发展水平有着明显正面影响。第三,数字经济的发展能够显著促进城乡融合发展,数字化基础和数字化活动表征对长江中游城市群的城乡融合推动作用十分显著。

关键词: 城乡融合 数字经济 水平测度 时空分异 长江中游城市群

---

* 熊曦,工商管理博士,中南林业科技大学商学院教授、博士研究生导师,主要研究方向为工业化与城镇化;张子能,中南林业科技大学商学院硕士研究生,主要研究方向为工商管理;柳灿,中南大学商学院工商管理博士,主要研究方向为数字创新创业;肖宇航,中南林业科技大学商学院硕士研究生,主要研究方向为涉农企业管理。

随着经济社会发展水平的不断提升，城乡之间的互动和交流进入了新的发展阶段，但城乡区域发展不协调的问题依然突出，走城乡融合发展之路成为实现城乡高质量发展的必要途径。党的二十大报告明确提出要着力推进城乡融合和区域协调发展，其关键在于破解城乡产业融合发展的空间束缚，推动城乡要素双向流动与合理布局，推进城乡基本公共服务资源均衡配置。而随着大数据、人工智能、云计算和物联网技术的不断深化，网络化、数字化和智能化快速融入城乡经济社会发展的方方面面，并影响着城乡的生产和生活方式，国务院印发的《"十四五"数字经济发展规划》专门指出数字经济具有弥合城乡差距、推动城乡融合的巨大潜力，提出要形成以城带乡、共建共享的数字城乡融合发展格局，并对数字经济如何推进城乡融合发展作出了专门的规划与设计。中央网信办、农业农村部等十部门印发《数字乡村发展行动计划（2022～2025年）》明确指出，要以数字经济发展为引领，推进城乡融合。可见，数字经济成为推动城乡融合发展的动力。尽管如此，当前城市与乡村仍需要克服一些问题，如数字基础设施相对落后、数字赋能城乡融合的力度还不够、地方公共资源均衡化配置不够完善等，因此，积极借助数字经济的发展，创新城乡融合发展之路显得十分必要。长江中游城市群的发展一直以来备受关注，尤其是其区域协调发展和城乡融合发展等更是城市群高质量发展的核心，近年来，各省高度重视数字经济的发展，那么到底数字经济发展水平如何，其对城乡融合发展的影响如何，该如何突破那些障碍因素？这些是推动长江中游城市群高质量发展应该关注的理论问题和现实难题。

基于此，本文将在现有研究成果的基础上，构建基于城乡融合背景的数字经济发展水平综合评价指标体系，利用2013～2021年长江中游城市群所辖城市数字经济的相关数据，采用加速遗传算法的投影寻踪模型测算长江中游城市群数字经济发展水平，并进一步探究其数字经济发展时空分异规律，探究数字经济影响因素和城乡融合效应，提出城乡融合背景下长江中游城市群数字经济高质量发展的对策建议。

一　内涵诠释与评价指标体系构建

（一）城乡融合背景下数字经济的内涵诠释

长江中游城市群在协调城乡关系和推进城乡一体化的过程中，城乡要素流通和市场一体化及公共资源均衡化是其必要途径，数字经济成为推动城乡高质量融合发展的巨大动力。诸多学者关注到数字经济在城乡统筹发展和要素配置中发挥作用。

城市和乡村是一个有机体，城乡融合发展促使城乡要素双向流通，推动城乡公共资源配置均衡化，以实现城乡高质量融合发展。城乡融合反映的是城市与农村之间要素的流动和协调程度，张海朋等认为，城乡融合发展是推动实体和非实体要素在城乡两类空间上流动，实现协调有序运转的过程，由此，保证城乡经济、社会、生态三个系统间呈现协调发展状态，才是真正实现了城乡融合的高质量发展。

对于数字经济的快速发展如何为经济高质量发展提供匹配机制与创新激励，荆文君等对此展开了探讨并阐明其内在机理。其认为，微观方面，互联网、移动通信、大数据、云计算等新兴技术能匹配供需，形成更完善的价格机制，提高经济的均衡水平。宏观方面，数字经济通过新的投入要素、新的资源配置效率和新的全要素生产率来促进经济高质量增长。陈海鹏等研究认为，数字经济的发展成为促进要素有序自由流动和资源合理分配的重要手段，并通过促进要素在空间上的优化配置推动了城乡融合发展。程静等同样认为，畅通城乡要素流动是城乡融合的内在要求，其着重探究数字普惠金融通过城乡间要素流动、科技创新和农村产业发展促进城乡融合发展。另外，陈鑫鑫等认为，数字经济通过发挥市场一体化效应、模块化分工效应直接地缩小了城乡差距，经由集聚经济通过发挥劳动力再配置效应、集聚效应间接地缩小了城乡差距。数字经济可以通过直接和间接两种途径缩小城乡差距。

在探究数字经济与城乡融合水平测度与影响的研究中，姚毓春等通过构建"数字经济—城乡融合发展系统"的耦合协调度与障碍度模型，研究发现我国数字经济的整体发展进度慢于城乡融合发展，但前者发展速度明显快于后者，并且二者之间具有显著的关联性。王松茂等探究了长江经济带数字经济对城乡融合的作用效应及影响机制，研究表明政府干预水平加强、产业结构高级化加速、金融发展水平提升、对外开放力度加大是发挥数字经济效能，促进城乡融合发展的助推器。

以上对城乡融合与数字经济的研究中，尽管城乡融合发展水平和数字经济水平的测度研究丰富，对二者相互影响、协调发展的研究却较为少见。一方面，城乡融合背景下长江中游城市群数字经济发展水平受何种因素影响最深？另一方面，其数字经济发展水平对长江中游城市群城乡融合产生何种影响？对这些问题的研究还有待加深。为此，本文将探究城乡融合背景下，长江中游城市群数字经济与城乡融合发展之间的关系与影响因素。

（二）城乡融合背景下数字经济发展水平评价指标体系构建

数字经济是指以数据资源作为关键生产要素、以现代信息网络作为重要载体、以信息通信技术的有效使用作为效率提升和经济结构优化的重要推动力的一系列经济活动，其对城乡融合的影响机理有几个方面。

一是城乡融合背景下数字经济发展破解产业空间束缚。一方面，数字经济可以拓宽城乡产业融合发展的广度，催生跨界融合的新业态，原有的产业边界进一步模糊，产业融合空间得以拓展。另一方面，数字经济促进城乡产业深度融合。如数字技术与农业农村经济深度融合（智慧农业），以数字化供应链带动一二三产业协同发展。此外，数字技术还加快城乡产业融合速度，加快农村经济数字化转型和数字乡村建设。同时，《数字经济及其核心产业统计分类》将数字经济产业范围确定为：数字产品制造业、数字产品服务业、数字技术应用业、数字要素驱动业、数字化效率提升业等五个大类。数字经济对各类产业具有极强的渗透性，通过与以上产业结合，为城乡产业协调发展提供了新途径。破解数字产业空间束缚，有利于推动产业融合创新，进一步打破传统城乡融合的约束，以实现数字赋能城乡产业融合发展。

二是数据新要素赋能城乡要素融合新动力。城乡融合发展关键在于促使城乡要素双向流通,推动城乡公共资源配置均衡化。以数字经济要素促进城乡关键要素的交互共享,带动产业信息流通,推动人才包容与吸引、数字技术创新,开拓数字金融模式挖掘乡村产业价值、振兴乡村产业投资等。由此优化数字经济要素布局是多方面、多层次的重大工程。

三是数字技术引导城乡公共资源配置达到科学均衡。充分利用数字技术,不断优化要素配置,促进城乡互动发展,加快城乡融合均衡发展。运用数字技术让城乡共享优质教育资源,数字化协同应用可以提高城乡社会服务的普惠水平,数字技术创新打造智慧共享的新型数字生活,通过城乡智慧治理有助于提高基层治理水平。利用数字技术,让数据多跑路、群众少跑腿,提高乡村治理效能,提高公共服务资源配置效率,实现城乡融合发展。

有鉴于此,本研究以 2021 年 6 月国家统计局发布的《数字经济及其核心产业统计分类》中的相关概念为基础,从"基础—内容—应用"系统理论角度出发,以满足数字经济统计监测为目的,充分考虑分类的可操作性和数据的可获得性,力求全面、准确反映数字经济及其核心产业发展状况,确立城乡融合背景下数字经济发展水平测度指标,并建立"破解数字产业空间束缚的基础—优化数字经济要素布局与成效—数字赋能城乡基本公共服务均衡化"的城乡融合背景下长江中游城市群数字经济发展水平评价指标体系(见表1)。

表1 城乡融合背景下长江中游城市群数字经济发展水平评价指标体系

目标层	准则层	指标层	单位	功效性
城乡融合背景下长江中游城市群数字经济发展水平	破解数字产业空间束缚的基础	光缆长度	公里	+
		移动电话基站数	万个	+
		移动电话普及率	%	+
		互联网宽带接入端口数	万个	+
		互联网域名数	万个	+

续表

目标层	准则层	指标层	单位	功效性
城乡融合背景下长江中游城市群数字经济发展水平	优化数字经济要素布局与成效	信息服务业从业人数	万人	+
		信息服务业产值	亿元	+
		电信业务量	亿元	+
		软件业收入	万元	+
		有电子商务交易活动的企业数比重	%	+
		企业拥有网站数	个	+
		电子商务销售额	亿元	+
		快递量	万件	+
		规模以上工业企业 R&D 人员折合全时当量	人年	+
		规模以上工业企业 R&D 经费支出	万元	+
		技术合同成交总额	万元	+
		专利申请数	件	+
		发明专利申请数	件	+
	数字赋能城乡基本公共服务均衡化	数字金融覆盖广度	－	+
		数字金融使用深度	－	+
		数字金融数字化程度	－	+
		网上移动支付水平	－	+

资料来源:《中国城市统计年鉴》、各省统计年鉴等;选取长江中游城市群的 28 个城市作为研究对象(仙桃、潜江和天门的部分指标值无法获得);用线性插值的方法对个别缺失的数据进行补全。

二　方法选择与实证分析

(一)基于加速遗传算法的投影寻踪模型(RAGA-PPC)

针对城乡融合背景下长江中游城市群数字经济发展水平评价指标体系的多维特征,本文采用基于加速遗传算法的投影寻踪模型对城乡融合背景下长江中游城市群数字经济发展水平进行科学、客观的评价。此模型将投影寻踪法和加速遗传算法相结合,扬长避短,充分发挥各自优势以针对性地处理具体问题。计算出城乡融合背景下长江中游城市群数字经济发展水平各评价指标的权重因子，并由投影指标函数得出各城市的投影值，即城乡融合背景下长江中游城市群的数字经济发展水平（见表2）。

表2　投影寻踪模型与加速遗传算法的优势结合

项　目	投影寻踪模型	加速遗传算法
功能与优势	用来分析和处理高维观测数据，通过把城乡融合背景下数字经济水平评价指标体系的高维数据投影到低维子空间上，寻找出能反映原高维数据的结构或特征的投影。它具有稳健性、抗干扰性和准确度高等优点	具有较强的全局搜索能力，能够在复杂的搜索空间中寻找全局最优解或接近最优解的解。根据问题的性质和解的分布，通过交叉、变异等操作进行适应性调整，更好地适应问题的特点
两者结合的优势	利用加速遗传算法解决投影寻踪模型中计算量大且复杂的迭代求解最佳投影方向的问题。高效、精准计算出城乡融合背景下长江中游城市群数字经济发展水平评价指标体系中各指标的最佳投影值坐标	

基于加速遗传算法的投影寻踪模型中数学符号的含义见表3，计算城乡融合背景下长江中游城市群数字经济发展水平的四大步骤如下。

表3　基于加速遗传算法的投影寻踪模型中数学符号的含义

数学符号	含义
$X(i,j)$	第 i 个样本城市的第 j 个评价指标值
a	单位长度向量
S_z	投影值 $Z(i)$ 的标准差
D_z	投影值 $Z(i)$ 的局部密度
$E(z)$	投影值 $Z(i)$ 的平均值
R	局部密度的窗口半径（多次试验以控制滑动平均偏差）
$r(i,j)$	样本之间的距离（$r(i,j)=|Z(i)-Z(j)|$）
$u(R-r(i,j))$	单位跃阶函数（$R \leqslant r(i,j)$ 时，$u(R-r(i,j))=0$；$R \geqslant r(i,j)$ 时，$u(R-r(i,j))=1$）

第一步，归一化处理城乡融合背景下长江中游城市群数字经济各项指标。初步构建28个城市的样本集合：$\{X(i,j) \mid i=1,2,3,\cdots,n; j=1,2,3,\cdots,$

$p\}$。n, p 分别为样本城市或年份的个数和评价指标的数目，在此取 28 和 20。

若指标属性为正：

$$X(i,j) = \frac{X(i,j) - X_{\min}(j)}{X_{\max}(j) - X_{\min}(j)} \tag{1}$$

若指标属性为负：

$$X(i,j) = \frac{X_{\max}(j) - X(i,j)}{X_{\max}(j) - X_{\min}(j)} \tag{2}$$

$X_{\min}(j)$ 和 $X_{\max}(j)$ 分别是第 i 个城乡融合背景下长江中游城市群数字经济发展水平评价指标的最小值和最大值，归一化处理后得到 $X(i,j)$。

第二步，构建城乡融合背景下长江中游城市群数字经济投影指标函数。投影寻踪模型将高维数据 $\{X(i,j) \mid i = 1, 2, 3, \cdots, n; j = 1, 2, 3, \cdots, p\}$ 投影到最佳投影方向。

计算出 $a = \{a(1), a(2), \cdots, a(p)\}$，并得到投影值 $Z(i)$。

$$Z(i) = \sum_{j-1}^{p} a(j) \cdot X(i,j), i = 1, 2, \cdots, n \tag{3}$$

投影指标函数 $Q(a)$ 的表达式：

$$Q(a) = S_z \cdot D_z \tag{4}$$

计算公式：

$$S_z = \sqrt{\frac{\sum_{i-1}^{n} [Z(i) - E(z)]^2}{n - 1}} \tag{5}$$

$$D_z = \sum_{i-1}^{n} \sum_{j-1}^{n} [R - r(i,j)] \cdot u[R - r(i,j)] \tag{6}$$

第三步，优化城乡融合背景下长江中游城市群数字经济投影指标函数。最佳投影方向代入公式能得到最佳投影指标函数。相反，投影指标函数取得最大值时，此刻的投影方向 a 便是最佳投影方向，即为城乡融合背景下长江中游城市群数字经济发展水平各指标的权重因子。为此，我们运用加速遗传算法寻找全局最优解。本文使用 Matlab 2018b 数学软件，选定父代初始种群规模 N=400，交叉概率 $\rho=0.8$，变异概率 $\rho_m=0.8$，优秀个体数目 $n=15$，$a=0.05$，加速次数 30。

$$\max Q(a) = S_z \cdot D_z \tag{7}$$

$$\text{s. t. } \sum_{j=1}^{p} a^2(j) = 1, a \in [0,1] \tag{8}$$

由以上公式求得最佳投影值 a^*，并代入投影指标函数表达式得到城乡融合背景下长江中游城市群数字经济的投影值 $Z^*(i)$。

（二）城乡融合背景下长江中游城市群数字经济测算结果及分析

1. 城乡融合背景下长江中游城市群2013~2021年数字经济水平测度

首先利用 2013~2021 年长江中游城市群城乡融合背景下数字经济相关数据，根据基于加速遗传算法的投影寻踪模型得到最佳的投影方向，即各项测评指标的投影权重因子（见表4）。

由表4可知，破解数字产业空间束缚的基础中，光缆长度和移动电话普及率的投影权重最高，分别为 0.2485 和 0.2360。数字基础设施的完善是破解数字产业空间束缚的重要前提，是城乡数字经济发展的底层支撑。从准则层来看，优化数字经济要素布局与成效中部分指标占有较高的投影权重，尤其是信息服务业从业人数和发明专利申请数，数字产业化发展效益和发展规模直接反映数字产业化的情况。产业数字化方面整体占比较低，一部分原因是重点老牌产业进行数字化较晚，推行力度有待加强。网络购物使消费者能便捷地获取全国各地的商品和服务，推动了消费升级，对数字经济有着巨大的推动作用。由此，电子商务得到了迅速发展，其中快递量也能深刻体现这一点。城乡融合背景下，创新成为推动城乡数字经济的核心动力。随着人工智能、大数据、物联网、区块链等新兴技术不断发展，共享经济、订阅模式、平台经济等创新商业模式陆续涌现，对人才提出更高的要求，如具备技术、管理、创新等多方面的能力。因此规模以上工业企业 R&D 人员折合全时当量和发明专利申请数在确定投影方向时占有重要地位。数字赋能城乡基本公共服务均衡化方面，数字金融使用深度是数字经济活动的有力表征，并已取得较大进展。数字金融覆盖广度还有着发展潜力，其投影因子仅为0.2072。

表4 测评指标投影因子

准则层	最佳投影值坐标之和	投影指标	最佳投影值坐标
破解数字产业空间束缚的基础	1.0793	光缆长度	0.2485
		移动电话基站数	0.1918
		移动电话普及率	0.2360
		互联网宽带接入端口数	0.2162
		互联网域名数	0.1868
优化数字经济要素布局与成效	2.7416	信息服务业从业人数	0.2383
		信息服务业产值	0.2210
		电信业务量	0.1945
		软件业收入	0.2030
		有电子商务交易活动的企业数比重	0.1760
		企业拥有网站数	0.1920
		电子商务销售额	0.2025
		快递量	0.2152
		规模以上工业企业R&D人员折合全时当量	0.2255
		规模以上工业企业R&D经费支出	0.2150
		技术合同成交总额	0.1976
		专利申请数	0.2298
		发明专利申请数	0.2312
数字赋能城乡基本公共服务均衡化	0.8517	数字金融覆盖广度	0.2072
		数字金融使用深度	0.2323
		数字金融数字化程度	0.2074
		网上移动支付水平	0.2048

2. 城乡融合背景下长江中游城市群2021年数字经济发展水平测度

根据加速遗传算法的投影寻踪模型，测得城乡融合背景下长江中游城市群数字经济发展水平，横向对比如图1所示。

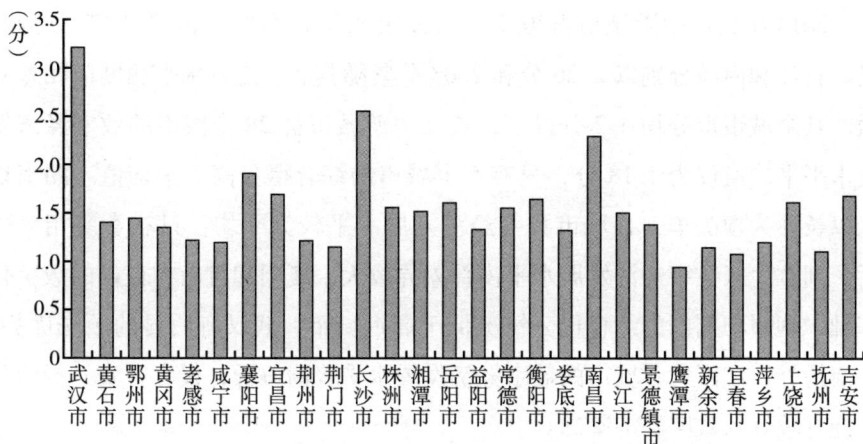

图1　2021年城乡融合背景下长江中游城市群数字经济发展水平

由图1可知，长江中游城市群的数字经济发展水平分布总体符合正态分布，三个省份区别度不高。三省省会城市武汉、长沙、南昌有明显的数字经济发展优势，分别取得3.21分、2.57分、2.3分，遥遥领先于其他城市。省会城市数字经济基础建设完善，数字产业化水平较高，各行业的数字化转型进展迅速，电信业、信息服务业发挥了重大作用。人才储备同样是省会城市的巨大财富，为数字化推动城乡高质量融合发展提供源源不断的动力。

不考虑省会城市的条件下，湖南省各城市数字经济发展水平整体高于另外两省，其中衡阳、岳阳具有不俗的发展潜力和数字化水平。湖北省方面，各城市的数字经济发展水平整体得分处于中间层次，内部差异明显，其中襄阳和宜昌有突出的数字经济成效。江西省九个城市的数字经济发展水平参差不齐。吉安和上饶有较高的数字化水平，而部分城市数字基础设施相对不完善，数字产业也有较大的发展空间，在数字交易和数字化水平上相对落后。

3. 城乡融合背景下长江中游城市群数字经济总体水平时空演变分析

选取2013年与2021年两个时间点，利用加速遗传算法的投影寻踪模型测度长江中游城市群数字经济发展水平。

　　2013年长江中游城市群数字经济发展水平排名第一的是2.77分的武汉。长沙和南昌分别以2.26分和2.03分紧随其后，二者水平测度值相差甚微。其余城市得分均在2分以下，长江中游城市群28个城市的数字经济发展水平平均值仅为1.18分，只有5个城市的综合得分高于平均值。湖南地区以长沙为领头羊，各城市数字经济发展水平较为平均，只有娄底相对落后。湖北地区数字经济发展水平内部差异较大，襄阳和宜昌有良好的数字化基础，荆州和荆门的综合得分情况低于邻近城市，武汉有明显的领先优势。除南昌外，江西省各城市的数字经济发展水平普遍偏低，仅有吉安、抚州和上饶有较好的数字经济基础。

　　2021年，武汉以3.21分的高分仍居第一，武汉数字经济核心产业增加值1635.14亿元，占比超过全省一半，带动数字经济相关产业占比超过40%。历经多年深耕培育，光谷数字经济规模持续壮大，已成为武汉数字经济发展的主阵地，是全球最大光纤光缆基地、全国最大光电器件和设备基地、全国最大中小尺寸显示面板基地。长沙进步明显，数字经济发展水平得分为2.57分，排名第二，互联网企业的兴起使长沙成为全国电子商务发展的重要节点，电子商务交易额居中部六省省会城市前列。同时，长沙还积极推动人工智能技术在各个领域的应用，为城市的智能化建设提供了新的动力。南昌与周边非省会城市相比继续保持发展优势。南昌以数字产业化、产业数字化为主线，推进"机器换人""设备换芯""生产换线"工程，例如，华兴针织等企业完成了由传统人工向数字化企业转型，南昌海立电器等实现车间智能化改造。非省会城市的数字经济也多地开花。以襄阳为例，其在2013年率先引入华为云并将政务应用和数据形成了规模性集中，当前襄阳"汉江云"数据中心承载了公安局、审批局等80多家委办局共计330个项目业务。近年来，湖南移动统筹内外资源在衡阳打造了一批5G+智慧工厂、5G+智慧产业链、5G+低碳园区等行业标杆，为衡阳打造制造业发展高地、提升产业园区竞争实力、促进数字经济与实体经济深度融合贡献移动数智力量。另外，宜昌、上饶、吉安、岳阳等也取得较高的得分，有不俗的数字经济发展水平。

此外，长江中游城市群数字经济发展总体水平存在较强空间异质性。三个省会城市数字经济发展水平明显突出，始终遥遥领先。而其他城市的发展速度逐渐加快。湖南、湖北省城市之间的差距逐渐缩小，江西省的城市数字经济发展也取得成效。武汉、南昌和长沙周边如鄂州、黄石、九江、湘潭、岳阳、株洲等城市的数字经济发展水平受省会城市影响，其数字经济发展有巨大潜力与优势。

4. 数字经济对城乡融合的影响效应

经过 Moran's I 指数及其统计检验，城乡融合背景下长江中游城市群数字经济发展具有显著的空间正相关性。本研究利用空间面板计量模型来探究城乡融合背景下长江中游城市群数字经济对城乡融合水平的影响效应。在此，以长江中游城市群 28 个城市的城乡融合水平为被解释变量。解释变量方面，为了深入探究长江中游城市群数字经济各方面对城乡融合的影响，将"破解数字产业空间束缚的基础—优化数字经济要素布局与成效—数字赋能城乡基本公共服务均衡化"三大准则层细化为五个层面：以数字化基础（$a1$）、数字产业化（$a2$）、产业数字化（$a3$）、数字化创新（$a4$）和数字化活动表征（$a5$）为解释变量。城乡融合水平的测度数据选取指标体系如表 5 所示。

整体上看，数字化基础和数字化活动表征对长江中游城市群的城乡融合推动作用十分可观且明显，而产业数字化对城乡融合没有明显的影响。可见，无论是光缆长度和移动电话基站数等数字经济物质基础设施的完善，还是城乡数字金融和数字化治理等城乡公共资源配置的科学均衡，都是推动城乡融合背景下长江中游城市群城乡互动、产业协同发展的最大驱动力。省域层面，湖北地区的城市除产业数字化的影响不显著外，其他各因素均表现为显著影响。其中数字化创新和数字化活动表征这两个因素对湖北城市的城乡融合水平表现为显著影响。充分发掘数字化人才的巨大潜力，是推动数字技术普及、深入各产业的重要途径。要优化数字经济要素布局，合理利用数据新要素赋能长江中游城市群城乡融合。对于湖南地区，数字化基础和数字化活动表征的影响力最大。对于江西地区，数字化基础的推动作用巨大，而其他因素的影响并不显著（见表6）。

表5 城乡融合评价指标体系

目标层	准则层	指标层	指标类型	功效性
城乡融合水平	人的融合	非农与农业从业人员比重	对比	+
		就业反差系数	对比	−
		城乡人口互动	动力	+
		人口城镇化水平	状态	+
		城乡人口密度比	对比	−
	空间融合	城市空间扩张	状态	+
		交通网密度	状态	+
		旅客周转量	动力	+
	经济融合	城乡居民人均收入比	对比	−
		城乡居民工资性收入比	对比	−
		城乡居民家庭人均消费比	对比	−
		城乡恩格尔系数比	对比	+
	社会融合	城乡交通通信	对比	−
		城乡文教娱乐对比系数	对比	−
		城乡基础教育对比系数	对比	−
		城乡人均医疗保健对比系数	对比	−
		城乡居民人均医师数比	对比	−
	生态融合	森林覆盖率	状态	+
		城乡节能减排	动力	−
		工业固体废弃物排放量	动力	+
		工业废水排放量	动力	+

表6 数字经济对城乡融合的影响

项目	湖北	湖南	江西
$a1$	0.267**	0.264**	1.676***
	(0.117)	(0.132)	(0.552)
$a2$	0.195**	0.0338*	0.0185
	(0.0936)	(0.0200)	(0.0353)
$a3$	0.140	0.0245	0.0752
	(0.341)	(0.0200)	(0.0664)
$a4$	0.254***	0.0752***	0.0141
	(0.0807)	(0.0191)	(0.0144)

项目	湖北	湖南	江西
a5	1.002 ***	0.477 ***	0.636
	(0.316)	(0.113)	(0.552)
样本量	90	72	90
R 方	0.495	0.391	0.298
城市数	10	8	10

注：* 代表显著性水平 $p<0.1$，** 代表显著性水平 $p<0.05$，*** 代表显著性水平 $p<0.01$。

数字经济的发展能够显著促进城乡融合发展。随着城乡融合背景下长江中游城市群数字经济发展水平的不断提高，技术、人才以及金融资本的投入为城乡融合带来了正向效应，进而推动了城乡高质量融合发展。数字经济在优化城乡消费结构、打破地域限制促进城乡互动流通的同时，也使农村生产与经营效率得到了重大提升。数字经济通过技术、信息、平台等手段，促进城乡之间人、物、资金以及信息等要素的高效流通，有助于实现城乡融合发展，推动资源优化配置，促进经济的协同增长。

三　城乡融合背景下长江中游城市群数字经济影响因素分析

本文利用以上面板数据建立固定效应模型，探究城乡融合背景下长江中游城市群数字经济发展的影响因素。

（一）模型设定、变量选取、数据处理及来源

固定效应计量模型：

$$y = \alpha_0 + \alpha_1 x1_{it} + \alpha_2 x2_{it} + \alpha_3 x3_{it} + \alpha_4 x4_{it} + \alpha_5 x5_{it} + u_i + u_t + \varepsilon_{it}$$

其中，i 代表城市，t 代表年份，y 为城乡融合背景下长江中游城市群数字经济发展水平，$x1$、$x2$、$x3$、$x4$、$x5$ 代表 5 个影响因素，u_i、u_t 分别代表地区

固定效应和时间固定效应，ε_{it} 为误差项。

将上文测度得出的城乡融合背景下长江中游城市群数字经济发展水平作为被解释变量；解释变量方面，从地区产业、金融资金和人才储备方面出发，选取以下五个因素来研究城乡融合背景下长江中游城市群数字经济的影响因素：城镇化（$x1$）：以城镇人口占总人口的比例来代表城镇化水平；政府投入（$x2$）：选取各地区政府财政支出占 GDP 比重来表示政府行为；教育发展水平（$x3$）：用各地区高等学校或研究所的数量来代表；对外开放水平（$x4$）：进出口总额占地区生产总值的比例；产业结构高级化（$x5$）：用第三产业增加值占第二产业增加值的比例来表示。

（二）计量结果分析

首先对五个解释变量进行相关性分析，做出相关系数散点图和相关系数矩阵如图 2、表 7 所示。

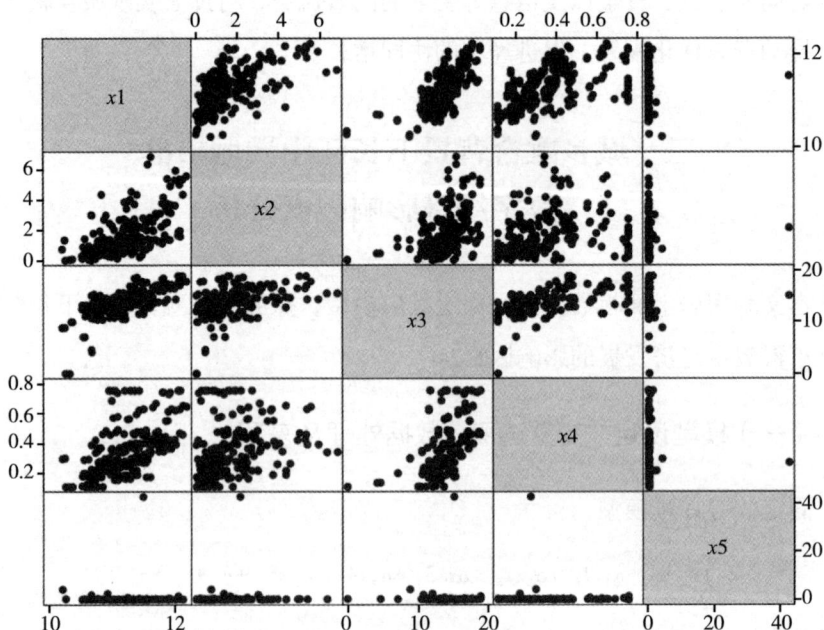

图 2　解释变量相关性

表 7 显示，城镇化（x1）、政府投入（x2）、教育发展水平（x3）以及对外开放水平（x4）这四个解释变量与被解释变量 y 的相关系数均为正。并且五个解释变量之间的相关系数小于 0.8。由此可知，五个解释变量之间不存在强的线性关系。

表 7　相关系数矩阵

变量	y	x1	x2	x3	x4	x5
y	1.000					
x1	0.339***	1.000				
x2	0.187***	0.620***	1.000			
x3	0.422***	0.726***	0.427***	1.000		
x4	0.378***	0.601***	0.272***	0.545***	1.000	
x5	0.048	0.046	0.053	0.027	-0.047	1.000

注：* 代表显著性水平 $p<0.1$，** 代表显著性水平 $p<0.05$，*** 代表显著性水平 $p<0.01$。

回归分析结果表明，上述解释变量对于城乡融合背景下长江中游城市群数字经济发展水平存在显著影响。各因素影响效果方面，对于湖北地区的城市，城镇化对当地数字经济发展水平的影响最大，政府投入的影响排在第 2 位，对外开放水平对当地数字经济发展水平产生负向影响，当地教育发展水平和产业结构高级化的影响相对较小。湖南地区依然是城镇化的影响效果占重要地位，政府投入的影响效应明显小于其他地区。政府投入对于江西地区的数字经济发展有较大的影响。而产业结构高级化对湖南和江西城市的数字经济发展水平有较强的影响作用（见表 8）。由此可见，城镇化、政府投入和产业结构高级化是提高城乡融合背景下长江中游城市群数字经济发展水平的主要支撑。湖北和湖南地区在破解产业空间束缚方面的努力，能很大程度上促进数字化转型和数字乡村建设，推动数字经济进一步发展。优化数字经济要素布局是未来湖南和江西地区需要着重发展建设的环节，关键点在于数字化带动产业结构高级化的同时，促进数字经济深度融入城乡产业。

表 8　城乡融合背景下长江中游城市群数字经济发展水平影响因素

项目	湖北	湖南	江西
$x1$	0.668 ***	0.702 ***	−0.110
	(0.205)	(0.193)	(0.354)
$x2$	0.260 **	0.0982 *	0.321 ***
	(0.103)	(0.0568)	(0.0859)
$x3$	0.267 *	−0.0228	0.0572
	(0.161)	(0.0393)	(0.0788)
$x4$	−0.348 **	0.493 *	1.659 **
	(0.153)	(0.286)	(0.800)
$x5$	0.298 *	0.315 **	0.613 ***
	(0.156)	(0.159)	(0.223)
样本数	90	72	90
R 方	0.498	0.327	0.558
城市数	10	8	10

注：* 代表显著性水平 $p<0.1$，** 代表显著性水平 $p<0.05$，*** 代表显著性水平 $p<0.01$。

四　结论及建议

首先基于"基础—内容—应用"系统理论角度，建立"破解数字产业空间束缚的基础—优化数字经济要素布局与成效—数字赋能城乡基本公共服务均衡化"的城乡融合背景下长江中游城市群数字经济发展水平测度的指标体系。利用基于加速遗传算法的投影寻踪模型测算城乡融合背景下长江中游城市城乡数字经济发展水平及各指标的权重，并探究其影响因素，实证检验城乡融合背景下长江中游城市群数字经济对城乡融合发展的影响效应，得出结论并提出以下建议。

第一，继续完善数字经济基础设施建设。夯实破解数字产业空间布局的基础，为城乡融合背景下长江中游城市群数字经济发展创造更有利的基础条件，完善基站工程、布局光缆线路，推动城乡数字化普及。城乡地区建设先进的数字化基础设施，包括高速互联网网络、5G 通信技术、数据中心等。这些设施为城乡居民提供了更快速、更稳定的网络连接和更多的数字服务，有效地促进城乡信息资源的共享和交流。

第二，推动城乡数字金融服务的协调发展。通过手机和互联网等数字渠道，将金融服务延伸到农村地区，满足农村居民包括支付、贷款、保险等金融需求。支持农产品供应链金融，提供更灵活的融资方式，帮助农民解决资金问题，推动农产品的流通。通过数字金融技术，提供更加便捷和智能化的金融教育服务，帮助农村居民提高金融素养，更好地理解和使用金融产品和服务，从而提高农民融入城市经济的能力。数字金融的发展为城乡融合提供了重要的机遇和平台，在推动农村经济发展的同时，也需要关注信息不对称、数字鸿沟等问题，确保数字金融的普惠性和可持续性。

第三，深入优化城乡数字经济要素布局。借助产业数字化发展，将数字技术应用于农业生产，推广智慧农业，优化农村数字经济的要素布局。改变传统产业模式，实现城乡数字经济要素的有效流通和合理配置。农业物联网、农业大数据分析等技术可以帮助农民更好地管理农作物、预测天气和市场需求，提高农业产值和农产品质量。打通农村电商渠道，数字化技术为农产品销售提供了更广阔的渠道。农村电商平台可以将农产品推广至城市市场，同时也将城市的消费品引入农村。这样的双向流通有助于平衡城乡资源和产业布局。优化城乡资源配置，产业数字化可以帮助实现城乡资源的优势互补。通过数字技术，可以更好地连接城市产业链和农村产业链，实现资源要素的高效配置和流动，推动长江中游城市群城乡高质量融合发展。

参考文献

张海朋、何仁伟、李光勤、王娟：《大都市区城乡融合系统耦合协调度时空演化及其影响因素——以环首都地区为例》，《经济地理》2020 年第 11 期。

荆文君、孙宝文：《数字经济促进经济高质量发展：一个理论分析框架》，《经济学家》2019 年第 2 期。

陈海鹏、彭思雨、沈倩岭：《数字经济、要素流动与城乡融合发展》，《统计与决策》2023 年第 10 期。

程静、陈佳睿、杜震：《数字普惠金融促进城乡融合发展：内在机制与实证检验》，《金融理论与实践》2023 年第 6 期。

陈鑫鑫、段博：《数字经济缩小了城乡差距吗？——基于中介效应模型的实证检验》，《世界地理研究》2022 年第 2 期。

姚毓春、张嘉实：《数字经济与城乡融合发展耦合协调的测度与评价研究》，《兰州大学学报》（社会科学版）2023 年第 1 期。

温军、邓沛东、张倩肖：《数字经济创新如何重塑高质量发展路径》，《人文杂志》2020 年第 11 期。

万晓榆、罗焱卿、袁野：《数字经济发展的评估指标体系研究——基于投入产出视角》，《重庆邮电大学学报》（社会科学版）2019 年第 6 期。

秦尊文、汤鹏飞：《长江中游城市群经济联系分析》，《湖北社会科学》2013 年第 10 期。

杨水根、何松涛：《数字经济对可持续发展的影响及其耦合关系——基于长江中游城市群的实证分析》，《华东经济管理》2023 年第 5 期。

张汉霞、余斌、李小月等：《长江中游城市群城乡融合时空格局及障碍因素研究》，《湖北大学学报》（自然科学版）2023 年第 3 期。

唐红涛、陈欣如、张俊英：《数字经济、流通效率与产业结构升级》，《商业经济与管理》2021 年第 11 期。

朱翔、何甜、戚伟等：《构筑中部地区高质量协调发展的新格局》，《地理学报》2022 年第 12 期。

王圣云、秦尊文、戴璐等：《长江中游城市集群空间经济联系与网络结构——基于运输成本和网络分析方法》，《经济地理》2013 年第 4 期。

李小玉、邱信丰：《以数字经济产业协同促进长江中游城市群高质量发展研究》，《经济纵横》2022 年第 12 期。

潘江培、姜霞、詹子烨等：《长江中游城市群城乡融合发展水平实证测度及时空演化分析》，《特区经济》2022 年第 5 期。

王松茂、尹延晓、徐宣国：《数字经济能促进城乡融合吗：以长江经济带 11 个省份为例》，《中国软科学》2023 年第 5 期。

彭刚、高劲松：《数字经济、数字鸿沟和城乡要素配置——基于我国 257 个城市的实证研究》，《调研世界》2023 年第 6 期。

熊曦：《新发展理念下长江中游城市群高质量城镇化的协同推进机制研究》，中国财政经济出版社，2022。

熊曦、段宜嘉、傅为一等：《长江中游城市群城镇化效率评价及时空分异》，《经济地理》2021 年第 3 期。

长江中游城市群新质生产力的
发展现状与提升路径

栗向阳 宋 哲*

摘 要： 长江中游城市群作为中国中部区域的关键经济增长点，其新质生产力的发展对于促进区域经济的可持续进步具有重要意义。本研究基于马克思主义生产力理论构建新质生产力发展综合评价指标体系，并利用熵值法、TOPSIS模型、Theil指数、双向固定效应模型等方法测度并分析长江中游城市群新质生产力发展的现状特征和影响因素。研究结果表明：长江中游城市群新质生产力发展水平整体偏低但一直处于稳步提升阶段；长江中游城市群新质生产力的发展存在"头雁效应"，武汉、长沙、南昌等省会城市的新质生产力发展水平凸显；长江中游城市群新质生产力的发展具有明显的区域差异，但这种差异呈波动下降态势；地区经济活力、产业结构升级和财政支出增加对长江中游城市群新质生产力的发展具有积极影响。建议优化人才发展环境，建强科技创新人才高地；加快核心技术突破，全面提升科技创新能力；发展壮大实体经济，加快构建现代产业体系；加速区域经济一体化进程，协同推进新质生产力提升。

关键词： 新质生产力 现代产业体系 长江中游城市群

长江中游城市群覆盖湖北、湖南、江西三省，地处国家版图的心脏地

---

* 栗向阳，湖北省社会科学院长江流域经济研究所助理研究员，主要研究方向为区域经济发展；宋哲，湖北省社会科学院长江流域经济研究所助理研究员，主要研究方向为区域发展、城市经济。

带，拥有独特的地理优势和丰富的人力、自然资源。在国家区域发展战略中，长江中游城市群发挥着举足轻重的作用，是连接东部沿海经济发达地区与西部资源富集地区的桥梁和纽带，对于促进区域协调发展具有重要意义。另外，新质生产力作为衡量一个地区科技创新能力和产业竞争力的重要指标，不仅关系到区域经济的可持续发展，也是社会进步和国家竞争力的关键所在。党的二十届三中全会提出，要强化创新驱动发展战略，提升科技创新能力，并强调了发展新质生产力的体制机制创新。这些指导方针为长江中游城市群提供了行动的蓝图，明确了提升人才队伍、强化科技创新、优化产业结构的目标。尽管已有研究对新质生产力进行了初步探讨，但针对长江中游城市群这一特定区域的系统性、综合性研究仍然不足。特别是在当前复杂多变的国内外社会经济环境中，准确把握新质生产力的发展现状，识别影响其发展的关键因素，提出科学合理的提升策略，对于促进长江中游城市群乃至中部地区的高质量发展具有重要的现实意义。

一　长江中游城市群新质生产力
发展现状及特征分析

（一）长江中游城市群城市新质生产力测度

根据马克思主义生产力理论，本文从生产力要素构成出发构建长江中游城市群新质生产力发展的综合评价指标体系，具体包括高素质劳动者、高技术劳动资料和新型劳动对象三个方面（见表1）。具体而言，高素质劳动者的评价通过人力资本、人均收入和就业结构三个指标进行综合测算。高技术劳动资料的评价通过数字基础设施、能源消耗、科技创新以及数字化发展等关键因素进行计算。新型劳动对象的发展通过分析战略性新兴产业和未来产业的企业数量和产业产值情况来评估。在此基础上，为了确保评价过程的科学性和准确性，本文采用熵值法和多目标决策TOPSIS模型相结合的方法对各维度指标进行权重赋值以测算长江中游城市群28个地级市的新质生产力发展水平。参考相关文献，本文首先利用 Z-score 方法对获取得到的原始数据进行归一化处理，以消除不同量纲和量级带来的影响。随后，通过计算各指标的信息熵，揭示其在评价体系中的相对重要性，并确定人力资本、人均收入、就业结构等指标的权重值。最终，基于上一步骤测算得到的权重值，利用 TOPSIS 模型求得长江中游城市群地级市的新质生产力发展水平。

表 1   新质生产力发展综合评价指标体系

	指标	测算方式	单位
高素质劳动者	人力资本	万人在校大学生人数	人
	人均收入	在岗职工平均工资	元
	就业结构	计算机、信息软件从业人员比重	%
		科研技术服务从业人员比重	%
高技术劳动资料	数字基础设施	万人国际互联网用户数	户
	能源消耗	单位 GDP 能耗	吨标准煤/万元
	科技创新	万人专利授权数量	件
		城市创新指数	—
	数字化发展	数字经济水平	—
新型劳动对象	战略性新兴产业	新兴战略性企业数量	个
		新兴战略性企业总产值	亿元
	未来产业	工业机器人渗透率	台/万人
		人工智能企业数量	个

$$NPF_{it} = \sum_{i=1}^{n} (p_{ijt} \times w_j) \tag{1}$$

其中，NPF_{it}、p_{ijt} 及 w_j 分别是新质生产力发展水平、标准化值和指标权重；i 表示城市，取值在 [1, 28] 区间；t 表示年份，取值在 [2013, 2021] 区间。

（二）长江中游城市群新质生产力的测算结果分析

基于上述的新质生产力发展综合评价指标体系，采用熵值法计算长江中游城市群新质生产力发展水平。通过测算，2013~2021 年，长江中游城市群 28 个地级市的新质生产力发展水平如表 2 所示。

表2 2013~2021年长江中游城市群城市新质生产力发展情况

地级市	2013年	2014年	2015年	2016年	2017年	2018年	2019年	2020年	2021年
武汉市	0.3221	0.3485	0.3942	0.4387	0.4848	0.5667	0.6447	0.7319	0.9089
黄石市	0.0532	0.0557	0.0645	0.0737	0.0805	0.0952	0.1087	0.1239	0.1396
宜昌市	0.0761	0.0791	0.0949	0.1106	0.1083	0.1228	0.1401	0.1526	0.1808
襄阳市	0.0593	0.0597	0.0807	0.0886	0.0991	0.1153	0.1249	0.1429	0.1716
鄂州市	0.0396	0.0471	0.0588	0.0864	0.0957	0.1093	0.1248	0.1485	0.1756
荆门市	0.0427	0.0443	0.0537	0.0625	0.0652	0.0832	0.0909	0.1080	0.1287
孝感市	0.0332	0.0417	0.0453	0.0523	0.0516	0.0599	0.0666	0.0801	0.0979
荆州市	0.0504	0.0530	0.0605	0.0679	0.0705	0.0798	0.0891	0.0954	0.1223
黄冈市	0.0330	0.0305	0.0393	0.0435	0.0421	0.0500	0.0588	0.0661	0.0830
咸宁市	0.0467	0.0578	0.0627	0.0720	0.0751	0.0923	0.1040	0.1220	0.1434
长沙市	0.2542	0.2694	0.2994	0.3403	0.3776	0.4265	0.4785	0.5344	0.6298
株洲市	0.0716	0.0845	0.0944	0.1010	0.1108	0.1336	0.1496	0.1658	0.1877
湘潭市	0.0723	0.0873	0.0876	0.1092	0.1128	0.1310	0.1395	0.1594	0.1806
衡阳市	0.0416	0.0458	0.0555	0.0628	0.0704	0.0789	0.0823	0.0920	0.1112
岳阳市	0.0567	0.0622	0.0748	0.0856	0.0857	0.0908	0.0999	0.1158	0.1309
常德市	0.0565	0.0636	0.0668	0.0793	0.0847	0.0841	0.0948	0.1054	0.1190
益阳市	0.0365	0.0381	0.0426	0.0486	0.0559	0.0670	0.0730	0.0817	0.0955
娄底市	0.0341	0.0356	0.0379	0.0428	0.0500	0.0606	0.0676	0.0720	0.0825
南昌市	0.1771	0.1918	0.2112	0.2379	0.2551	0.2819	0.3053	0.3447	0.3740
景德镇市	0.0562	0.0614	0.0729	0.0874	0.0908	0.1000	0.1134	0.1306	0.1393
萍乡市	0.0354	0.0371	0.0467	0.0572	0.0759	0.0919	0.0943	0.1113	0.1385
九江市	0.0557	0.0579	0.0720	0.0865	0.0877	0.1044	0.1089	0.1348	0.1632
新余市	0.0546	0.0717	0.0904	0.1053	0.1153	0.1235	0.1458	0.1726	0.1878
鹰潭市	0.0388	0.0491	0.0667	0.0906	0.0776	0.1129	0.1200	0.1310	0.1402
吉安市	0.0344	0.0368	0.0446	0.0569	0.0592	0.0644	0.0688	0.0855	0.0970
宜春市	0.0371	0.0377	0.0483	0.0501	0.0572	0.0705	0.0761	0.0918	0.0995
抚州市	0.0279	0.0323	0.0438	0.0498	0.0556	0.0657	0.0667	0.0848	0.1428
上饶市	0.0249	0.0287	0.0454	0.0467	0.0521	0.0660	0.0728	0.0841	0.0942
Theil指数	0.3119	0.3021	0.2723	0.2592	0.2695	0.2614	0.2708	0.2625	0.2698

资料来源：历年《中国城市统计年鉴》、各省国民经济和社会发展统计公报和EPS平台数据库等。

1.新质生产力发展稳步提升，但整体水平较低

由测算结果得到，2013~2021年长江中游城市群新质生产力发展的变动趋势如图1所示。从图1中可以看出，样本区间内，长江中游城市群新质生产力发展水平呈现持续增长的变化规律。数据显示，2013 年长江中游城市群新质生产力发展水平均值为 0.0686；至 2021 年，发展水平均值为 0.1881。同时，从各类型等级的城市数量来看，2013 年长江中游城市群的 28 个地级市中，有 5 个地级市的新质生产力发展水平超过了当年的平均值。然而，到了 2021 年，这一数量减少至 3 个，包括南昌、长沙和武汉这三个省会城市。这表明，尽管整体上长江中游城市群的新质生产力发展水平相对较低，但随着时间的推移，特别是在人才素质提升、产业结构优化和科技创新能力增强的推动下，其发展水平在逐步提升。长江中游城市群新质生产力的这种变化趋势，与区域科技、产业、经济等的发展密切相关。高素质人才的集聚、生产工具的革新和产业结构的升级，均在推动地区生产效率的提升，进而促进新质生产力水平的提升。然而，区域内科技攻关能力相对较弱、创新成果的转化速度较慢、新兴产业和未来产业的发展面临瓶颈，这些因素共同制约了新质生产力的进一步提升，导致其发展水平总体上仍处于较低状态。

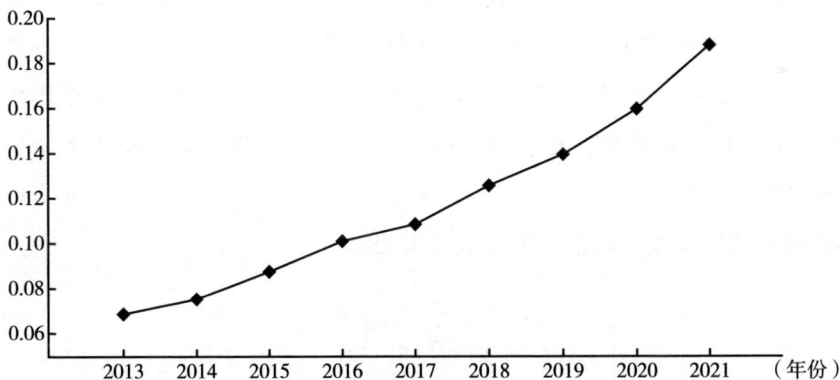

图 1　2013~2021 年长江中游城市群新质生产力发展变动趋势

注：图中的年度数据为长江中游城市群 28 个地级市新质生产力发展水平的均值。

2. 省会城市的"头雁效应"凸显

表 2 对长江中游城市群新质生产力发展的空间分布情况的分析表明，长江中游城市群的新质生产力发展具有明显的集聚态势，呈现以武汉、长沙、南昌为核心的"三足鼎立"的空间分布特征。从新质生产力发展水平来看，

2013 年长江中游城市群新质生产力发展水平较高的为武汉市、长沙市和南昌市，分别为 0.3221、0.2542 和 0.1771；而至 2021 年，新质生产力发展水平较高的仍为上述三个城市，分别为 0.9089、0.6298 和 0.3740。从新质生产力发展水平的增长情况来看，虽然长江中游城市群 28 个地级市的新质生产力发展水平在样本区间内均有不同程度的增长，但武汉市、长沙市和南昌市的新质生产力发展水平增加最为明显，增长量分别为 0.5868、0.3756 和 0.1969；而娄底市、黄冈市和益阳市等位于区域边界地区的城市新质生产力发展水平增长量最低，分别为 0.0484、0.0500 和 0.0590。究其原因，武汉市、长沙市和南昌市为省会城市，对人才、科技等创新资源的承载力、集聚力、吸引力等较强，产业技术的革新和产业结构升级的速度较快，因此其新质生产力发展水平及其增长量尤为凸显。

3. 新质生产力发展的区域差异明显，但呈波动下降态势

如前所示，人才、科技等创新主体和资源的空间非均衡性将导致长江中游城市群新质生产力发展水平具有明显的区域差异。因此，本文基于公式（2）所示的 Theil 指数对长江中游城市群 28 个地级市的新质生产力发展区域差异进行探讨。公式中，T 为长江中游城市群 28 个地级市整体新质生产力发展水平的泰尔指数，其数值大小在 0~1 区间；指数的值越大表明长江中游城市群新质生产力发展的差异越明显；否则，差异越不明显。n 为计算 Theil 指数的样本城市数量，本文取值为 28。

$$T = \frac{1}{n} \sum_{i=1}^{n} \frac{x_i}{\bar{x}} \ln\left(\frac{x_i}{\bar{x}}\right) \tag{2}$$

从计算结果来看，长江中游城市群新质生产力发展的 Theil 指数在 0.2592~0.3119 区间，表明长江中游城市群的新质生产力发展的区域差异特征明显。究其原因，长江中游城市群幅员辽阔，以环鄱阳湖城市群、长株潭城市群和武汉城市圈等城市群（圈）为主体，横跨湖北、湖南、江西三省，且各地区在经济水平、科技创新、人力资本、产业结构、资源环境等方面存在明显的地域差异，从而使长江中游城市群在新质生产力发展上存在明显的空间和地域差异。同时，从时间维度来看，长江中游城市群新质生产力发展

的 Theil 指数呈现波动下降态势，说明长江中游城市群新质生产力发展的区域差异有所缩小；究其原因，伴随着城市群的建设，区域一体化的发展会推动人才、科技、企业等创新要素的流动，发挥武汉、长沙、南昌等对区域新质生产力提升的辐射引领作用，进而使长江中游城市群整体新质生产力发展的差异持续缩小。

二 长江中游城市群新质生产力 发展的影响因素分析

（一）模型设定与变量选取

为了能更好地分析新质生产力的影响因素并健全因地制宜发展新质生产力体制机制，本文在参考相关研究的基础上，构建如下所示的双向固定效应模型：

$$NPF_{it} = \beta_0 + \beta_1 EDL_{it} + \beta_2 URB_{it} + \beta_3 ISD_{it} + \beta_4 EDV_{it} + \beta_5 FDI_{it} + \beta_6 FEL_{it} + \beta_7 GAC_{it} \quad (3)$$

在上述公式中，NPF_{it} 是被解释变量，表示第 i 城市在第 t 年的新质生产力发展水平。模型等式的右边是诸多影响长江中游城市群新质生产力发展的因素，即本文的解释变量。EDL_{it} 是第 i 城市在第 t 年的经济发展水平，采用地区人均国内生产总值的自然对数进行衡量。URB_{it} 是第 i 城市在第 t 年的城镇化水平，利用城市常住人口占地区人口总量的比重来表征。ISD_{it} 是第 i 城市在第 t 年的产业结构水平，采用城市第三产业产值和第二产业产值的比重表示。EDV_{it} 是第 i 城市在第 t 年的经济发展活力，利用地区夜间灯光平均亮度值来表示。FDI_{it} 是第 i 城市第 t 年的对外开放水平，采用人均使用外资的自然对数表示。FEL_{it} 是第 i 城市在第 t 年的政府财政支出水平，采用财政支出中科技、教育支出的比例来表征。GAC_{it} 是第 i 城市在第 t 年的政府行政能力，利用城市人均固定资产的自然对数来表征。β_0 是常数项，$\beta_1 \sim \beta_7$ 分别是经济发展水平等相关解释变量的回归系数。

（二）长江中游城市群新质生产力发展的影响因素分析

基于上述分析，本部分基于公式（3）所构建的计量模型对相关变量进行回归分析，并重点关注模型中系数 $\beta_1 \sim \beta_7$ 的正负号和显著性，计算结果如表3所示。城镇化水平、经济发展活力、产业结构水平以及财政支出水平的系数均为正值，并且均在至少5%的显著性水平上显著，说明城镇化水平等因素均对长江中游城市群的新质生产力发展具有积极的促进作用。其中，经济发展活力的增强和政府财政支出的增加，共同为该地区的人才培养和科学研究提供了坚实的经济基础和资金保障。产业结构的转型升级，传统产业的智能化、高端化和绿色化改造，以及区域产业类型向技术和知识密集型的转变，有效提升了资本、技术和劳动力等资源要素在产业间的配置效率，从而促进了新质生产力的发展。然而，政府行政能力的系数估计值为 -0.2232，且通过了1%水平的显著性检验，表明政府行政能力的提升与新质生产力的发展水平呈负相关。具体而言，在其他条件不变的情况下，政府行政能力每提高1%，将导致该区域新质生产力发展水平平均下降约0.2232%。虽然政府行政管控能力的提升旨在加强监管，但其过度强化可能导致行政审批过程的复杂化，降低创新主体的参与积极性，并增加企业在产品开发过程中的非生产性支出成本。此外，过度的行政干预可能抑制市场调节机制，阻碍创新要素的流动，降低科技创新资源的配置效率，从而不利于新质生产力的提升。因此，政策制定者需在强化政府职能与维护市场自主性之间找到平衡点，以确保政策既能有效监管也能激发创新与生产力的发展。

表3 长江中游城市群新质生产力发展影响因素的估计结果

变量	系数	t 值	p 值
EDL	0.0091	0.32	0.75
URB	0.2700**	2.28	0.03
ISD	0.0017***	3.25	0.00
EDV	0.0683**	2.51	0.02
FDI	-0.0060	-0.56	0.58

变量	系数	t 值	p 值
FEL	0.0846 ***	3.67	0.00
GAC	−0.2232 ***	−2.96	0.01

注：* 表示在 10% 水平上显著，** 表示在 5% 水平上显著，*** 表示在 1% 水平上显著。

三　长江中游城市群新质生产力发展的对策建议

长江中游城市群作为中国经济的重要增长极，其新质生产力的发展不仅关系到区域经济的持续健康发展，也是推动国家经济转型升级的关键。基于当前区域发展现状和实证研究结果，本文提出以下策略建议，以期为长江中游城市群新质生产力的发展提供参考。

（一）优化人才发展环境，建强科技创新人才高地

人才是新质生产力的重要驱动力，长江中游城市群应坚持开放引才、全面育才、环境养才、畅通用才，加快高水平科技创新人才和团队集聚，将人才资源优势转化为现代化的生产力。

1. 完善人才培养体系，加强人才队伍建设

以科技创新人才培养和科技项目实施为导向，健全人才发现、培养的稳定支持机制，建立基础研究和前沿技术研究人才长期稳定支持机制，实施"技工教育强基工程""青年科学家培养计划""科技创新高端人才建设工程""产业领军人才及团队培养计划"等人才培养工程和计划，培养和打造一批高素质应用型、复合型、创新型人才。

2. 推进人才引进政策，提高人才集聚水平

一方面，要加快制定和实施更具吸引力和更加开放的人才引进政策。具体要以加快引进国内外高层次和顶尖科技人才为目标，持续推动实施"赣鄱英才计划""芙蓉计划""楚才引领计划"等招智引才计划，通过人才创

新和人才工程项目建设等方式，引进一批核心科技人才、战略性人才、产业领军人才和高技能领军人才。另一方面，要积极通过建立优化科技人才薪酬待遇、社会保障等各方面支持政策，改善人才居住、教育、医疗等生活环境，提升人才吸引力。

3. 优化科技人才制度，激励人才各展其能

一是积极优化和健全科技人才认定评价机制标准，把成果治理、绩效贡献和创新能力作为科技人才认定和评价的重要标准和依据。二是积极调整人才分配激励机制，鼓励高校院所积极推行项目工资制、协议工资制、年薪制等灵活多样的收入分配方式。三是积极提升科技人才福利待遇，有效解决科技人才在住房、医疗、子女入学、配偶就业等方面存在的问题。

（二）加快核心技术突破，全面提升科技创新能力

科技创新是推动新质生产力发展的"牛鼻子"，推动长江中游城市群新质生产力发展必须促进科技创新，实现高水平科技自立自强。

1. 加快前沿交叉领域前瞻布局

以服务国家发展战略需求和抢占未来科技产业发展制高点，开展实施"基础研究十年行动"，瞄准湘鄂赣三省的优势学科和交叉前沿学科，在信息科学、生命科学、地球科学、材料科学等领域攻克一批重大科学问题，在新材料、未来网络、纳米科技、人工智能、绿色农业、量子信息、医药健康、区块链技术、生命健康、空天科技、海洋科技、生物育种等前沿交叉领域攻克若干共性技术。

2. 积极推进关键核心技术攻关

积极融入"国家重大战略实施和重点领域安全能力建设"项目建设，围绕新材料、现代农业、高端装备制造、生物医药、光电子信息、新一代信息技术等优势产业、新兴产业和未来产业领域，组织实施"产业技术攻关'十百千'工程"等重大科技攻关专项工程。围绕硅光芯片、杂交水稻、超级计算、三维存储芯片、新型显示材料、新一代轨道交通、高端医学影像设备等重点领域，推动"临门一脚"关键技术实现率先突破。

3.加快科技成果转化应用

一是着力推进新兴产业和未来产业领域的科技成果转化，通过政策激励和资金支持，加速科技成果从实验室到市场的转化过程。二是实施国产化应用示范工程，重点推动国产芯片、软件、终端等产品在政府机关及金融、能源、通信等关键领域的广泛应用。三是推动应用场景示范行动，通过创建实验环境和条件，集中展示前沿技术和创新成果，以加速技术迭代和提高市场适应性。四是强化科技成果转化平台建设，包括产权交易平台、信息转化平台和技术转移中心，以促进科技成果的有效转化和应用。

（三）发展壮大实体经济，加快构建现代产业体系

长江中游城市群新质生产力发展的关键在于现代化产业体系的建设，具体地要以优势产业为抓手，深入推进新型工业化战略，推动制造业的现代化发展，做大、做强新兴优势产业，加快未来产业前瞻布局。

1.推动制造业的现代化布局

一是加强政策引导，制定并实施新一轮企业技术改造升级行动计划，以促进企业向高端化、数字化、服务化、绿色化转型。二是建立以工艺精进、技术先进、能源消耗合理、环境保护、产品质量和安全生产为标准的管理体系，加强行业标准制定和市场准入监管，保障制造业转型升级与可持续发展目标相一致。三是支持武汉、长沙、南昌、株洲、荆门、景德镇等城市争创国家产业转型升级示范区，引领区域制造业整体升级。

2.发展壮大战略性新兴产业

一是充分利用武汉、长沙、南昌等地的高技术产业基地优势，重点发展光电子信息、生物医药、新材料等战略性新兴产业，并实施产业倍增计划，以形成万亿级产业集群。二是加强研发创新，促进产业链各环节的协同发展，提升高端装备制造业和绿色环保产业的竞争力。三是深化生物医药与医疗体系的融合，构建产业创新体系，集中力量攻关核心技术，推动产业升级。四是积极探索柔性电子、微纳光学、氢能等前沿科技领域，创建试点示范项目，为城市群的经济发展注入新动能。

3.加快未来产业体系构建

一是积极把握新一轮科技革命和产业变革趋势，以提升自主创新能力为核心，重点发展 6G 通信、智能物联网、区块链等前沿技术新赛道。二是紧跟国家战略，围绕未来网络、量子信息、生命科学、前沿新材料、空天科技、双碳技术、下一代汽车、智能制造等八大未来产业方向，构建未来产业新赛道。三是强化基础与前沿技术研究，致力于关键核心技术、前沿引领技术及颠覆性技术的攻关，确保科技创新力的稳步提升，为长江中游城市群孕育出产业发展的新增长极。

（四）加速区域经济一体化进程，协同推进新质生产力提升

1.增强城市群内部协同合作

一是深化产业合作与协同，规划明晰各城市的产业特色，有效避免同质化竞争现象。二是建立互补的产业链和高效的产业集群，增强区域内产业的整体竞争力，促进创新和产业升级。三是加强交通基础设施建设，构建城市间快速交通网络，大幅降低物流成本，提高经济运行效率，加强区域内部联系。四是破除行政壁垒障碍，实现资本、技术、人才等关键要素的自由流动和优化配置，为新质生产力的发展提供更为广阔的空间和更加有利的市场环境。

2.发挥中心城市的辐射带动作用

一是着力提升中心城市的经济集聚度和综合服务能力，以充分发挥其在区域发展中的辐射带动作用。通过深化科技创新、构建高水平的研发平台、积极吸引和培育创新人才等系列举措，形成区域创新高地。二是加强中小城市与中心城市的联系，促进产业转移和功能互补，构建差异化的区域发展模式。三是优化基础设施和公共服务配置，以提升中小城市的要素集聚能力。四是建立区域均衡发展与利益补偿制度，减缓中心城市对小城市资源的集聚效应，促进区域内新质生产力均衡协调发展。

3.强化新质生产力发展的保障措施

一是提高经济发展活力，在增强人才培养和科技研发资金保障的基础上，构建与城市经济高质量发展相适应的新质生产力发展目标和要求，强化

新质生产力发展的顶层设计。二是要优化城市产业结构和布局，依据城市产业基础和资源禀赋，推动传统产业的数字化、绿色化、智能化改造，加速产业类型由资源、资本密集型向知识密集型过渡转变，培育和形成以先进制造业、战略性新兴产业和未来产业为主的现代化产业体系。三是要以提升教育教学、科技研发相关的配套服务设施水平为目的，加大教育和科技资金的投入力度，吸引人才、科技等创新资源向城市集聚。四是要深化简政放权、优化服务改革，推动政府职能由管理型向服务型转变，通过政府行政效率提升手段提高企业运行效率和创新资源配置效率。

参考文献

程恩富、陈健：《大力发展新质生产力　加速推进中国式现代化》，《当代经济研究》2023 年第 12 期。

李政、廖晓东：《发展"新质生产力"的理论、历史和现实"三重"逻辑》，《政治经济学评论》2023 年第 6 期。

李汝资、陈巧娟、高雄愿等：《长江经济带城市绿色经济效率梯度转换规律及其影响因素》，《自然资源学报》2024 年第 1 期。

成长春、孟越男、王桂玲等：《长江经济带协调性均衡发展水平对比及优化路径研究》，《长江流域资源与环境》2023 年第 12 期。

魏崇辉：《新质生产力的基本意涵、历史演进与实践路径》，《理论与改革》2023 年第 6 期。

王珏、王荣基：《新质生产力：指标构建与时空演进》，《西安财经大学学报》2024 年第 1 期。

余东华、马路萌：《新质生产力与新型工业化：理论阐释和互动路径》，《天津社会科学》2023 年第 6 期。

姚树洁、张小倩：《新质生产力的时代内涵、战略价值与实现路径》，《重庆大学学报》（社会科学版）2024 年第 1 期。

张文武、张为付：《加快形成新质生产力：理论逻辑、主体架构与实现路径》，《南京社会科学》2024 年第 1 期。

王珏：《新质生产力：一个理论框架与指标体系》，《西北大学学报》（哲学社会科学版）2024 年第 1 期。

张宇宁、王艳华、王克：《新基建投资的经济效应、能耗与碳排放》，《经济理论与经济管理》2023年第11期。

潘竟虎、张永年：《中国能源碳足迹时空格局演化及脱钩效应》，《地理学报》2021年第1期。

贺三维、张臻、祁子良等：《基于交通流和辐射模型的城市群网络结构及驱动因素分析——以长江中游城市群为例》，《地理科学》2023年第11期。

豆建民、王光丽、马融：《数字经济发展对城市合作创新的影响——基于空间溢出效应的视角》，《经济管理》2023年第7期。

马海涛、卢硕、张文忠：《京津冀城市群城镇化与创新的耦合过程与机理》，《地理研究》2020年第2期。

黄寰、黄辉、肖义等：《产业结构升级、政府生态环境注意力与绿色创新效率——基于中国115个资源型城市的证据》，《自然资源学报》2024年第1期。

邵帅、李欣、曹建华：《中国的城市化推进与雾霾治理》，《经济研究》2019年第2期。

王小广、刘莹：《城市经济活力：特征、评价体系与提升建议》，《区域经济评论》2022年第1期。

王磊、栗向阳、王雪利等：《长江经济带生活性服务业发展水平的空间格局及驱动因素》，《长江流域资源与环境》2022年第10期。

朱德云、王鸿梓：《税收竞争与财政支出竞争对区域科技创新效率的影响——基于产业结构升级的门槛效应检验》，《现代财经（天津财经大学学报）》2023年第1期。

刘笑杰、夏四友、李丁等：《湖南省基本公共服务质量的时空分异与影响因素》，《长江流域资源与环境》2020年第7期。

李凤娇、刘家明、姜丽丽：《东北地区战略性新兴产业发展水平时空演变与影响因素研究》，《地理科学进展》2022年第4期。

魏下海、张沛康、杜宇洪：《机器人如何重塑城市劳动力市场：移民工作任务的视角》，《经济学动态》2020年第10期。

Theil H. , *Economics and Information Theory* (North Holland：Amsterdam，1967).

Rey S. J. , Janikas M. V. , "STARS：Space-time Analysis of Regional Systems", *Geographical Analysis* 38 (1)，2006：67-86.

Dong Z. , Guo C. A. , "Literature Review of Spatio-temporal Data Analysis", *Journal of Physics：Conference Series* 1792 (1)，2021.

Ye X. , Rey S. J. , "A Framework for Exploratory Space-time Analysis of Economic Data", *The Annals of Regional Science* 50 (1)，2013：315-339.

Xu H. , Winnink J. , Yue Z. , et al. , "Topic-linked Innovation Paths in Science and Technology", *Journal of Informetrics* 14 (2)，2020.

Roberts J. T. , Grimes P. E. , "Carbon Intensity and Economic Development 1962-1991：A Brief Exploration of the Environmental Kuznets Curve", *World Development* 25 (2)，1997：

191-198.

Dong F., Long R., Li Z., et al., "Analysis of Carbon Emission Intensity, Urbanization and Energy Mix: Evidence from China", *Natural Hazards* 82 (2), 2016: 1375-1391.

Li X., Wang L., "Does Administrative Division Adjustment Promote Low-carbon City Development? Empirical Evidence from the Revoke County to Urban District in China", *Environmental Science and Pollution Research* 30, 2023: 11542-11561.

B.5
长江中游城市群"通平修"
绿色发展先行区建设的若干思考

刘　陶*

摘　要： 区域协调与合作发展一直是党中央高度关注的重大问题。四次长江经济带发展座谈会一脉相承，始终坚持把区域协同发展作为推动长江经济带高质量发展的重要着力点。党的二十大以来，我国迈入中国式现代化新征程。完善区域一体化发展机制，构建跨行政区合作发展新机制是长江经济带践行中国式现代化的重要路径。长三角生态绿色一体化发展示范区横跨沪苏浙，针对区域协同治理的共性问题进行系统创新，建立了跨界多部门融合建设的体制机制，其实践经验对于长江中游地区的"通平修"绿色发展先行区具有重要借鉴和启示。

关键词： 绿色发展先行区　生态绿色　一体化　"通平修"

　　通城县、平江县、修水县（以下简称"通平修"）地处长江中游湘鄂赣三省交界处，是三省跨区域合作的重要突破口。2015 年 4 月，国务院颁布的《长江中游城市群发展规划》中明确指出"鼓励和支持通城、平江、修水建设次区域合作示范区"，使三县合作发展第一次纳入国家规划，上升为国家战略。2021 年 9 月 10 日，长江中游三省协同推动高质量发展座谈会在武汉召开，会议审议并签署了《长江中游三省"通平修"绿色发展先行

---

* 刘陶，湖北省社会科学院长江流域经济研究所副研究员，主要研究方向为区域经济与可持续发展。

区建设框架协议》合作文件，为三县协同发展带来了重要的历史机遇。当前，三县以区域合作绿色发展新样板为目标，积极开展交通互联、产业协同、绿色共建等合作实践，既是有效推动长江中游三省协同高质量发展的重大举措，也是全面深化改革、推进中国式现代化背景下构建跨行政区合作发展新机制的重要体现。

一 "通平修"绿色发展先行区建设成效与问题

（一）"通平修"绿色发展先行区建设成效

三县积极推进"通平修"区域合作示范区建设，重点在规划同编、交通互联、生态环保、文化旅游等方面加强合作交流。

1. 高标准编制绿色发展先行区总体规划

2021 年 12 月 16 日，三省联合办公室《关于推进〈长江中游三省"通平修"绿色发展先行区总体规划〉编制工作的通知》中指出：总体规划由通城县牵头，修水、通城、平江三县共同编制。2022 年 6 月 14 日，通城县发改局公开招标，国家发改委产业经济与技术经济研究所中标该项目并开展工作。2023 年 4 月 6 日，国家发展和改革委员会产业经济与技术经济研究所课题组完成了总体规划的初稿编制与修改，形成了《长江中游三省"通平修"绿色发展先行区总体规划》（评审稿）。4 月 13 日，《长江中游三省"通平修"绿色发展先行区总体规划》评审会在武汉市洪山宾馆召开。4 月 24 日，课题组根据专家组评审意见和参会人员修改意见对《长江中游三省"通平修"绿色发展先行区总体规划》进行了修改完善，形成了"通平修"总体规划终稿。

2. 推动建立与完善三县区域合作的工作机制

"通平修"区域合作工作机制的建立与完善主要体现在三个方面。一是形成了区域合作共识。2015 年以来，三县以"合作示范、互利共赢"为核心主题，进行了深入而广泛的沟通与协商。在此基础上，三县共同签署了

《"通平修"合作示范区建设共识》，为区域合作奠定了坚实的基础。二是初步建立了常态化的互访工作机制。三县县委和县政府进行了5次互访，通过联席会议等形式，就区域合作事宜进行了深入的洽谈和交流。三县先后签署并形成了《共建长江中游城市群次区域合作示范区框架协议》和《长江中游城市群"通平修"区域合作与生态绿色一体化发展示范区建设工作方案》等重要成果，为进一步深化区域合作提供了明确的指导和规划。通过建立共识、加强沟通、深化合作，三县朝着建设更加繁荣、和谐、可持续的区域合作示范区的目标不断迈进。三是建立健全合作共赢机制。以《长江中游三省"通平修"绿色发展先行区建设框架协议》为指引，修水县率先成立了以县委书记、县长为双组长的"通平修"绿色发展先行区建设领导小组，组建生态环保、基础设施、产业发展、城乡协调、公共服务等方面五个工作专班，并制定出台《关于推进县域经济三年赶超倍增攻坚行动打造"通平修"绿色发展先行区发展高地的实施方案》，明确以开展七大攻坚行动为抓手，全力打造"通平修"绿色发展先行区发展高地。

3. 加快推进"通平修"区域交通路网建设

为打造区域立体交通网络，三县重点铁路与高速公路互联互通。铁路方面，三县正积极推进兰福高铁、常岳昌铁路、武咸城铁南延线铁路建设，目前常岳昌铁路已批复客货两用铁路，正在开展前期设计工作。国省干线骨架路网建设正在稳步推进中，重点推进通城至修水高速公路、353国道通城县境段改建工程、106国道五里牌互通至马港段改扩建工程、362省道天井坂至四庄乡等一批高等级公路，新增416省道梓木至黄龙林场公路、474省道相思至杨坳屋公路，连接湖南平江县道J08、岳阳县省道310公路。

4. 持续推进三县经济社会交流合作

在产业发展领域，江西修水与湖北通城县以油茶、中药材产业与云母产业互补发展为切入点，积极打造湘鄂赣三省关键原材料供应基地，为三省产业协同发展奠定了良好基础。在商业与旅游的结合上，2021年4月21日，湘鄂赣接壤地区的文化旅游产业发展联盟正式成立。该联盟与湖北省通城县、湖南省浏阳市和湖南省平江县携手，致力于联合开发高质量的旅游线路，并共同进行旅游产品的市场推广，旨在将湘鄂赣接壤地区的文化旅游合作示范区建设成为全国领先的旅游目的地。在民生领域，公共服务一体化有序推进，推动医保互认互报机制和政务服务"跨省通办"实施，修水、通城两县市场监管局于2022年7月共同签署企业开办"跨省通办"合作协议。2023年以来，三县联合签订了《青年交流活动暨战略合作协议》《省际边界矛盾纠纷联防联调合作协议》《"通平修"协同创建国家文化产业和旅游产业融合发展示范区合作协议》《"通平修"协同推进文化产业和旅游产业融合发展示范区实施要点备忘录》等合作协议，三县合作的深度和广度不断拓展。

5. 协同推进生态产品价值实现路径探索

近年来，平江县积极推进生态产品价值实现探索，推出了"矿山整合+资本引进""生态修复+旅游观光""种植基地+研学康养"等多元化价值转化模式。以此为基础，2022年7月29日，长江中游地区的湖南、湖北、江西三省共同举办了"通平修"绿色发展先行区协同推进生态产品价值实现的平江专场活动。在该活动上，"通平修"三县联合签署了2022~2023年绿色发展协同推进实施要点备忘录。同时，三县共同发布了全域生态旅游的经典线路图，以及各自的文旅景点、民宿和农林产品。此外，平江县还与中国科学院生态环境研究中心签署了合作协议，公布了生态产品价值实现的年度十大示范工程。活动中，有4家企业被授予"生态产品价值实现机制"实践创新基地的称号，以表彰其在推动生态产品价值实现方面的创新实践和贡献。修水县积极开展省级生态产品价值核算试点，建设省级生态产品价值实现示范基地，推动实施23个生态环保一体化工程项目，开展"三山三河"治理修复。通城县不断增加污染防治资金投入，生态、社会效益日渐显现，环境价值功能不断提升。2020年与2022年先后成功创建了省级生态文明建设示范县与国家生态文明建设示范县，为推进生态产品价值实现奠定了坚实基础。

（二）存在的问题

1. 工作机制还有待完善

长江中游地区的湖南、湖北、江西三省的三个县在自上而下的协调机制方面仍有待加强。"通平修"绿色发展先行区行政层面涉及三省三市三县的行政主体，再加上各级相关部门，需要纵向横向的联合统筹协调。尽管已经建立了三省联合办公室，但诸如牵头编制规划等任务仍由县级单位具体执行。目前，三县之间的横向联合协调、纵向自上而下的传达机制以及省市县三级共商机制还不完善，导致先行区建设的质量和效率并不理想。为了改善这一状况，应当积极学习和借鉴长三角生态绿色一体化发展示范区在建设过程中积累的宝贵经验。

2. 扶持政策不够具体

针对"通平修"绿色发展先行区的建设，国家层面主要在《长江中游城市群发展规划》中提出了鼓励和支持三县建设次区域合作示范区的指导性意见。省级层面则在2021年的三省协同高质量发展座谈会上，签署了关于三县合作建设绿色发展先行区的战略框架协议。然而，在专项政策扶持如生态建设补偿、财政转移支付、基础设施互联互通、社会民生保障、项目资金支持、投资税收优惠等方面，尚未出台明确的具体政策，使先行区的建设在取得突破性进展方面面临一定困难。

3. 项目支撑不够有力

《长江中游三省"通平修"绿色发展先行区总体规划》尚未获得批准并正式颁布实施，导致相关的"通平修"绿色发展先行区建设项目库以及"五个一体化工程"的三年行动计划还未建立。这种情况不利于重大项目的策划、申报和实施，使"通平修"绿色发展先行区的建设进度相对滞后。为了加快"通平修"绿色发展先行区的建设，建议尽快推动总体规划的审批和实施，同时着手建立项目库和行动计划，为重大项目的策划和实施提供有力支撑。此外，三县也应加强沟通协调，积极争取国家和省级层面的政策支持，为先行区建设创造更加有利的条件。

4. 资金保障不足

"通平修"三县属湘鄂赣三省边区，亦属经济不发达地区，地方财政收入有限，难以支撑绿色发展先行区相关项目的配套资金投入，还需要争取上级部门的政策与资金支持，进一步加大对基层生态环境机构执法能力建设的支持力度，完善基层生态环境系统的经费保障机制，为构建高效协同的生态环境保护运行机制提供资金保障和支撑。

二 长三角生态绿色一体化发展示范区建设经验

长三角生态绿色一体化发展示范区是跨区域合作的典型创新示范区，在组织机构管理、业界共治模式、跨区域空间规划、财税分享机制、生态保护制度方面都积累了较好的经验模式。

（一）纵横联合：组建三层管理架构的决策执行体系

在垂直管理层面，政策文件对示范区的管理机构进行了细致的安排和实施。以《长江三角洲区域一体化发展规划纲要》为蓝本，《长三角生态绿色一体化发展示范区总体方案》明确提出：鼓励"两省一市"（即江苏省、浙江省和上海市）联合组建示范区理事会，并成立执行委员会，同时选拔具有丰富开发经验的市场化主体，共同出资成立示范区发展公司。在政府权力自上而下的推动下，示范区构建了以"理事会—执行委员会—发展公司"为核心的三层管理架构，为示范区的跨区域治理提供坚实的制度基础。

在水平协调层面，理事会和执行委员会都展现了高效的统筹协调能力。示范区理事会汇聚了"三级八方"的力量，包括省级和直辖市层面的江苏省、浙江省、上海市，地级市层面的苏州市、嘉兴市，以及县级层面的青浦区、吴江区、嘉善县，还有发展和改革、自然资源、生态环境等省级职能部门。理事会负责研究确定区域发展规划、改革事项和支持政策，并协调推进重大项目。在理事会的平台上，县级行政官员能够与省级行政官员平等对话，共同商讨区域发展大计，实现了政府间关系的纵横联合。

（二）业界共治：成立示范区开发者联盟

示范区开发者联盟是在示范区执行委员会的统一协调和指导下成立的。该联盟通过业界共治的方式，推动示范区建立新的工作机制，整合各方资源，以实现共同的发展目标。联盟的成立旨在汇聚各方智慧和力量，形成强大的发展合力。通过业界共治，联盟能够更好地协调各方利益，促进资源的优化配置，提高示范区的整体竞争力。同时，联盟也将积极探索新的发展模式，为示范区的可持续发展注入新的活力。该联盟的成立体现了三大创新职能。一是促进形成示范区开发建设的市场化运作机制。政府将示范区开发建设的职能移交给企业和市场，为社会资本深度参与示范区治理提供了一个广阔的平台，形成业界共治的良好局面。二是充分发挥企业在示范区建设中的自主性与积极性。示范区发展公司由三地同比例出资组建，负责基础性开发、重大设施建设和企业化运营。作为开发者联盟成员之一的三峡集团与示范区发展公司合资成立了水乡客厅开发建设有限公司，进一步推动项目实际运营与管理。三是有利于推动区域市场一体化的形成。开发者联盟的成立促进了跨区域要素流动与资源整合，是区域市场一体化的重要动力。

（三）先行先试：推进跨区域国土空间规划统筹

示范区以国土空间规划为核心，构建了一个统一的规划编制、联合审批和共同执行的管理体系。示范区在三个不同的层面（即示范区整体、先行启动区以及特色"水乡客厅"区域）进行了规划的编制工作。《长三角生态绿色一体化发展示范区国土空间总体规划（2019~2035年）》是我国首个跨省域共同编制的国土空间规划。为了推动规划的实施，示范区相继制定了先行启动区的国土空间总体规划与规划建设导则，该规划建设导则也是国内首个跨省域的规划建设标准。在重大项目规划方面，"水乡客厅"区域实现了规划设计和控制性详细规划的统一审批流程。此外，两省一市还联合编制了涉及生态环境、水利、供排水、产业发展、文化旅游等多个领域的专项规划，进一步扩大了统一规划与实施的创新应用范围，为示范区的协调发展提供了坚实的规划支撑。

（四）水陆并举：构建交通空间协调新格局

示范区的交通建设已经超越了基础的互联互通阶段，正迈向一个更高层次的绿色、集约、智能化发展阶段。由上海市交通委员会牵头，联合江苏省交通运输厅和浙江省交通运输厅共同编制的《长三角生态绿色一体化发展示范区综合交通专项规划》已于 2023 年 8 月正式对外发布。在该规划的指导下，示范区的交通建设实现了以下三个方面的创新实践。一是水陆并重。充分利用示范区内丰富的水资源和生态特色，注重环淀山湖和主要河道的蓝道系统建设，以及水上交通线路和绿道系统的规划与实施，体现了对生态绿色、水网密布、古镇云集资源特色的包容。二是统筹协调。通过统筹规划布局促进示范区及其周边区域交通设施的互联互通和运输服务整合。三是集约优化。提出了在改善路网连通性的同时，尽可能利用现有资源，集约化利用通道，并提出了"有限增量"策略，适度控制道路红线的扩展。这些创新实践不仅提升了示范区的交通建设水平，也为实现绿色、集约、智能化的交通发展目标奠定了坚实基础。

（五）利益共享：创新财税分享机制

创新财税合作机制一直是改革的难点和深水区。针对新设企业的税收跨地区分享问题，示范区执行委员会制定了跨区域财税分享的实施方案。该方案以土地、资本、人口等关键因素为基础指标，构建了一个共投共建共享的体系，并采用"共同账"管理模式，以实现示范区内财税权益的共享。共享的范围涵盖了青浦区、吴江区、嘉善县"水乡客厅"区域内新设立企业的税收收入中归属区（县）的部分，以及由两省一市三地政府或国有资本在示范区内主导出资成立的、从事跨区域相关工作并经执委会认定的企业或组织所产生的新增税收收入中归属区（县）的部分。该方案遵循"增量起步、资本纽带、要素分享、动态调整"的原则，在"水乡客厅"的开发建设、跨区域协同招商、跨区域企业迁移等方面明确了财税分享的具体路径。这些措施充分体现了"投入共担、利益共享"的原则，有效激发了各参与主体的协作动力，为推动区域协同发展提供了有力的财税支持。通过这些创新举措，示范区在财税合作机制上取得了重要突破，为跨区域一体化发展提供了坚实的财税保障，也为其他地区在财税合作机制创新方面提供了有益的借鉴和参考。

（六）生态共建：探索统一的生态环境保护制度

示范区聚焦生态环境标准、环境监测和环境监管执法三个维度，在"三统一"制度建设方面进行了富有开创意义的探索实践。一是建立"一套标准"制度，规范生态环境管理。示范区制定并发布了挥发性有机物走航监测、固定污染源废气现场监测、环境空气质量预报3项技术规范，为更有效地开展环境监测、执法提供了依据和支撑。二是建立"一张网"制度，统一生态环境质量监测。示范区针对生态系统的整体性，建立区域生态环境质量监测网络，形成层次丰富、覆盖重点、体系完善的统一生态环境监测制度。三是建立"一把尺"制度，加强生态环境有效监管。示范区组建跨区域生态环境联合执法队，率先探索跨行政区执法协作互认机制。

（七）绿核赋能：绿色发展与科技创新和谐共生

示范区通过环境"高颜值"吸引创新型科技企业落户投资，带来了经济"高价值"。高科技企业与创新中心纷纷在此布局，促进了绿色空间与产业科技创新融合发展，形成跨域科创发展的新典范。青浦区积极建设华为研发中心与西岑科创中心，打造华为全球创新基地。嘉善祥符荡创新中心致力于打造低碳环保的新标杆。吴江东太湖度假区布局创新产业集聚，依托中国工业互联网研究院江苏分院落户的示范带动，引进培育了4个国家级"双跨"平台，致力打造长三角数字经济工业互联网产业新高地。与此同时，示范区聚焦跨省域高新区建设，制订示范区跨省域高新区发展规划，建立跨省域协同运营机制，积极打造跨域科技创新和产业创新的共同体。

三　长三角生态绿色一体化发展示范区建设
对"通平修"绿色发展先行区的启示

以长三角生态绿色一体化发展示范区建设经验为借鉴，"通平修"绿色发展先行区可从以下几个方面加快步伐，推进三县合作进程。

（一）加快完善组织管理体系

完备的组织管理体系充分彰显了长三角生态绿色一体化发展示范区在制度顶层设计方面的前瞻性与实操性。在这一点上长江中游地区稍显不足，《长江中游城市群发展规划》与《长江中游城市群发展"十四五"实施方案》均未对三省合作组织机构如何建立与完善做出明确规划。但随着2021~2023年长江中游三省三次协同推进高质量发展座谈会的召开，其初步确立了三省主要领导座谈会和常务副省长联席会常态化工作机制，为"通平修"绿色发展先行区的合作机制建设奠定了一定的组织基础。未来可借鉴长三角生态绿色一体化发展示范区的组织模式，分四个层次完善"通平修"绿色发展先行区组织管理体系。一是建立先行区"三级九方"理事会，即三省省级三方、市级三方、县级三方政府层面，以及相关省级职能部门，开展重要决策的协商与制定。二是成立先行区执委会，长江中游三省协同发展联合办公室已于2021年揭牌成立，未来三省可以"通平修"绿色发展先行区重点合作事项为切入点，在各省市党政机关、各类国有企事业单位选聘工作人员，充实工作队伍，进一步明确与落实合作事项内容。三是以执委会为依托进一步完善工作机制，发挥高层牵头作用，建议建立湘鄂赣三省领导分别挂点联系"通平修"三县机制。四是在执委会的统筹指导下，成立相应的市场化运营主体，主导开发各类合作项目，使三省绿色协同发展真正走深走实。

（二）尽早启动空间规划编制工作

国土空间规划作为国家空间发展的指南、可持续发展的空间蓝图，是各类开发保护建设活动的基本依据。建议启动"通平修"绿色发展先行区空间规划的编制工作，借鉴长三角生态绿色一体化发展示范区经验，建立起"1+1+N"规划体系，以国土空间规划引领先行启动区国土空间规划，配套综合交通、生态、水利、产业发展等专项规划指导区域建设；同时建立统一编制、联合报批、共同实施的规划管理体制，包括跨省域规划技术标准统一机制、控制性详细规划联编联审。

（三）积极组建市场化投资运作平台

市场主体主导示范区开发建设是长三角生态绿色一体化发展示范区的重要特色经验，并形成了发展公司+开发者联盟的运营模式。发展公司实质是具有政策引导性质的投资运作平台。开发者联盟的成立让社会力量普遍参与到开发区建设中，形成业界共治局面。由发展公司与开发者联盟中适宜企业联合组建新公司来承担具体项目开发运营与管理，将充分发挥市场机制作用，促进跨区域协同发展。长江中游"通平修"绿色发展先行区可参考此运作模式，分两步走开展市场化运营：第一步，由长江中游三省政府同比例出资、同股同权成立先行区发展公司，该公司负责政策引导，选择符合先行区发展战略的投资开发项目，以及项目运营的监管与维护等；第二步，发展公司与具有项目开发与管理经验的公司（如长江生态环保集团等）合资组建新公司实施项目市场化运营与管理，后期根据参与企业的规模和数量可成立开发者联盟。

（四）以利益共享机制为突破口激发合作意愿

由于地理位置、行政区划以及各省市实际情况的差异，跨区域合作在体制机制上不可避免地会遇到挑战。长三角生态绿色一体化发展示范区通过推行八大领域的体制机制创新，有效应对了这些挑战。特别是跨区域的投入共担和利益共享的财税分享机制，极大地激发了区域内两区一县的协同发展动力，为跨区域一体化的可持续发展提供了重要支撑。对于长江中游的通城、平江、修水三县而言，尽管它们在经济交流方面有一定的基础，但大规模、有意识的企业间深度合作尚不多见。为了促进这些地区的经济合作与发展，可以借鉴长三角生态绿色一体化发展示范区的经验，以利益共享机制为切入点，建立跨区域的财税投入与分享机制。具体措施包括建立三省共同投入机制，共同出资设立绿色发展先行区投资开发基金，用于支持区域内的基础设施建设和产业发展。结合建设进程，实施财税分享机制。对于新设立企业产生的税收增量中属于地方收入的部分，实行跨地区分享。分享比例可以根据建设进程和实际情况的变化，在一定期限内进行调整。通过这些措施，可以促进三县之间的经济合作，实现资源共享和优势互补，推动区域经济的协调发展。同时，这也有助于构建一个公平合理的利益分配机制，激发各参与方的积极性，为长江中游地区的绿色发展和一体化建设提供有力支撑。

（五）积极争取创建国家绿色创新发展试验区

长三角生态绿色一体化发展示范区以绿色生态空间为基底，布局了一批创新型科研企业研发中心和科创中心，创建了全国首个跨省域高新技术产业开发区，实现了绿色生态与科技创新的融合联动发展。以此为借鉴，并结合自身实际，"通平修"绿色发展先行区应积极向上争取创建国家绿色创新发展试验区，当前可做好以下三个方面工作。一是做好先行区生态环境治理工作，积极推动三县共建"通平修"生态绿心，进一步夯实生态优势。可参考长三角生态绿色一体化发展示范区做法，建立统一的生态环境标准、环境监测和环境监管执法制度，切实保护和提升先行区的生态环境价值。支持通城推进陆水生态廊道建设，扎实开展水生态修复、水系连通、水源地建设体系保护等工作。二是争取三省科技创新资源，吸引高附加值科技型企业研发中心落地布局，以科技创新促进生态优势转化为经济价值。三是进一步探索跨区域生态产品价值实现路径，为积极向上争取绿色创新发展试验区奠定优势条件。

（六）以交通物流为突破口积极争取政策支持

交通物流互联互畅是资源要素跨区域流动与一体化发展的基础与关键。长三角生态绿色一体化发展示范区已从交通发展初期的路网互联阶段转向了追求交通集约、绿色、智慧发展的高级阶段。"通平修"绿色发展先行区的交通建设建议从以下几个方面突破。一是攻坚突破通城至修水高速公路（湖北段）、岳阳至咸宁至九江铁路、常德至岳阳至咸宁至南昌高铁等一批支撑性、牵引性强的标志性重大项目，向上争取支持 G353、G106 通城段和湘鄂赣三省交界区域省际出口路建设和规划用地指标，打造"通平修"1 小时快速交通圈。二是争取支持通城建设"通平修"边贸物流中心。争取支持通城新建城陵矶港保税区物流中心、三荷机场货运仓储中心。同时，支持通城县建设鄂湘赣（通城）边贸物流中心和冷链物流项目、无车承运人多式联运物流中心，主要承担仓储、物流加工、配送展销、其他配套等功能，形成三县边贸物流枢纽中心。

参考文献

姚清、毛春梅、丰智超：《跨界河流联合河长制形成机理与治理逻辑——以长三角生态绿色一体化发展示范区跨界水体联合治理为例》，《环境保护》2024 年第 1 期。

杨旭、高光涵：《跨域环境治理的组合式协同机制与运作逻辑——长三角生态绿色一体化示范区的个案研究》，《河海大学学报》（哲学社会科学版）2023 年第 5 期。

王汉超、巨云鹏：《跨区域一体化制度创新的试验田——长三角生态绿色一体化发展示范区观察》，《人民日报》2023 年 6 月 30 日。

焦永利、谭笔雨、刘斯琦等：《探索跨区域治理创新的中国方案：以长三角生态绿色一体化发展示范区为例》，《复旦城市治理评论》2022 年第 2 期。

陈琳、刘伟：《协同治理视角下的跨区域生态环境治理机制研究：以长三角生态绿色一体化发展示范区实践为例》，《空间与社会评论》2023 年第 2 期。

邢华、冯博：《区域协作治理中的领导力：一个动态分析框架——以长三角生态绿色一体化发展示范区为例》，《苏州大学学报》（哲学社会科学版）2024 年第 1 期。

沈洁：《长三角跨域生态协同治理及价值转化研究——以长三角生态绿色一体化发展示范区为例》，《江南论坛》2024 年第 3 期。

区域篇 ⟫

B.6

江西生态修复模式探索与对策建议

江西省社会科学院课题组*

摘　要：　随着全球环境问题日益严峻，生态修复作为恢复生态平衡、促进可持续发展的重要手段，其重要性日益凸显。党的二十届三中全会明确聚焦建设美丽中国，协同推进降碳、减污、扩绿、增长，健全生态环境治理体系，推进生态优先、节约集约、绿色低碳发展，促进人与自然和谐共生。江西是南方地区的重要生态屏障，是长江中下游的重要水源涵养区，江西加强生态保护与修复，应遵循因地因时制宜、分区分类施策原则，重点围绕长江岸线修复、鄱阳湖湿地保护、废弃矿山生态修复、南方丘陵生态修复，积极探索适宜的生态修复模式，对维护南方地区和长江流域的生态安全和经济社会可持续发展，推进人与自然和谐共生的现代化具有重要的意义。

关键词：　生态修复　可持续发展　江西

---

*　课题组成员：李志萌，江西省社会科学院发展战略研究所所长、二级研究员；王露瑶，江西省社会科学院发展战略研究所助理研究员；陈思怡，江西省社会科学院发展战略研究所助理研究员；吴若凝，南昌理工学院财经学院讲师。

习近平总书记指出，"要坚持山水林田湖草沙一体化保护和系统治理"，"因地因时制宜、分区分类施策，努力找到生态保护修复的最佳解决方案""加大生态系统保护力度，切实加强生态保护修复监管"。① 江西作为国家生态文明试验区，以机制创新、制度供给、模式探索为重点，着力推进生态系统保护修复。构建"一带、二核、三网、六区"生态修复格局，实施重要生态系统保护和修复重大工程。开展山水林田湖草沙一体化保护和修复，积极探索因时、因地制宜的生态修复模式，生态修复领域治理体系和治理能力现代化水平不断提升，生态系统多样性、稳定性、持续性明显改善。新征程上，江西要持续探索生态修复新模式，着力打造国家生态文明建设高地，为建设人与自然和谐共生的现代化做出新的更大贡献。

一　江西生态修复的基本情况

江西地处中亚热带暖湿季风区、长江中下游南岸，境内山川秀美、丘陵岗地遍布、河谷平原富饶、湖泊湿地众多，山、水、林、田、湖、草共同构成了全省生态系统的核心要素，在发布的《江西省"十四五"国土空间生态修复规划》指导下，依据"一带、二核、三网、六区"② 国土空间生态修复总体布局，聚焦生态、矿山、农业等方面存在的问题，形成生态修复类型和重点更加明确的格局。出台《关于开展市县级国土空间生态修复规划编制工作的通知》，各地区在此文件指引下正陆续出台本区域国土空间生态修复规划，全省生态修复迈上更加系统、更加全面的阶段，为美丽江西建设筑牢绿色本底。

---

① 《习近平在全国生态环保大会上强调：全面推进美丽中国建设 加快推进人与自然和谐共生的现代化》，新华社，2023 年 7 月 18 日。

② "一带"指长江干流生态岸线（江西段）；"二核"指鄱阳湖湿地与生物多样性保护修复核心区和赣南山地丘陵水源涵养保护修复核心区；"三网"指自然保护地网、交通干线生态防护带网（绿网）、"五河"干流生态缓冲带网（蓝网）；"六区"指六大综合分区，包括饶河流域矿山与农田生态修复区、抚河流域山水林田湖草沙一体化生态修复区、赣江中游山水林田湖草沙一体化生态修复区、修河流域自然生态空间保护与农业生态修复区、信江流域生物多样性保护与工矿治理生态修复区、赣西流域农村土地综合整治与城市工矿生态修复区。

（一）森林生态修复实现量质双升

通过持续实施国土绿化、森林质量提升等重大生态修复工程，江西省森林资源实现"量质双升"。20 世纪 80 年代初江西森林覆盖率仅为 32.7%，截至 2023 年底森林覆盖率高达 63.35%。以县域森林生态修复为重点，主要涉及南岭—罗霄山脉及武夷山西麓山脉的亚热带森林质量提升（见表 1）。森林生态修复载体增加，全省有 19 个县（市、区）开展国家森林城市建设，数量居全国前列。全省省级森林城市数量达到 78 个。新命名"江西省森林乡村"452 个、"江西省乡村森林公园"164 处。

表 1　江西森林生态修复县域分区

序号	名称	区域
1	南岭—罗霄山脉亚热带森林质量提升	龙南县、定南县、全南县、崇义县、上犹县、遂川县、井冈山市、永新县、莲花县、安福县、芦溪县、大余县、信丰县、分宜县
2	武夷山西麓山脉亚热带森林质量提升	石城县、广昌县、南城县、南丰县、黎川县、资溪县、金溪县、铅山县、贵溪市、上饶县、瑞金市、弋阳县

资料来源：根据《江西省"十四五"国土空间生态修复规划》整理。

（二）湿地生态修复探索市场多元化

江西是长江中游地区湿地资源最为丰富的省份之一，湿地保护率达到 61.99%。全面实行湿地占补平衡，深入实施湿地生态效益补偿等湿地保护修复项目，积极探索湿地修复市场化路径。如万年县积极开展湿地占补平衡指标申报登记与核算、展示与交易，建立湿地产权主体和投资主体"握手"机制，实现湿地生态修复生态价值与经济价值的双赢。开展湿地生态修复县域重点工程划定，主要集中在鄱阳湖湿地与生物多样性保护修复核心区，分为鄱阳湖北部和南部湿地生态修复，主要涉及修水县、都昌县、永修县、庐山市、共青城市、鄱阳县、进贤县、南昌县、余干县、铜鼓县 10 个县级单元。湿地分类管理初步建立。截至 2022 年底，已建立湿地类型及以湿地动植物为主要保护对象的自然保护区 23 处，其中国家级 2 处、省级 8 处、市县级 13 处，总面积达 26.83 万公顷。

（三）水域生态修复水质持续保持优良

江西坚持"三水统筹"，深化"三个治污"①，水环境保护持续改善。扎实推进长江经济带沿线县域"共抓大保护"。重点开展长江干流江西段—鄱阳湖入江口瑞昌县、湖口县、彭泽县沿湖沿岸河网水系连通、沿江沿岸重要山塘水库和水源地生境保护修复。长江九江段长江干流断面水质优良比例为 100%，水质达优；直入长江河流断面水质优良比例为 100%，水质也达优。开展重点流域保护修复，重点实施鄱阳湖（抚河流域）、怀玉山山地丘陵山水林田湖草沙一体化保护修复等 2 个项目，其中抚河流域涉及抚州 9 个县，怀玉山以德兴、浮梁、婺源等 3 县（市）为主，统筹开展山水林田湖草沙保护修复。

（四）矿山生态修复探索市场化运作

截至 2022 年底，江西全省已完成 7023 座废弃矿山生态修复，修复面积达 35.58 万亩，修复座数、面积均约占总数的 68%。聚焦南方丘陵区矿山生态修复。一是矿山修复规范化。在《江西省矿山生态修复与利用条例》的指导下，县域矿山修复管理正迈向企业主责、政府统筹、监管部门各司其职的监管体系。二是矿山修复逐步市场化。根据《关于鼓励和支持社会资本参与生态保护修复的实施意见》，积极鼓励和引导社会资本参与矿山生态修复，全省已批复 12 个生态修复试点县（市、区），9 个已确定市场化投资主体并签订协议，预计投入资金 26.1 亿元，修复面积达 4.05 万亩。此外，兴国县、永新县、横峰县按照"谁修复，谁受益"推进废弃矿山生态修复治理的市场化运作。其中，永新县以三湾乡废弃矿山为试点，将废弃矿山市场化治理融入当地红色文化资源开发，探索出废弃矿山生态修复"市场投入+系统治理+文旅融合"的"永新模式"。三是寻乌县废弃矿山治理由试点变

---

① "三水统筹"：水环境、水资源、水生态；"三个治污"：精准治污、科学治污、依法治污。

示范，探索出一条经济社会发展和生态文明建设相得益彰的新路径，修复模式成为全国废弃矿山治理典范。规划重点在赣江、抚河、信江、饶河、修河等长江生态经济带丘陵山区开展县域矿山生态修复治理和绿色矿山的建设（见表2）。

表 2　江西丘陵地区矿山生态修复县域分区

序号	名称	区域
1	长江岸线及鄱阳湖废弃矿山生态修复	进贤县、南昌县、都昌县、共青城市、湖口县、彭泽县、瑞昌市、庐山市、鄱阳县、余干县
2	修水流域废弃矿山生态修复	永修县、修水县、铜鼓县
3	信江流域废弃矿山生态修复	铅山县、弋阳县、玉山县、横峰县
4	赣江上游赣南废弃矿山生态修复	宁都县、瑞金市、兴国县、于都县、全南县、龙南县、信丰县、安远县
5	赣江中下游废弃矿山生态修复	井冈山市、永新县、安福县、芦溪县、莲花县
6	赣西流域工矿综合整治	樟树市、高安市、丰城市、上高县、万载县

资料来源：笔者根据公开资料整理。

（五）全域土地综合整治

江西开展全域土地综合整治试点，2021 年出台了《江西省自然资源厅关于开展全域土地综合整治试点工作的实施意见》，以全域土地综合整治为平台，着力解决乡村耕地碎片化、空间布局无序化、土地资源利用低效化、生态质量退化等问题，激活配优各类自然资源要素，强化耕地保护和土地节约集约利用，改善农村生态环境和人居环境，助推乡村振兴和生态文明建设。启动实施国家确定的南昌市安义县长均乡、九江市庐山市沙湖山管理处、景德镇市浮梁县寿安镇、萍乡市湘东区湘东镇、鹰潭市余江区马荃镇、赣州市兴国县东村乡、宜春市铜鼓县大塅镇、上饶市婺源县思口镇、吉安市泰和县灌溪镇等 20 个全域土地综合整治试点。统筹推进农用地整理、建设用地整理和乡村生态保护修复，促进现代农业发展，保障农村产业融合发展用地，推动实现生产、生活、生态空间格局更加优化。

二 江西生态修复典型案例

近年来，江西大力践行山水林田湖草沙生命共同体理念，把修复长江生态环境摆在压倒性位置，因地制宜探索生态修复模式，涌现出许多兼具生态、经济、社会效益的典型案例。

（一）九江长江岸线生态修复

九江作为长江经济带的重要节点城市，其长江岸线的生态环境质量直接关系到长江流域乃至全国的生态安全。通过关闭非法排污口、建设污水处理设施、实施雨污分流等措施，大幅削减污染物排放量，有效改善长江水质，部分区域水质已达到或优于地表水Ⅲ类标准，为水生生物提供了更适宜的生存环境。其主要做法和成效如下。

一是美化岸线景观。通过绿化造林、湿地恢复、岸线整治等手段，打造一批生态景观带，提升了城市形象，也为市民提供了休闲娱乐的好去处。二是加强崩岸应急治理。采取工程治理与生态修复相结合的方法，对17段总长65.4公里的崩岸区域进行应急治理，有效防止水土流失和生态环境恶化。三是推进水系连通与生态修复。通过清理河道淤积、建设生态堤防、恢复自然岸线等措施，增强水体自净能力，促进水生生态系统的恢复与重建。四是健全管理制度体系。建立健全生态保护的法律法规体系和管理制度，明确各级政府、企业和公众的责任和义务，加大生态环境监测和执法力度，确保各项生态修复措施得到有效落实。五是加强生态管护与制度保障。通过常态化的监测和管理，及时发现并解决生态环境问题，为九江长江岸线生态修复工作提供坚实的支撑。

（二）鄱阳湖湿地生态修复

鄱阳湖作为中国最大的淡水湖，是长江中游重要的生态屏障，其湿地生态系统的健康与否直接关系到区域乃至全球的生态安全。近年来，面对生态环境压力，江西鄱阳湖地区积极推进湿地生态修复工作，取得了显著成效。主要做法和成效如下。

一是实施植被修复。科学规划种植区域，大力实施植被修复工程，显著提高了湿地生态系统的稳定性和生物多样性。二是建设湿地公园。科学规划、合理布局，打造一批集生态保护、休闲旅游、科普教育于一体的湿地公园，带动周边地区经济发展，实现生态效益和经济效益双赢。三是提升监测科技支撑能力。利用现代科技手段，如遥感技术、无人机等进行全天候、全方位监测，及时掌握湿地生态状况，为生态修复提供科学依据，提高生态修复的针对性和有效性。四是完善生态补偿机制。通过政府购买服务等方式，对湿地保护做出贡献的单位和个人给予经济补偿，有效激发社会各界的参与热情，形成政府主导、社会参与的湿地保护良好氛围。五是提升湿地保护意识。通过举办湿地知识讲座、展览、公益活动等形式，开展湿地科普教育，提高公众的湿地保护意识，增强社会各界的责任感和使命感。六是健全生态司法保障。加强生态司法建设，建立健全湿地保护法律法规体系，严厉打击破坏湿地资源的违法犯罪行为，维护湿地生态系统的稳定和安全，保障湿地生态修复工作的顺利进行。

（三）寻乌县废弃矿山"生态修复+N"模式

寻乌县稀土资源富集，全县牢固树立"生态立县，绿色崛起"的发展战略，创新实践"三同治"① 模式，先后实施了以文峰乡石排、柯树塘、涵水和七𡎴石 4 个片区为核心的废弃矿山环境修复工程，投入 12 亿元对废弃稀土矿山进行全面治理修复。统筹推进废弃矿区的水域保护、矿山治理、土地整治、植被恢复，其修复模式也成为全国废弃矿山的治理典范。主要做法和成效如下。

一是加强顶层设计。成立山水林田湖草项目建设工作领导小组，高位推动，统筹推进治理工作，形成合力。二是优化制度保障。印发《寻乌县山

---

① "三同治"："山上山下、地上地下、流域上下游"。

水林田湖草生态保护修复项目实施方案》，保障废弃矿山治理项目的实施"有章可循"。三是加大整治考核力度。将环保工作纳入各乡镇和各责任单位的年度考核。在生态环境责任损害追究方面，坚持党政同责，权责一致，终身追究。四是全力做好资金保障。通过整合中央补助资金、稀土矿山地质环境治理示范工程项目资金等，积极引进社会资本，设立生态基金。五是创新治理模式。探索形成稀土矿山治理"三同治"模式，确保全流域稳定有效治理。寻乌县打破之前"九龙治水"式的治理格局，一体化推进"山水林田湖草路景村"等多要素整体修复、系统治理，并通过"生态+工业""生态+农业""生态+光伏"等方式，实现生态保护修复与经济社会发展的双赢。

（四）泰和县千烟洲生态修复与经济协同发展模式

20世纪80年代，泰和千烟洲通过植树造林等方式让荒野复绿，开创了闻名世界的"千烟洲模式"，被联合国授予"全球生态修复百佳"的称号。主要做法和成效如下。

一是仔细调查本底。对"丘上—缓坡—谷地—塘库"内每块可利用土地、空间逐块勘察，确认每个地块的土壤类型、土层厚度、坡度坡向等。二是制定科学、立体修复方案。在土层瘠薄的山丘上造林种草，在丘腰缓坡植果，在丘间筑坝蓄水养鱼并用于灌溉，形成丘地、河谷滩地种粮的立体布局，实现生态修复与经济协同发展。三是多元化生态价值转化。将单一的橘园改造成"四季果园"，拓宽百姓增收渠道。广泛推广泰和乌鸡林下生态养殖模式，提高林农的经济收益。积极拓展林下中药材种植、杂交构树等，生态价值转化的路径更加多元。四是探索打造"千烟洲"模式升级版本。以雁门水全流域联动发展为轴，上游生态涵养区发展生态康养，中游产业提升区发展特色种植，下游依托试验站搞科普研学。探索中国小流域山水林田湖草生命共同体建设的示范工程。通过"丘上林草丘间塘、河谷滩地果渔粮"的"千烟洲模式"，千烟洲的森林覆盖率高达70%。生物多样性得到有效恢复，农民收入稳步提高。

三 江西生态修复中存在的问题

江西在推进生态修复方面有不同的实践探索并取得较好成绩,但在系统性生态修复方面还存在一些不可忽视的问题。

(一)生态修复理念滞后

一是生态修复的重要性认识不够。一些地方政府和部门缺乏对生态环境修复重要性的认识,甚至认为生态环境修复要耗费大量的财政资金,会成为地方经济发展的"包袱",对于生态修复的重视性不够,主动性、积极性不强。二是生态修复缺乏系统性。一些地方政府对于生态修复缺乏系统性思维和长期性规划,缺乏统筹协调性,生态环境管理职能散,导致生态修复碎片化、简单化。三是敷衍式和过度修复现象并存。部分地区的生态修复存在一些重形式、走过场、被动治理、敷衍对待等现象。但也存在过于强调人工干预措施和恢复数量指标的情况,忽视了生态恢复与生态系统演变阶段及地域性适应性。

(二)生态修复主体责任落实不到位

一是生态修复的责任落实执行效果不佳。我国已经建立了领导干部环境保护责任离任审计制度和党政领导干部生态环境损害责任追究制度,但有些地方避重就轻、流于形式,导致部分领导干部在生态修复方面缺乏责任感、紧迫感。二是企业主体责任履行不够。由于环境污染事件的执法力度偏松偏软,企业的守法成本高、违法成本低,加之,环保设施升级改造费用高,一些大企业宁愿受罚也不愿意修复治理,违法违规、超标超量排污现象屡禁不止。三是大众生态环保意识和行为较弱。在生态修复过程中,大多数居民是被动接受生态环境保护的动员和监管,民众缺乏主动参与保护生态环境的自觉性和自主性。

(三)生态修复评估体系缺乏科学性

一是生态修复考核的时间指标不科学。生态系统的修复和重建都需要一定的时间，不同的生态系统类型所需要的时间也不同，有的生态系统甚至需要几十年才能恢复到顶级群落。部分生态保护和修复的考核指标缺乏对时间维度的考量，导致有些工程为快速满足数量指标，采用速生植物、引进外来物种等，还有的工程通过过度灌溉、施肥等人工辅助方式进行生态恢复。二是生态修复项目欠缺多功能目标。目前，大多数生态修复项目在大气、土壤、水质、防洪等方面具有较为明确的标准和考核目标，而在生物多样性及生态系统完整性等方面的考量不多。三是生态修复项目长期维护和管理。生态修复的维护和管理主要由项目建设单位负责，缺乏对其长期性的跟踪监测和评估，项目效果难以为继。另外，由于缺少社会公众的监督和反馈，项目的社会效应也往往大打折扣。

（四）生态修复保障力度不强

一是生态修复历史欠账多。受到过去高强度的国土开发建设及资源开发利用等影响，县域生态修复历史欠账还比较多。二是生态修复技术研究与应用水平较低。江西省矿山修复实践丰富，但有些县域矿山修复存在机械式"复制粘贴"的情况，缺乏地域特色和自然特性。在水环境综合治理过程中，违背自然规律使用混凝土抹平部分河道的河堤、河床。有的工程前期科学性论证不足，项目验收"以指标论完工""管种不管活"。三是生态修复的资金压力巨大。生态修复项目通常涉及较大的资金数额，生态修复项目有投资大、周期长、收益低的特点，社会资本在参与生态修复项目中存在一定的悲观情绪。

四　完善生态修复的对策建议

生态修复是系统工程，要不断完善和优化生态修复的管理体系、评价机制、科技支撑、参与主体、保障要素，形成全方位、多层次的生态修复体系，共同推动生态环境的持续改善和可持续发展。

（一）完善生态修复管理体系

一是强化责任意识，以系统性观念推进生态修复。山水林田湖草沙是生命共同体，要以"统筹发展与安全""人与自然和谐共生"为导向，坚持"谁破坏、谁治理"的原则，严格落实生态环境损害赔偿制度，持续压紧压实生态保护修复责任。对地方政府的生态修复绩效进行考核和奖励，严格落实生态环境损害责任追究制度，真正把生态环境治理责任落到实处。二是完善监管体系，构建协调联动生态修复格局。加强生态环境监督间的联动，将中央和地方生态保护监管、生态环境保护督察、生态环境执法进行联动，充分发挥综合执法效应。建立涉及生态环境、自然资源等多个部门，且职责清晰、条块明确的监管体系，强化部门间的协同和问题的移交报送，有效落实国家生态修复发展战略。三是优化治理模式，实现跨区域协同生态修复。建立生态修复信息共享平台，实现跨区域生态修复信息的实时共享和交流，提高生态修复工作的整体效能。

（二）优化生态修复治理评价机制

一是构建完善的生态修复质量体系。依托新印发的《区域生态质量评价办法（试行）》，着力构建针对生态修复质量状况的评价体系，定期开展监测评价，摸清江西省生态修复质量底数，绘就生态修复质量状况"一张图"。二是着力推动生态补偿机制落地见效。强化生态破坏问题发现能力，有效利用卫星遥感、无人机、大数据等先进数字化手段，及时、精准地发现生态破坏和"伪生态建设"问题。推进矿产资源开发生态修复补偿机制，研究制定科学的矿产资源开发生态修复补偿标准体系，强化矿山生态补偿基金使用状况监管，同时大力推进废弃矿山生态修复治理，确保矿山生态修复"不欠新账，多还旧账"。三是完善生态修复项目评估机制。建立生态修复项目评估制度，对项目的可行性、科学性、生态效益和社会效益进行全面评估，确保项目符合生态修复要求；探索建立生态修复项目监测监管平台，对中大型生态保护修复项目定期开展监测，掌握生态修复进展和成效，对实施项目的修复目标达成情况、修复过程的科学合理性、后期管护是否有效到位等方面进行全过程监管，并开展科学评估，确保项目按照规划要求实施。

（三）加强生态修复科技支撑

一是大力推进生态修复科学研究。强化对各类生态系统相互作用、演进历程、服务与功能、生物多样性等方面，尤其是江西省重点生态系统的演进规律和内在机理的研究；加强对本地区生态系统类型的调查，在尊重生态系统恢复的基础上，对生态系统的敏感空间和关键节点建立预警和识别机制，为江西省生态修复筑牢理论基础。二是加大生态修复技术创新支持力度。鼓励科研机构和企业开展生态修复技术研发，形成具有自主知识产权的生态修复技术体系；积极引进和推广国内外先进的生态修复技术和方法，提高生态修复效率和质量。三是探索建立生态修复标准化体系。在省级层面，研究制定生态修复系列标准和政策，对生态修复的各环节进行明确。编制生态修复技术规范和指南，引导生态修复项目根据生态系统特点和区域实际情况，确定修复目标、任务、时序和措施，确保生态修复工作科学、合理、有序、有效。

（四）加大生态修复保障力度

一是强化生态修复人才培养。积极开展相关技术人员的能力培训，确保人员队伍的能力素养符合实际工作需求；引入绩效考核制度，激发生态修复相关专业技术人才的积极性。二是拓宽融资渠道。鼓励完善多元化生态修复资金筹措机制，试点推广生态环境导向的开发（EOD）模式。通过 PPP 模式、生态补偿、绿色金融等方式，加强与金融机构的战略合作，拓宽资金来源渠道。三是加强法律保障和政策引导。完善生态修复相关法律法规体系，明确生态修复的责任主体、权利义务及违法处罚标准，为生态修复工作提供坚实的法律保障；出台一系列鼓励和支持生态修复的政策措施，如税收优惠、财政补贴、绿色金融等，降低生态修复成本，提高社会参与度。

（五）构建多方参与的生态修复格局

一是积极引导社会资本参与生态修复。鼓励和支持社会资本用好用活自然资源资产使用权、生态产品关联收益、碳汇交易等市场化支持政策，推进生态修复的价值性转化，构建由政府引导、市场运作、社会参与的生态修复新格局。二是引导当地生态产业融合发展。依托生态修复项目，充分挖掘区域生态资源优势，以生态修复为契机，大力发展生态农业、生态旅游等绿色产业，打造具有地方特色的生态产品品牌，提升区域竞争力，实现生态效益与经济效益的双赢。三是引导和鼓励社会公众参与生态修复。通过广播、电视、报纸、网络等多种媒体宣传普及生态知识，提高公众的生态保护意识；建立健全社区参与机制，鼓励社区居民积极参与生态修复工作，提高生态保护修复的认同感和责任感。

参考文献

李志萌：《绿色长江经济带：流域协调与共建共享》，社会科学文献出版社，2022。

徐向东：《持续推进生态保护和修复》，《经济日报》2022年9月22日。

单菁菁：《创新优化县域生态环境治理体系的关键点》，《国家治理》2022年第4期。

B.7
湖南打造国家重要先进制造业
高地路径与策略研究[*]

湖南省社会科学院（湖南省人民政府发展研究中心）课题组[**]

摘　要：　湖南省委十二届四次全会提出，大力推进国家重要先进制造业高地建设，加快构建富有湖南特色和优势的现代化产业体系。当前湖南制造业存在有"基础优势"缺"质量效益"、有"标杆行业"缺"竞争实力"、有"技术创新"缺"赋能发展"、有"主体存量"缺"头部引领"、有"环境优化"缺"成长氛围"等五大瓶颈制约。建议强化制造业"当家"理念，培育壮大先进制造业集群，坚持聚焦重点招大引强，坚持制造业产业融合发展，破除体制机制积弊，提升工业创新能力，做大制造业市场主体。

关键词：　国家先进制造业高地　融合发展　湖南

党的二十届三中全会明确：加快推进新型工业化，培育壮大先进制造业集群，推动制造业高端化、智能化、绿色化发展。2023 年 10 月，《中共湖南省委湖南省人民政府关于加快建设现代化产业体系的指导意见》提出，以先进制造业为主导，构建湖南现代化产业体系的"四梁八柱"。2023 年 12 月，中共中央政治局经济工作会议将"以科技创新引领现代化产业体系

---

[*] 本文系国家社科基金课题"新时代高质量发展的理论逻辑与实践向度研究"（项目编号：20BKS043）阶段性成果。

[**] 课题组组长：邓子纲，湖南省社会科学院（湖南省人民政府发展研究中心）产业经济研究所所长，研究员。成员：孙龙图、陈旺民、唐清、黄永忠、唐苗苗。

建设"列为 2024 年九项重点任务之首。课题组通过深入调研，综合分析优势与短板，提出了发展路径与策略。

一 湖南先进制造业的发展基础与瓶颈

目前，湖南走在推进新型工业化的前列，但对标广东、江苏以及中部兄弟省份，仍有较大发展空间。

（一）有"基础优势"缺"质量效益"

湖南先进制造业发展呈现全面推进、多点支撑的良好态势，但仍不够适应全球制造业深刻变化形势。2023 年前三季度，湖南工业增加值突破 13816.46 亿元，工业增加值总量仅高于山西和江西，低于河南、湖北、安徽。一是横向与其他省份相比，产出质量稍有逊色。截至 2023 年第三季度，第二产业占比在中部六省中排名最后，比江苏低 7 个百分点。二是纵向与自身内部相比，制造业增长趋势放缓。湖南工业增加值占 GDP 比重在 2011 年达最高峰 41.3%，但随后 9 年下降 12 个百分点。2023 年 1~11 月，湖南规模工业企业营收 3.18 万亿元，仅占全国水平的 2.65%。1~11 月实现规模工业制造业利润总额 1623.41 亿元，仅占全国水平的 3.18%，低于全国平均水平，制造业在全省经济中"不当家"。三是综合看要素保障水平，无法成为激发产业活力的"放大器"。用电、用能存在短板，火电装机占比仅 41%；省内矿石资源开发不完善，制约先进能源材料、有色、钢铁等产业转型；产业投资基金杂、乱、小，以投资入股为主，天使投资较少，导致企业早期无法获得扶持，难以越过"死亡谷"。

（二）有"标杆行业"缺"竞争实力"

目前，湖南已形成"4+6"产业集群的标杆产业布局，但湖南制造业大而不强，产业实力仍有不足。轨道交通、中小航空发动机、新一代自主安全计算系统 3 个国家先进制造业集群内龙头企业与全球行业巨头相比差距较大。一是路子窄，产品结构偏低端。2023 年在动力和工业母机领域优势不显，如发动机和金属切削机床产量分别仅占全国的 0.02%、1.07%。微型计算机设备产量占全国的 0.4%，与 2022 年相比有所下滑。二是协同差，产业融合度不高。产业集群配套率低，工程机械产业集群就近配套率仅为32.2%，低于国际平均水平（40%），电子信息、新材料等优势产业本土配套率尚不足 30%；智能网联汽车和智慧交通产业仍"各自为政"，未从全局统筹产业布局和资源利用；先进能源材料集群锂矿资源主要依赖外购，产业链韧性和安全保障性不足，本土企业控制和获得锂矿资源比例明显偏低，资源和利润外溢，环境治理形势日益严峻，无法形成良性闭环，严重制约本土企业全产业链构建。三是底子薄，产业竞争底气不足。2023 年高技术制造业增加值占规模工业增加值比重为 13.5%，低于全国平均水平，产业核心竞争力较差。

（三）有"技术创新"缺"赋能发展"

湖南制造业科创领域取得一系列重大突破，但与先进省份相比，在关键核心技术、研发平台能级、研发成果转化等方面仍有不小差距。2020~2022 年，湖南国家级重点实验室等 8 类创新平台由 1225 个增至1369 个，2023 年"十大技术攻关项目"新突破关键核心技术 13 项，但关键技术"卡脖子"问题仍然突出。一是产业升级技术存在"卡点"。在高端芯片制造、高端医疗器械等领域及工业软件等"五基"、工业母机等"五个环节"存在明显短板。2023 年 1~10 月，湖南省高技术制造业增加值占规模工业的比重为 12.8%，二是研发投入存在"痛点"。2022 年湖南 R&D 经费投入总额约为广东省的 1/4、江苏省的 1/3，排中部六省第 2 位，但增速与安徽比相差较大。三是科技转化存在"堵点"，成果转化效率不高。2023 年 1~10 月，在湘高校、科研院所经认定登记技术合同在本省转化占比虽超 50%，29 所省属公办本科院校仅有 10 所建有资产管理公司，企业孵化器数量仅排全国第 17 位，国家大学科技园仅 3 家，落后于湖北、江西。

（四）有"主体存量"缺"头部引领"

湖南全省规模工业企业日益壮大，但与先进省份相比，规模质量仍有待提升。截至 2023 年第三季度，湖南现有市场主体 696.35 万家，制造业单项冠军 48 家，列全国第 6 位、中部第 1 位，但湖南企业多而不强，大项目不足，缺少"尖子生"。一是市场主体缺乏产业"龙头老大"。从千亿企业看，湖南有 4 家制造业千亿企业，数量排中部第 3 位，比河南、安徽分别少 16 家、6 家。2023 年，湖南只有湖南钢铁等 2 家企业进入《财富》世界 500 强，与湖北相差甚远。5 家企业上榜 2023 中国企业 500 强，较 2022 年减少一家。二是项目引领缺乏"立足根基"。目前，湖南单体投资金额最大的产业项目是岳阳百万吨乙烯炼化一体化项目，除此之外百亿元以上投资项目很少。而部分省份百亿元以上产业项目数量超过 100 个，大批巨额投资产业项目即将落地。三是主体数量无法"遥遥领先"。2022 年湖南制造业企业法人数 8.15 万个，远低于广东、江苏，在中部六省中仅高于山西，仅为河南的 43.5%。

（五）有"环境优化"缺"成长氛围"

2023 年万家民营企业评营商环境结果显示，湖南营商环境居全国第 9 位、中部第 2 位，长沙居省会及副省级城市第 7 位、中部第 2 位，但营商环境建设仍任重道远。一是政策环境"自缚手脚"。湖南钢铁、石化等传统产业增长潜力足，但政策支持不够细化、环保规定过于刚性、园区管理立法滞后等，导致化工园区等认定审批周期长。已认定化工园区整改压力大等，使传统产业产能难扩充、项目难落地、效益难扩大。二是开放环境"疲软乏力"。出口产品仍以传统劳动密集型产品为主，2023 年上半年，湖南劳动密集型产品出口占比 20.3%，高于全国平均水平 3.1 个百分点。湖南工程机械产业出口 183 亿元，仅为第 1 名江苏的 35.1%；轨道交通装备产业集群 2022 年产值达 1318 亿元，出口仅有 6.3 亿元。湖南千亿级产业中，大多相关产业外向度均未超过 20%。三是创新环境"支撑不足"。国家实验室、大科学装置亟待"破零"，高层次产学研用一体化创新平台对创新支撑不足。

很多园区还停留在拼政策、拼补贴的初级发展阶段，对高科技企业吸引力不强。

二 湖南打造国家先进制造业高地的路径与策略

习近平总书记在全国新型工业化推进大会上强调，要深刻把握新时代新征程推进新型工业化的基本规律，积极主动适应和引领新一轮科技革命和产业变革，把高质量发展的要求贯穿新型工业化全过程。[①] 深入贯彻落实 2023 年 11 月湖南省新型工业化推进大会的部署要求，实现 2027 年制造业比重达到 30% 的目标，就必须牢牢把握制造业"当家"理念，以智能化、绿色化、融合化为发展方向，推动先进制造业规模不断扩大、技术水平不断提升、国际竞争力不断提高。

（一）强化制造业"当家"理念

一是推进各种要素优先向制造业倾斜。实施全要素产业体系建设，努力构建有利于先进制造业高质量发展的良好生态。聚焦构建"4×4"现代化产业体系，推动省级引导基金集中投向新型工业化主战场。设立由一批母基金和若干子基金组成的制造业"基金丛林"，采取股权投资方式，针对湖南先进制造业企业在不同发展阶段的需求，优先支持竞争优势和业务增速明显、商业模式和盈利模式清晰的种子企业。持续推动企业上市"金芙蓉"跃进行动，促进金融产品创新，积极发展供应链金融、绿色金融、科创金融、普惠金融、天使基金、种子基金等全产品金融服务，丰富支持制造业中长期金融产品，畅通制造业融资渠道。

二是建好人才"蓄水池"。实施卓越博士后资助计划，推进企业博士后"即时备案制"设站改革，每年面向湖南省先进制造业产业集群，重点支持产

---

① 《习近平就推进新型工业化作出重要指示强调：把高质量发展的要求贯穿新型工业化全过程　为中国式现代化构筑强大物质技术基础》，新华社，2023 年 9 月 23 日。

业附着能力强、科技含量高的博士后项目，引导博士后人才从"实验室"走向"经济场"。造就更多高技能人才和大国工匠，加强企业新型学徒制培训，引导深度参与"双师制"职业教育培养培训，落实"新八级工"制度。借鉴江苏经验，打造数字经济工程师队伍，在工程系列职称中新增和试点数字经济职称评价，把"惟楚有材"的广泛影响力变成"人才兴湘"的现实生产力。

三是培育造就党政产业人才队伍。完善新型工业化统计评价考核指标体系，建立健全激励约束机制，强化跟踪问效，确保新型工业化工作不折不扣落到实处。建立新兴产业增长点评价机制，每年评选表彰优秀制造业企业及企业家、优秀重大制造业项目、优秀制造业创新成果以及服务制造业发展优秀干部。推动领导干部下现场、下车间，将自身重点工作与产业发展牢牢联系在一起。有计划、有针对性地选拔懂科技、懂产业、懂资本、懂市场、懂管理的优秀干部到工业战线锤炼打拼，每年从制造业企业、高校、科研院所选拔一批高素质人才派往市县及园区任职挂职。建议向湖南省14个市州选派"工业副市长"，专门负责制造业高质量发展工作。以扩大产能为核心观念，强化现代石化等传统产业的政策引导。完善容错纠错机制，制定重大工作容错条件、实施程序和结果运用办法，对在改革探索、促进产业发展中的失误错误和无意过失，按照"三个区分开来"予以容错免责。

（二）培育壮大先进制造业集群

一是做强"4+6"优势产业集群。推动"4"大国家先进制造业集群跻身世界先进产业集群行列，全力提升价值链，发挥长板优势，推进主营业务转型升级，将产品向港口装备、风电、整车制造、航空运营等价值高的领域延伸，加强集群协同发展。推动"6"大省级优势产业集群创建国家先进制造业集群，做实一批重大产业项目，实施长沙比亚迪、湘潭吉利商用车等一批重点项目，进一步推动岳阳石化、衡阳盐化工等产业基地建设；聚焦最新产业前沿，瞄准新能源及智能网联汽车、新型能源与电力装备、环境治理技术及应用、先进储能材料及动力电池等方向进行攻坚。

二是深入实施"智赋万企"行动。推进数字经济与实体经济深度融合，优化数据中心布局，深化算网一体融合，强化通信网络供给，加快工业园区等重点区域 5G 网络的深度覆盖。着力打造企业、行业和园区标杆，完善链主、链长、链生态的"三链"赋能，以更大力度统筹通用数据中心、超算中心、智能计算中心、边缘数据中心等合理梯次布局。

三是加快培育新兴产业。实施战略性新兴产业培育行动，积极推动新一代半导体、软件及信息服务、新型显示、音视频、新型智能终端、海洋工程装备、工业母机、新能源与节能环保等新兴产业发展壮大，实现新兴产业产值总量规模不断跃升、龙头企业数量倍增。

四是前瞻布局未来产业。谋划布局量子信息、人工智能、元宇宙、智能机器人、3D 打印、前沿材料、先进氢能、生物技术等未来产业，抢占未来科技革命和产业变革制高点。全面拓展北斗应用领域和规模，将湖南打造成为全国北斗技术创新引领区、北斗规模应用示范区、北斗产业高质量发展集聚区。

（三）坚持聚焦重点招大引强

一是拓展海外"朋友圈"，打开先进制造业海外市场。发挥超大规模市场和强大生产能力的优势，对标国际高标准经贸规则，着力解决数据跨境流动、平等参与政府采购等问题，提升湖南产业国际循环质量和水平。建立"走出去"企业联盟，推动单一企业"走出去"向产业链"走出去"转变。持续打造市场化、法治化、国际化一流营商环境，打造"投资湖南"营商环境品牌。

二是主动加强对接协作，加快招商引资步伐。健全央企与湘企深度合作机制，谋划引进重大战略性引领性产业项目，列出"引进央企总部决战进度表"。围绕国家重大产业布局抓引进，建立"两图两库两队三池"，开展"双招双引"，协调引进中国电子等电子头部整机企业和比亚迪等汽车头部整车企业。强化省内药品、医疗器械企业与湘雅医院等省内医疗机构对接合作，提高本土药品和医疗器械在湖南应用比例。

三是尽快扩能一批项目，打造先进制造业坚实支撑。实施"三改两扩"

行动，通过重大项目奖励、资源要素优先保障等专项政策措施，通过股权投资等形式，规划建设一批竞争力强的重大项目。探索"技术输出+地方合作"模式，推动中车时代半导体等大项目再布局生产线，加快做大规模，形成头部引领优势。

（四）坚持制造业产业融合发展

一是促进产业各方面贯通融合。一方面，促进产业链上下游贯通。现代钢铁产业抓好硅钢全产业链发展，引进广州中天电机、广东中创电机等制造业企业，降低企业物流成本，形成硅钢上下游生产闭环，实现产值倍增。支持三一、比亚迪、华为等在湘龙头企业深耕主业、做大存量，招引产业链上下游企业和配套企业落地。另一方面，推动现代服务业与先进制造业深度融合。扎实推进全域低空空域管理改革试点，有序推进通用航空机场建设，加快推动通航制造、通航服务产业发展。推广医药审评核查入园服务，强化药品药械产品设计、检验、包装、灭菌等公共服务平台建设。

二是当好"调度员"，握紧数字化、绿色化两把"金钥匙"。推动数字湖南十大应用场景赋能产业成长，提高湖南制造的"含智量""含金量"。推动产业结构绿色化、生产制造绿色化、资源利用绿色化。依托湖南建工、三一筑工在绿色智能建造上的先发优势，选择模数化、标准化程度高和个性化要求较低的建筑类别实施分类推进。

（五）破除体制机制积弊

一是当好"五好"园区改革的"引导员"。坚持以"五好"园区建设加快先进制造业集聚，强化国家级园区"两主一特"、省级园区"一主一特"的先进制造业导向，打造推进新型工业化的"样板区""引领区"。进一步提升园区的经济贡献度、产业集聚度，增强园区防范风险、服务保障、绿色发展能力，在创新发展、产业升级、发展环境、效率效能、统筹发展上示范引领。

二是建立高位推动工作机制的"强引擎"。制造强省建设领导小组要健全推进机制，定期研究解决重点难点问题。湖南各地各部门要各负其责、通力协作，形成党委（党组）统一领导、政府负责落实、企业发挥主体作用、社会力量广泛参与的工作格局。借鉴广东、浙江等地经验，优化动漫游戏等文化创意领域审批流程，提高审批效率，强化知识产权保护和对原创精品引导支持。

三是打造产业开拓发展的"活水源"。完善产业集群培育机制，在企业数字化、智能化改造方面，采取"首违不罚""轻微不罚"等宽容型行政，对专利成果转化等采取鼓励型行政，对质量、安全等法规标准采取严格型行政，加快淘汰制造业落后产能。打造"一谷两地"，发展人工智能等产业，加快 AI 算力等关键基础设施建设，开放行业应用场景，量身定制支持政策。

（六）提升工业创新能力

一是从延链补链强链挖掘"火种"。分行业做好产业链供应链设计和精准施策，推广实施"链长制"，推动产业链补链延链强链。培育壮大一批"链主"企业，发挥"链主"企业的引领与整合作用，大力推进工程机械、轨道交通、中小航空发动机、新能源汽车等优势产业上下游延伸配套、贯通融合，打造"链主企业+配套企业"生态圈。推动石化产业等重点产业向下游延伸，以负荷低、价值高为原则，重点发展高端合成材料、高分子材料、盐基化工、精细化工、农用化学品，推动石化行业上规模上水平。

二是从科技创新中挖掘"火种"。加强应用基础研究和前沿研究，重点突破基因和干细胞技术应用、量子时间测量、量子重力测量、液态金属、金属纳米材料、非金属低维材料、超导材料等一批未来产业关键技术。构建协同高效的区域创新体系，提升原始创新能力，推进长株潭国家自主创新示范区提质升级，提升创新平台能级和承载能力。加快推进长沙全球研发中心城市、湘江科学城建设，积极推动"四大实验室"实体化运行，大力推进"四个重大科学装置"建设，推动工程机械、新一代自主安全计算系统争创国家制造业创新中心，积极争取国家实验室、重大科学装置、国家大院大所、重点科技项目落户湖南。积极探索企业与高校、科研院所联合攻关模式，以科技创新推动产业创新发展新质生产力。

三是从细分领域中挖掘"火种"。充分发挥科技创新在新一代信息技术、人工智能、生物技术、新能源、新材料、高端装备、绿色环保等新增长引擎的引领作用，挖掘经济增长点。重点聚焦国铁、城轨、磁浮、智轨"四轨一体"及智慧农机、应急装备、先进计算、人工智能、美妆品及医疗美容、珠宝首饰等新兴发展领域，采用"产品+"后服务市场，"系统+"海外市场等模式助推产业发展尽快转型升级。

（七）做大制造业市场主体

一是坚持"龙头引领"，巩固发展传统龙头企业。聚焦培育新兴行业龙头，推动市场主体"转企升规"。支持湖南裕能、中电星河、旗滨集团、蓝思科技等在湘龙头企业就地转型升级扩能，增强企业根植性，形成新经济增长点。加大企业上市和上市公司增发融资支持力度，通过资本市场引资金、引技术、引人才。大力实施"金芙蓉"跃升行动计划，发挥股交所企业上市孵化港和"加速器"的作用。

二是厚植"中流砥柱"，打造专精特新坚实"中坚力量"。鼓励引导企业专注于细分产品市场，重点加强对关键基础材料、核心零部件、专用高端产品等稀缺细分产品的研发、设计与生产，培育一批"单项冠军""瞪羚""独角兽"企业。鼓励单项冠军企业围绕细分产品市场加大对新产品的研发投入，积极推进先进设计理念、生产技术等运用，持续巩固产品市场份额，保持领跑领先地位。

三是"坚固底盘"，做实做透现代企业体系。围绕供应链整合、创新能力共享、数据应用等当前产业发展关键环节，推广资源开放、能力共享等协同机制。推进大中小企业融通型创新创业特色载体建设。推动"个转企、小升规、规转股、股上市"。围绕湖南三安、长沙惠科等已落地重大项目，采取"一企一策"方式，支持企业拓展市场、积极布局新的项目，引育配套企业，实现"一企带一链"。重点支持湖南有发展前景的千亿企业、百亿企业做强做大，稳步提升要素吸附力、市场竞争力。

B.8
推动湖南先进能源材料产业集群
加快跻身"国家队"的对策建议[*]

湖南省社会科学院（湖南省人民政府发展研究中心）课题组[**]

摘　要： 先进能源材料对我国新能源与储能事业发展具有重要先导性、战略牵引性作用。现阶段，湖南省先进能源材料产业集群产业总体发展"蹄疾步稳"、产品技术布局"渐入佳境"、产业配套体系"扎实稳固"、产业环境生态"日新月异"，但仍面临产业各环节难以实现"合作共赢"、难以迈出提质增效"关键一步"、产业壮大缺少"源头活水"等瓶颈制约。建议在要素支撑保障中构建产业"良性闭环"，在培育优质市场主体中打造产业"活力源泉"，在优化融资手段、加速技术攻坚中勾勒产业环境"生态圈"，在提质升级、延链补链中打造集群"共同体"，在前瞻布局高端产业中汇聚先进能源材料产业"强引擎"。

关键词： 先进能源材料产业集群　生态构建　湖南

先进能源材料作为新材料的重要组成部分，是新能源开发利用的物质基础，对我国新能源与储能事业发展具有重要先导性、战略牵引性作用。为贯彻落实习近平总书记关于发展战略性新兴产业系列重要讲话和2024年中央经济工作会议精神，按照湖南省委十二届四次、五次全会精神，尽快推动湖

---

* 本文系国家社科基金课题"新时代高质量发展的理论逻辑与实践向度研究"（项目编号：20BKS043）、湖南省软科学重点课题"'十五五'全球科技前沿发展趋势跟踪分析及湖南前瞻布局研究"（项目编号：2024ZL2007）、湖南省社会科学院重点课题"高质量发展阶段湖南文化创意产业集群发展研究"（项目编号：18WCB01）阶段性成果。

** 课题组成员：邓子纲、刘亚威、舒隽、陈旺民、唐清、孙龙图、曹前满。执笔人：邓子纲，湖南省社会科学院（湖南省人民政府发展研究中心）产业经济研究所所长，研究员。

南省先进能源材料产业集群跻身"国家队"、迈入世界级先进制造业集群行列,湖南省社会科学院(湖南省人民政府发展研究中心)赴深圳、江西(宜春)及长株潭郴等地深入调研,通过综合分析研判,提出了疏解"三大痛点"、锚定"五大方向",进一步精准施策、协同发力,以推动湖南省先进能源材料产业集群加快跻身"国家队"的对策建议。

一 产业集群发展势头迅猛,基础较好

先进能源材料是包括锂离子电池材料、镍氢电池材料、太阳能电池材料、氢能及燃料电池材料、风电转换材料等在内的实现能源转化利用、发展新能源技术的关键材料。经过 20 多年发展,湖南省先进能源材料产业已具备雄厚基础和坚实底蕴,形成了以储能材料为核心的产业集群,日益成为湖南经济增长的"中流砥柱"。

(一)产业总体发展"蹄疾步稳"

1.规模大,产业"实力强"

2022 年,全省新能源装备及先进能源材料产业集群营收 3753 亿元。其中,新能源装备营收 2693 亿元,占全国新能源装备营收 10.36 万亿元的2.6%,先进能源材料营收 1060 亿元,居中部第 1 位。

2.主体多,市场"活力旺"

集群拥有企业 460 余家,其中,高新技术企业 310 家,规上企业 295家,百亿级龙头企业 6 家,中伟股份等 5 家企业入选"2023 福布斯中国锂电产业链 TOP100"。国家专精特新"小巨人"企业 47 家,省级单项冠军企业 25 家,省级专精特新"小巨人"企业 127 家。

3.效果佳,绿电"转型好"

近年来,湖南深入推动能源结构转型,强化绿色低碳技术创新,构建清洁低碳安全高效的能源体系,风电、光伏等新能源正加快成为电力装机和消费的主体。

（二）产品技术布局"渐入佳境"

1. 优势产品竞争力强

湖南省拥有国家级制造业单项冠军产品 10 个，在储能正极材料、风力发电设备、光伏电池及组件生产装备、特高压变压器等领域具有竞争优势，前驱体生产规模全球第一，正极材料产能规模行业第一。

2. 技术攻坚硕果累累

集群依托国家级技术创新平台，在国家重大项目支持下，突破了一批先进能源材料领域的核心、关键共性技术，瞄准前沿技术高端领域，提前布局固态电池、钙钛矿太阳能电池等领域，承担相关国家课题 82 项，其中已完成 52 项，正在进行 30 项。

3. 空间布局协调有序

先进能源材料集群逐步形成了"一核多点"的空间布局，相关企业主要分布于湘江新区统筹范围的宁乡高新区、长沙高新区和宁乡经开区，以及株洲、湘潭、常德等地，产业集聚已经形成并持续强化。永州、郴州等地的工业园区所承接的粤港澳大湾区的储能材料产业也各具特色。

（三）产业配套体系"扎实稳固"

1. 原材料来源充沛丰裕

据调查，湖南省氧化锂总资源储量位列全国第五。自 2022 年以来，在郴州临武等地陆续发现了含锂矿产资源，初步测算氧化锂储量超过 500 万吨，具有规模化产业化的基础，可为先进能源材料产业提供生产原材料。

2. 本土配套率逐渐攀升

企业间协作配套较为齐全且分工明确，前驱体材料、电解液、隔膜、正极材料生产装备本地配套率超过 80%；镍氢电池本地配套率在 60% 以上，储能材料工程设计、咨询服务本地配套率超过 85%，定向循环退役废旧电池本地回收率超 90%。

3. 产业链闭环渐成体系

集群形成上游工程设计及装备、原材料生产，中游风电、光伏、氢能、先进储能材料及关键器件制造，下游电池、新能源车辆及储能系统等应用端，以及循环端退役电池梯次利用与资源循环再生的全产业链闭环体系，吸引了国内产业链上下游共计2000余家企业融入分工体系，使产业发展环境日臻完善。

（四）产业环境生态"日新月异"

1. 创新环境"别创一格"

依托工程机械、汽车、光伏、风电装备等应用端产业优势，集群加强与湖南新能源产业协会、长沙工程机械行业协会等组织合作，培育应用场景，打造区域内循环协同创新发展生态。集群建有世界一流的特高压变压器工程技术研究中心、海上风力发电装备与风能高效利用全国重点实验室等国家级技术平台35家。

2. 开放环境"多点开花"

集群拥有湖南省智能电力装备产业国际科技合作基地、国际项目培训平台、国际市场抱团合作载体等国家开放合作平台，建有20个海外办事处，输出技术、产品至近百个国家，创新"海外网点共建+海外人才培养+出海品牌共推+出海资源共享"模式。

3. 政策环境不断优化

出台《湖南省"十四五"可再生能源发展规划》，支持建设一批集中式电化学储能电站，探索开展其他形式储能示范。截至2023年上半年，湖南省储能装机达到380万千瓦，湖南新型储能新增规模居全国第一位，占全国新增装机水平的1/4，累计装机规模排名全国第二。

二 喜中有忧，推进产业集群提质增效 仍需疏解"三大痛点"

虽然湖南省先进能源材料产业已具备良好基础，但距离跻身"国家队"

仍有差距,主要表现为要素保障能力不足、产业链亟待完善、产业服务水平有待提升。

(一)要素保障能力不足,产业各环节难以实现"合作共赢"

湖南省虽是锂矿资源大户,但未能在全省先进能源材料产业供应链中占据主导地位,产业链的韧性不足,供应链安全难以完全保障。

1. 原材料供应本土化率不足,经营发展成本攀升

湖南省锂矿资源本土企业控制和获得比例明显偏低,部分矿产资源被省外企业控制,导致资源和利润外溢,部分企业"炒矿"行为也严重制约全产业链构建。调研发现,目前湖南省原料配套率仅为10%左右,湖南裕能等一批龙头企业主要锂矿资源依赖从江西宜丰外购,而相比之下江西锂矿电池原料配套率已达近100%。

2. 关键核心部件受制于人,产业链条难以延拓

先进能源材料产业生产设备和检测仪器主要依赖进口,关键核心设备、核心零部件仍以进口为主,相较之下,湖北电池材料产业配套率已达80%。中车株洲所储能系统电池部分采购自厦门海辰的锂电池,省内无法形成很好的产业链协同。

3. 产业配套成长乏力,迭代升级步伐放缓

湖南省矿业产业对电池产业的高加工、高技术等生产协作和产品配套能力弱,且未充分发展与正极材料产能相配套的电芯及电池产业。调研发现,湖南省锂电电芯已建成,产能不足20GWh,2022年产量不到15GWh,约占全国的0.02%,已成为制约产业发展能级跃升的关键堵点。

(二)产业链亟待完善,难以迈出提质增效"关键一步"

多数先进能源材料企业原创性成果和颠覆性产品较少,挤在传统发展模式赛道,导致发展不平衡不充分。

1. 产业前后端布局不合理,传统产品仍占主导地位

产业前端的过分拥挤加剧了产能过剩的风险,据EVTank统计,2023年

上半年我国动力电池累计产量293.6GWh，但同期动力电池累计装车量仅为152.1GWh，产能难以完全消化。湖南省储能产业链主要集中在正负极与电解液的前端，在后端电芯与电池组装上存在薄弱环节，后端企业占比仅为40%，而江西与湖北可达80%以上；湖南省集群生产成本占整条产业链价值的60%，却仅获得45%的利润。

2. 产业上下游间布局不平衡，产业抗风险能力较差

据长远锂科等企业反映，产业上游受碳酸锂波动影响，下游受制于电池制造企业，产业发展韧性不足。2023年上半年受部分正极材料产品价格下降60%（磷酸铁锂价格下降了62.96%）等因素影响，集群头部企业净利润下滑50%以上，效益下滑明显。宁乡经开区等园区反映四氧化三钴价格下降60%以上，造成中伟新能源、雅城新能源等重点企业2023年上半年产值分别下降9.6%、22.2%。

3. 产业集聚效应未能释放，融合发展仍有障碍

新能源资源分布与负荷极不平衡，风电、光伏等资源主要集中在湘西南等偏远地区，负荷主要集中在长株潭地区。材料研发主要以性能为导向，与省内工程机械、轨道交通等优势产业匹配度不高，集群与其他产业发展有所割裂。

（三）产业服务水平不高，产业壮大缺少"源头活水"

人才、土地、资金、用能等产业配套服务还存在短板，成为制约集群持续健康增长的"拦路虎"。

1. 在用地用能保障上资源相对匮乏

集群内缺少发展用地空间，如长沙经开区未来十年新增开发边界仅10平方公里，长沙中伟新能源等项目1000亩工业用地需求难以满足。在用能上，湖南工业电价不具备优势，导致湖南裕能等龙头企业陆续把生产部门搬离湖南，在贵州与广西分别设立磷酸铁锂生产线。

2. 在集群经费管理上存在漏洞

据研究机构PitchBook数据，预计到2025年先进能源材料产业市场规模将超过 3.6 万亿美元。然而，湖南省政策主要集中于对发电成本的支持，未能提供电网配套设备专项成本补贴。省新材料协会目前只能靠收取会费维持运转，难以发挥职能作用。一些园区反映产业母基金支持缺失，导致其在项目招引竞争上存在经费上的劣势。同时，部分企业存在通过不正当手段获取经费补贴的行为，造成补贴资金流失。

3. 在人才与政策支持上存在短板弱项

湖南省先进能源材料专家被广东、湖北等地吸引，湖南省目前该领域两院院士 4 名，而广东、湖北分别为 7 名、5 名。在行政审批上，湖南省关于光伏用地、用林具体政策的缺失，导致产能发展受阻。省内相关规划等文件在政策支持力度上与广东、湖北等省份有差距。

三 锚定五大方向，擘画先进能源材料 产业集群"宏伟蓝图"

坚持聚焦打造产业集群建设主抓手，加快推动产业集群发展向效率化、创新化、品牌化转变，真正把先进能源材料产业集群建设成为湖南省"4×4现代化产业体系"的"新增长极"。

（一）以"能源保障"为出发点，在要素支撑保障中构建产业"良性闭环"

1. 掌握"主动权"，发掘资源禀赋"闪光点"

借鉴"亚洲锂都"宜春锂电产业发展的经验，以产业集群龙头企业为主，发起组建产业基金，参与重组锂矿资源。参考江西宜春产业基金持股30%~35%的做法，将湖南省锂矿资源优先配给有技术能力和产业基础的省内龙头企业、终端和次终端企业，发挥其资源整合能力、产业链供应链协同能力和技术创新能力，提升资源本土利用率和转化率，使龙头企业"产能"变为"产值"，将供应链效益、工业增加值和税收留在湖南。

2. 打好"保卫战"，当好产业用能"护航员"

抓好以电力为基础的能源支撑，加快推进宁电入湘等重大项目建设及湘粤"背靠背"联网工程、疆电入湘前期工作,建立用能白名单制度,优先保障先进能源材料产业集群重点企业用电用气供应,给予一定价格补贴;抓好以算力为代表的新基建支撑,推动5G基站在先进能源材料产业重点园区、重点工业企业布局,加快建设数据中心和智能计算中心。

3.加紧"辟蹊径",构建矿产监管"新模式"

推动电池产业关键资源开采严格执行安全生产责任制度和绿色矿山建设标准,积极推动以尾砂、残渣为主要原料的包装材料、绿色建材、装配式建筑等产业发展。加大现有矿权的收购整合力度,科学编制整合方案,对已完成收购整合的矿山,在矿权设置、开发方式、生产规模上优先给予支持。防止只盯资源、不发展先进能源材料产业的"炒矿"企业进入湖南。

(二)以"企业引领"为关键点,在培育优质市场主体中打造产业"活力源泉"

1."壮筋骨",做强一群龙头企业

按照"一个细分领域,至少一个头部企业"的原则,聚焦行业头部企业,引进或培育一批市场竞争力强、辐射带动力大的头部企业。支持科力远、中车时代、时代电气等龙头企业开展战略合作,加快成长为掌握关键核心技术、创新能力突出、品牌知名度高、国际竞争力强的领军企业。

2."引活水",锻造专精特新企业"中坚力量"

实施先进能源材料产业专精特新企业培育计划,建立集群专精特新企业梯次培育库。落实湖南省企业上市"金芙蓉"跃升行动等计划,畅通上市"绿色通道",着力推动优势企业实现主板、科创板、北交所上市。

3.聚合力,推进大中小企业融通发展

支持巴斯夫杉杉、湖南裕能、三一等"链主"企业在长株潭郴地区扩大产能、延伸产业链,支持湘潭电机等企业发展电池组装业务,支持湖南裕能、中车等有实力的先进能源材料企业制定发布产品标准,加大本地化采购,提升产业本地化配套率。

（三）以"生态构建"为立足点，在优化融资手段、加速技术攻坚中勾勒产业环境"生态圈"

1. 锻造"吸金石"，打造和谐投融资生态

按照"存量调整、增量增加"原则，设立先进能源材料产业集群发展专项资金，建立风险补偿机制，与中央、省相关资金配套。推动金融机构加大对先进能源材料高新技术企业、专精特新企业的信贷投放额度和减费让利幅度，发挥国家重大产业基金、政府投资基金、国企投资基金作用，投资优质储能电站资产项目和储能产业链股权项目，带动市场化基金投入，更好投早、投小、投长、投科技。

2. 奏响"协奏曲"，打造有序开放生态

积极对接粤港澳大湾区建设、长江经济带发展等国家战略，承接产业、资金、技术转移辐射。深挖先进能源材料产业价值，瞄准国内电芯制造和动力电池前20位的重点企业，引进一批电芯、电池及电池包产品和制造企业。瞄准固态电池产业前沿技术领域，加快招引一批包含宁德时代、比亚迪、赣锋锂业、清陶能源等一批科技含量高、实力雄厚、发展前景好的固态锂电池或钠电池生产企业。

3. 塑造"竞争力"，打造繁荣创新生态

以长远锂科、巴斯夫杉杉等"链主"企业为依托，以产业技术创新战略联盟为纽带，鼓励产业链龙头企业牵头创建创新中心，重点扶持固态电池的技术攻关。省发改委等相关专项资金对符合条件的项目予以重点支持。鼓励链主企业打造数字化智能化共性平台，以典型应用场景引领数字化转型，完善湖南省先进储能材料知识产权公共服务平台。

（四）以"协同联动"为支撑点，在提质升级、延链补链中打造集群"共同体"

1. 从技术上联合，培育集群"硬实力"

积极探索企业与高校、科研院所联合攻关模式，共同组建创新联合体和中试平台,推动在湘高校、科研院所的先进能源材料科技成果转化,利用技术共同体攻克固态电池的性能和稳定性技术,加大对退役电池剩余容量及容量衰减特性等相关技术研究力度,夯实梯次利用技术基础,从源头上化解产能过剩危机。借鉴东莞松山湖材料实验室的做法,给予高端人才优良的平台环境和丰厚的薪酬待遇,特别是对符合条件的境外高端人才和紧缺人才,给予15%的个人所得税优惠,广揽海外优青和全球英才"入湘"。

2.从区域上联合,绘制集群"同心圆"

发挥长株潭郴联盟的龙头纽带作用以及湘江新区的引领作用,依托株洲荷塘、天元新能源汽车及储能材料产业集聚发展区、湘潭高新区及雨湖高新区储能材料集中区,推进泛长株潭城市群协同合作。研究储能、分布式能源发展配套价格激励机制,探索绿色电价等支持政策,推动一个城市构建一张电网,加快产业区域融合速度。

3.从治理上联合,下好共治"一盘棋"

发挥省、市两级先进能源材料产业链长制的机制优势,依托集群促进机构、行业协会、联盟,抓好先进能源材料产业集群治理工作。以"五好"园区建设为抓手,推进集群发展主阵地在土地储备、招商力度、产业政策、人才引进等工作上积极作为,吸引先进能源材料重点项目、重大项目落户。规范先进能源资金补贴政策,适当提高产业扶持政策的准入门槛,适时采取补贴退坡办法,把政府补助资源聚焦到产业技术创新上。在要素保障、政策宣传等方面指导帮扶企业,形成发展合力,推动优质资源向先进能源材料产业集群聚集。

(五)以"布局未来"为落脚点,在前瞻布局高端产业中汇聚先进能源材料产业"强引擎"

1.瞄准固态电池,聚焦产业未来"新趋势"

聚焦超长寿命高安全性储能锂离子电池开发,推进固态电池研发和应用。以全固态锂金属电池为发展目标,通过研发不断提升能量密度与安全性,提升PEO和聚烯酸酯类、氧化物、硫化物和复合固态电解质的产品质量。推广固态材料、半固态电池等产品，形成以商业化推动技术研发的良性循环。

2. 促进产业融合发展，拓展高端产品"新市场"

结合湖南优势产业，以汽车、工程机械、环卫机械电动化应用端为牵引，推进供给侧与需求端纵向协同，加快固态电池等高端产业与工程机械、汽车、环卫机械等应用端融合发展。聚焦新兴业态，鼓励发展应用于智能手机、可穿戴设备、无人机、服务机器人等智能终端领域的固态电池产品。

3. 推进集群提质升级，推出产业发展"新模式"

积极构建涵盖规划设计、工程建设、运营维护、检测认证、标准制定的先进能源材料服务体系。加速扩大钠离子电池、液流电池、氢燃料电池、超级电容器等产品的市场份额，尽快摆脱依靠传统产品驱动的发展模式。参考深圳围绕高可靠性供电、高温超导输电、柔性交直流配电、数字电网等方向开展关键技术攻关的做法，积极推广应用输变电设备状态监测、5G智能巡检技术，提升电网智能化、柔性化水平，结合电网削峰填谷需求布局电源侧、电网侧储能系统，构建价值高、前景好的大储能、大电网产业链。

B.9
湖南以"绿色开放合作"打造内陆地区改革开放高地窗口的思考和建议

杨顺顺*

摘　要：　推进"开放+绿色"组合战略，全面推动绿色开放合作，是立足湖南省资源环境禀赋，打造"内陆地区改革开放高地"的特色抓手和现实路径。本文从绿色开放合作的平台实体、治理领域、产业合作出发，对比分析了近年来湖南较之沿海、沿边及邻近省市的主要不足，提出围绕洞庭湖治理打造开放合作平台，推动绿色制造、生态治理等优势领域产业合作，强化与长江经济带、粤港澳大湾区生态协作，激发城市、企业、社会组织在绿色开放合作中的主体作用等对策建议。

关键词：　绿色发展　开放合作　内陆地区改革开放高地　湖南

习近平总书记为湖南明确了打造"内陆地区改革开放高地"的战略目标。[①] 湖南坐拥承东启西、通江连海的"一带一部"区位优势，但开放发展仍属短板，2022年湖南外贸总量居全国第15位，外贸依存度低于全国平均水平约20个百分点。当前国际形势复杂多变，习近平总书记提出"建设绿色家园是人类的共同梦想""构建人类命运共同体""积极参与全球气候治

---

* 杨顺顺，博士，湖南省社会科学院（湖南省人民政府发展研究中心）经济研究所副所长、研究员。

① 《习近平在湖南考察时强调：坚持改革创新求真务实　奋力谱写中国式现代化湖南篇章》，新华社，2024年3月21日。

理"等，共谋全球生态文明建设之路。①

在此情境下，湖南应抢抓长江经济带"共抓大保护""一江一湖四水"系统联治的历史性机遇，以对内对外开放助推破解生态环境历史性难题、突破国际技术封锁和打压、促进环保产业产能"走出去"，将绿色开放合作打造成强化科技交流创新和构筑全方位开放高地的重要窗口和现实路径。

一 湖南"绿色开放合作"的现状基础

在 2017 年"一带一路"国际合作高峰论坛上，中国提出了建立绿色发展国际联盟的倡议，对通过绿色合作实现全方位开放作出了部署要求。当前，各省市积极争取国家支持，竞相开展绿色产业、资源利用、环境治理等方面的国际合作，不少已取得明显效益。湖南绿色发展方面既有加强技术、人才等要素流动的迫切需要，又有推动绿色产业走向全国、世界的现实需求，且在绿色发展国际合作方面已经具备了一定现实基础。

（一）探索打造了绿色发展国际合作实体和平台

当前，在湖南加快打造内陆地区改革开放高地的大潮中，部分以绿色发展为核心的国际合作实体和平台已经逐步崭露头角。特色平台方面，湖南拥有亚欧会议（ASEM）框架下首家在华设立总部的国际性和专业性的科技合作机构——亚欧水资源研究和利用中心，该中心旨在搭建水资源领域中亚欧会议成员的政府管理部门、高等院校、科研机构、高新企业间的桥梁，目前已成立 10 余年，主要提供政策咨询、研发创新、成果转化、交流培训服务，并已成立吐鲁番分中心，建成郴州分中心以支持地区水资源专项研究。重要论坛方面，湖南大力打造湖南绿博会品牌，2019 年组织湖南"一带一路"绿色博览会暨绿色产业发展论坛，目前已成功举办 4 届；2023 年 7 月，第四届湖南绿博会集结国内外 400 多家企业，全面展开涉环保产业、循环经

---

① 《习近平生态文明思想学习纲要》，学习出版社、人民出版社，2022。

济、绿色节能领域的政策研讨、技术交流、项目发布及供需对接；2024 年，湖南绿博会将走出国门，在柬埔寨金边召开。

（二）借助对内对外开放应对了流域治理等生态环保难题

湖南 96% 以上的区域都属长江流域，"一江一湖四水"流域治理是湖南生态环境保护的重中之重。对外开放层面，一方面，利用友好城市建设引进相关资源，如德国汉诺威很早就为常德在城市水系综合治理方面提供了设计和技术支持，近年来双方又在海绵城市建设领域开展合作；另一方面，借鉴日本琵琶湖修复经验，湖南在洞庭湖治理方面开展了多期农村水环境改善的中日合作项目，生态村镇、环保农业相关国际合作项目全面实施。同时，围绕湘江治理，湖南已争取了多个亚行贷款和技术援助项目，并尝试加强与国际金融机构对接，引导国际援助项目投入洞庭湖生态治理。对内合作层面，积极与长江委、湖北协同推进洞庭湖四口水系综合整治，与广东就武水（北江支流）流域跨省生态补偿机制开展了磋商。

（三）积极推进了绿色产品输出和国际产能合作

截至 2024 年 1 月，湖南环保产业营业收入突破 3200 亿元，从业单位 1200 余家，2022 年军信环保、艾布鲁环保、赛恩斯环保 3 家企业成功上市，全省 A 股上市环保企业增加到 6 家，加之中非经贸博览会落户湖南等的便利条件，推动绿色产品、产业、产能"走出去"已有良好基础。湖南不断加大对环保龙头企业的扶持力度，增强"环保湘军"在全国的影响力，拓展省外市场；同时依托"一带一路"建设，推动国际合作和环保产业外向型发展。如湖南建工集团业务范围从亚非扩展至南太、中东欧及美洲市场，涉及基础设施、环保等多个领域；永清环保中标多个雄安新区污染治理项目，持续扩大土壤修复业务国内市场份额；湖南黄金集团参与了非洲、南美多国的有色金属资源开发。

二 湖南"绿色开放合作"与其他省市的比较借鉴

近年来，尽管湖南在通过绿色发展促进开放合作方面取得了一定成绩，但与沿海、沿边乃至邻近省份相比，湖南绿色开放水平整体相对薄弱，有待进一步夯实合作主体和创新机制。

（一）湖南绿色开放平台的活跃度和影响力仍待提升

湖南相关开放合作实体，如亚欧水资源研究和利用中心在科技部门指导下开展工作，带动产业发展的市场业务活跃度不高；主要论坛，如湖南绿博会的产业项目对接开发尚处初级阶段，其知名度和影响力相较于沿海或邻近省市仍有一定差距。如在特色平台方面，同样成立于2010年的天津泰达低碳经济促进中心，是全国首个专业促进区域低碳发展的公共服务平台，目前已发展成为国家级经开区绿色发展联盟常设秘书处、全国碳市场能力建设（天津）中心和天津市国际技术转移中心，其与200余家使馆、商会协会和100余家全球知名企业密切合作，供需方企业4000余家，截至2023年8月，收集国内外1000余项低碳技术，促成近300个企业对接意向，在推动节能环保、低碳改造领域商业对接上起到了较好的引领示范作用。又如重要论坛方面，2009年启动的生态文明贵阳会议，在2013年升级为生态文明贵阳国际论坛，目前几乎已覆盖所有相关领域重要国际组织、顶级科研院所和知名企业、媒体，发布了中国自然资源资产负债表编制方案、可持续发展目标指数全球报告、中国气候变化蓝皮书等标志性成果，成为促进全球生态文明建设和可持续发展的重要平台。

（二）湖南绿色开放合作的层级和机制仍待提高和畅通

湖南虽已较早意识到应通过开放合作推进生态联治，但合作层级待提升，洞庭湖生态补偿机制曾组织在湘人大代表进行了专题调研，但与湖北联动不足；部分已启动协调磋商的省域合作机制（如武水流域生态补偿）由于缺乏中央统筹支持而推行受阻，可进一步借鉴沿边省份和国内经典案例的做法。如对外开放层面，同属流域治理和开发领域，云南积极参与大湄公河次区域经济合作（GMS）的开发合作，获得了中央和亚行共同支持，并结合自身的发展需要，探索了通过"黄金四角"次区域合作、GMS经济走廊省长论坛等方式直接表达合作意向，为全省基础设施建设、对外贸易等带来了较为明显的收益。又如对内合作层面，同属跨省流域治理，在中央财政支持下，2012 年安徽和浙江在国内首次开启的新安江跨省流域生态补偿，已完成绿色产业培育和生态旅游合作的第三轮试点，于 2023 年 6 月开启以新安江—千岛湖生态保护补偿样板区建设为核心的第四轮试点，其已成为全国共保联治新样板和生态产品价值转化的新典范。

（三）湖南绿色产业"走出去"仍待统筹组织和发挥集群效应

虽然湖南环保产业"走出去"呈现了一些亮点，但仍多属企业自发行动，在充分利用国家开放倡议和区位优势，政府职能部门牵头强化政策引导实现环保产业"抱团出省"上仍待完善。当前，各地通过环保产业合作融入全球价值链动力不断增强，《"一带一路"生态环保合作规划》明确提出要在有条件的地方建设环保技术和产业合作示范基地。如新疆 2015 年就谋划利用"一带一路"核心区区位优势，在乌鲁木齐经开区（头屯河区）建设中亚生态环保合作基地，目前中国科学院新疆生态与地理研究所已建设中国科学院中亚生态与环境研究中心，与中亚国家在资源开发、生态环保领域开展联合研究；2018 年乌鲁木齐经开区已正式成为中国—上海合作组织环境保护合作中心战略合作伙伴，为增强"一带一路"绿色产业和技术交流打下基础；2023 年 5 月首届中国—中亚峰会上，中国—上海合作组织环境保护合作中心结合中国—中亚生态环保合作情况，提出的"中国—中亚绿色低碳发展行动"的合作倡议被列入成果清单。

三 湖南促进"绿色开放合作"的路径对策

在各省市争相实施"开放+绿色"组合战略的背景下，湖南既具有开放强省的资源禀赋，又担负着"两型"社会建设、绿色发展的国家任务，需要推动绿色开放合作成为湖南"内陆地区改革开放高地"建设的特色抓手和重要支撑。

（一）针对洞庭湖流域发展及治理领域，建设具有国际国内重要影响力的绿色开放合作平台

一是借鉴"流域创新治理太湖国际论坛"的形式，打造"洞庭国际论坛"。统筹和提升现有洞庭湖生态经济区绿色发展论坛、洞庭湖发展论坛等类似资源，联合科技部、生态环境部举办高层次国际培训和学术论坛，推动合作研究，分享管理理念、工程案例、解决方案，同步输出湖南流域开发治理经验及青山绿水形象。二是用好亚欧水资源研究和利用中心，加强技术引进合作。积极对接水资源欧洲创新伙伴行动、欧盟"地平线欧洲"计划（用于接替"地平线2020"）等，鼓励围绕污水再生、城市雨洪资源利用、农业面源治理等短板层面，以开放科学研究、项目合作等形式参与其战略计划实施。三是借助国际大科学计划和大科学工程等，建设一批合作治理示范工程以构筑交流载体。积极争取"一江一湖四水"系统联治纳入国家牵头的大科学计划的战略规划和项目设置，以国家科技合作专项、国家科技支撑计划项目等为依托，推动在生态经济区建设、生态村镇、环湖氮磷拦截、畜禽养殖污染治理等当前重点治理领域建设一批合作治理示范工程，促进治理、金融、管理模式，以及科技、人才要素交流。

（二）完善绿色产业合作模式，重点推动绿色制造、生态治理领域产业"引进来""走出去"

一是加大湖南绿色制造优势领域的开放合作力度。通过技术联合研发、项目合作、国际投融资等形式，重点加强节能环保装备、新能源汽车、装配式建筑、绿色种业等关键材料、技术、设备等方面的合作，做好优势项目国际国内推广示范，扩大与美国、日本、欧盟、东盟、非洲等区域的交流，提升湖南相关产业品牌国际影响力。二是加快开展环保产业技术合作园区及示范基地建设。主动对接《"一带一路"生态环境保护合作规划》要求，参考中以（益阳）科技产业园（科技创新孵化园）的模式，打造湖南国际绿色产业合作园区，系统开展对外推介，积极对接国外大使馆和各类贸易促进机

构，重点培育一批开放程度高、产业结构层次高、营商环境优的合作园区，引导环保产业集群式发展，带动科技成果转化和区域经济增长，争取更多国际生态合作园落户湖南；建设境外绿色产能合作示范基地，探索国际绿色产能合作机制。三是以重金属污染土壤修复为切口，提升湖南生态治理产业开放竞争力。加强与欧美发达国家在土壤污染治理方面法律法规、资金运作、技术标准、管理制度等的交流学习，借鉴美国超级基金运作模式，采用发行地方政府债券、向污染主体追讨修复费用、吸纳社会资本出资等方式筹措资金，利用财政资金的杠杆作用和土地价值吸引社会资本参与治理。与省外先进土壤治理企业、研究机构建立土壤修复技术交流、转让和共同研发的长效机制，打造一批技术推广和商业运作成熟的示范项目以供各地借鉴和选择适宜的修复技术和推广模式，推动私人资本进入土壤修复市场。全力支持湖南该领域骨干企业和治理模式进军海外。

（三）主动融入长江经济带和积极对接粤港澳大湾区，加强跨区生态协作、要素交流和绿色金融合作

一是加强与湖北、广东等省份的生态协作，推进建立跨省域生态补偿机制。争取中央统筹，就洞庭湖流域生态治理，探索湖南、湖北与长江经济带上下游省份间建立横向生态补偿机制；推进与广东就武水流域建立跨省流域生态补偿机制。创新补偿方式，综合运用资金补偿、环保基础设施建设补偿、产业升级技术补偿、转产人员就业培训补偿等措施。二是对接珠三角、粤港澳大湾区创新资源，推动绿色技术与人才合作。建设绿色科技创新园、绿色产业创业基地，在绿色制造、清洁低碳领域吸引国内外顶尖研发机构、创业团队进驻，建立绿色产业联盟和推动产业链合作，促进绿色技术产业化人才交流培训和定向培养。三是参考大湾区绿色金融发展经验，创新打造绿色金融、碳金融机制。衔接好亚金协绿金委、中金会绿金委等平台，统一区域绿色金融标准，鼓励跨境绿色债券投资，通过完善环境信息披露、发展知识产权、环境权益质押等多元化产品推进绿色信贷、绿色债券、绿色保险，支持绿色项目融资、认证，推动排污权、碳排放权等绿色资产交易，保障绿

色发展资金供给。此外，随着"碳中和"等目标确定和热度提升，"碳权"极有可能成为主导资源环境权益交易市场的核心资产，湖南在碳市场试点上已相对滞后，未来可支持建设碳金融软硬件设施，加快探索碳信贷、碳证券、碳基金等业务和跨境交易机制。

（四）激发城市、企业、社会组织多主体的主动性，畅通和创新绿色开放合作渠道

一是通过国际友好城市、国内对口支援等"以城为媒"强化省市、城市间绿色交流合作。积极发展生态友好城市伙伴关系，开展低碳城市、海绵城市、智慧城市、城镇化及城市环境问题应对等共同话题交流，促进环境合作。湖南对口支援的吐鲁番市亦处于沿边及生态脆弱地区，开放发展和环境保护矛盾突出，可推广"企业机构+引导资金+成套技术"的环保援助模式，开展共研共建共治。二是推动企业深度参与国内外绿色产业和科技合作。继续开展湖南年度环保企业"走出去"先进单位评选，升级荣誉和奖励规格。推动一批富有市场开拓能力的环保企业出省出海，提供政策支持、信息支撑和咨询服务，支持国际知名企业、科研机构与国内企业联合建立研发机构、实践基地，鼓励企业通过海外投资、并购等方式加快核心技术积累和提高自主创新能力，推动环保产业优势领域产品出口。三是发挥好社会组织在绿色开放合作中的桥梁纽带作用。引导社会组织厘清绿色开放合作的中长期路线图，明确服务对象和合作方向，加强绿色共识宣传、民意沟通和增进民间交流，扩大产业、技术合作的"朋友圈"，打造绿色开放合作的"润滑剂"和"助推器"。

四　结语

当前，开放发展仍是湖南落实"三高四新"美好蓝图的明显短板，进出口总额增速快但体量小、外资利用规模小且大项目少、物流成本高、金融支持水平待提升、开放平台作用未充分发挥等难题都制约着内陆地区改革开

放高地的打造。同时，湖南生态基底好，绿色发展近年来已取得重要进展，却也面临诸如"一湖四水"治理已显成效的情况下如何更有效地融入长江经济带绿色发展，大湖营养盐治理和土壤重金属修复急需经济适用型技术等现实瓶颈。推动以绿色合作促开放发展，使两者协调推进、相得益彰，既可以通过思想观念、资源要素引进破解绿色发展梗阻，又可为湖南建设内陆地区改革开放高地提供新的思路和展示窗口，从而助推探索新时代湖南高质量发展的新路子。

参考文献

杨顺顺：《洞庭湖生态经济区产业转型破围之路》，《人民论坛》2021年第31期。

杨顺顺：《绿色技术推广：经验借鉴、策略梳理及匹配分析》，《中国环境管理》2021年第4期。

杨顺顺：《推进绿色发展国际科技合作》，《学习时报》2020年11月25日。

杨顺顺：《绿色发展情景仿真、技术推广与重点领域建设：以湖南为例》，社会科学文献出版社，2020。

杨顺顺：《因势利导，打好绿色发展国际合作牌》，《湖南日报》2019年1月24日。

B.10
美丽湖北建设思路与重点任务研究

湖北省生态环境科学研究院课题组*

摘　要： 建设美丽中国是全面建设社会主义现代化国家的重要目标，开展美丽中国建设地方实践是实现美丽中国建设目标的有效途径。美丽省域是推进美丽中国建设的重要载体单元，湖北省是全面推进美丽中国建设的重要战略支点，如何高效推进美丽湖北建设，应结合当前开展美丽中国建设实践中存在的问题明确现实需求。本文研究总结了美丽湖北建设基础与优势，分析识别推进美丽湖北建设面临的主要问题与挑战，提出推进美丽湖北建设的总体思路和目标路径，围绕建设格局、绿色低碳发展、环境治理、生态保护、安全底线、城乡建设、文化建设、生态环境治理体系等重点领域，提出建立美丽湖北建设新格局、加快发展方式绿色转型、推动生态环境根本好转、巩固提升生态系统服务功能、筑牢美丽建设安全底线、建设绿色宜居美丽城乡、建设美丽湖北精神文明家园、构建现代高效治理体系等八个方面的美丽湖北建设的重点任务。

关键词： 生态环境保护　绿色发展　美丽湖北

---

* 课题组成员：彭颖，湖北省生态环境科学研究院环境规划研究所所长，高级工程师，主要研究方向为美丽湖北建设实践、环境管理；刘险，湖北省生态环境科学研究院生态环境研究所副所长，主要研究方向为环境管理、生态保护、生态产品价值实现；朱静，湖北省生态环境科学研究院生态环境研究所工程师，主要研究方向为生态文明建设、自然生态环境规划；杨琴，湖北省生态环境科学研究院环境规划研究所工程师，主要研究方向为环境规划与管理；路路（通讯作者），生态环境部环境规划院副研究员，主要研究方向为美丽中国建设、生态安全保障、生态环境分区管控等。

近年来,湖北省"生态立省"战略取得了一定的成效,为全面贯彻落实党的二十大提出的推进美丽中国建设的战略部署,担起习近平总书记赋予湖北的"建成支点、走在前列、谱写新篇"重大使命,全省积极推进美丽中国湖北实践。面对新形势、新任务、新要求,需加强美丽湖北建设的总体部署研究,研究美丽湖北建设的思路、目标和重点任务,明确全省共同全面推进美丽湖北建设的行动指南。本文对美丽湖北建设的基础与优势进行了分析,识别了面临的问题与挑战,基于此提出了美丽湖北建设的总体思路、战略定位、主要目标、重点任务,为省域层面开展美丽中国建设地方实践提供相关决策参考。

一 美丽湖北建设背景与意义

(一)美丽中国建设总体要求

建设美丽中国是我国的重大战略部署。2012 年,党的十八大报告首次提出"美丽中国"的概念。2017 年,党的十九大报告提出到 2035 年美丽中国目标基本实现,明确从推进绿色发展、着力解决突出环境问题、加大生态系统保护力度、改革生态环境监管体制等四个方面建设美丽中国,确立了美丽中国建设的内涵。2020 年,党的十九届五中全会提出到 2035 年广泛形成绿色生产生活方式,碳排放达峰后稳中有降,生态环境根本好转,美丽中国建设目标基本实现,丰富完善了美丽中国建设的内涵。2022 年,党的二十大为美丽中国建设擘画新蓝图。2023 年,全国生态环境保护大会对全面推进美丽中国建设战略任务和重大举措进行了重要部署。2024 年 1 月,《中共中央 国务院关于全面推进美丽中国建设的意见》提出了到 2035 年美丽中国建设目标和全面推进美丽中国建设的重点任务。党的二十届三中全会要求,聚焦建设美丽中国,加快经济社会发展全面绿色转型,健全生态环境治理体系,推进生态优先、节约集约、绿色低碳发展,促进人与自然和谐共生。

（二）地方开展美丽中国建设探索实践情况

省（区、市）是美丽中国建设从战略愿景到实践落地的关键环节。以省（区、市）为单元开展美丽中国建设探索实践具有重要战略意义。党的十九大以来，各地积极开展美丽中国建设探索实践，其中以浙江省、山东省、江苏省、深圳市、杭州市等最具代表性。浙江编制实施了全国第一个省级美丽中国建设实施纲要，山东首次公开发布了省级美丽中国建设实施纲要，江苏印发实施了第一个推进省级美丽中国建设的指导意见，杭州在2013年美丽杭州建设规划基础上编制并印发了第一个城市级新时代美丽中国建设实施纲要，深圳编制实施了第一个打造美丽中国典范规划纲要。此外，山西、福建、江西、四川等省份，宁波、烟台、赣州等城市在推进美丽中国建设规划纲要的编制和实施方面取得突出进展，浙江省、江苏省实现美丽中国建设规划纲要或实施意见地市全覆盖（见表1）。综合来看，目前省、市级层面推进美丽中国建设的研究和实践涵盖空间、经济、环境、自然生态、城乡、文化、制度等方面，同时各地也注重突出地方特色。

（三）美丽湖北建设的意义

湖北作为千湖之省，居华中腹地，九省通衢，是全面推进美丽中国建设的重要战略支点。党的十八大以来，习近平总书记先后五次考察湖北，高度关切长江经济带绿色发展和湖北省生态文明建设，赋予湖北"加快建成中部地区崛起重要战略支点"的重要使命，要求湖北"在转变经济发展方式上走在全国前列""着力在生态文明建设上取得新成效""让湖北天更蓝、地更绿、水更清"，为美丽湖北建设提供了方向指引和根本遵循。加快建设美丽湖北是深入贯彻习近平生态文明思想的重要实践，是建设人与自然和谐共生现代化的必然要求，是努力建设全国构建新发展格局先行区必须肩负的使命责任，是增进人民群众生态环境福祉的迫切需要。

表1 党的十九大以来各省（自治区、直辖市）、城市开展美丽中国建设探索实践的基本情况

地区	党的十九大以来各省建设研究实践内容	开展情况	关注的重点领域
河北	《关于加快建设天蓝、地绿、水秀的美丽河北 以实际行动全面推进美丽中国建设的实施意见》	发布实施	绿色低碳、污染防治、生态空间、生态安全、美好家园、全民行动、建设保障
	《美丽河北建设行动方案（2023~2027年）》	发布实施方案	涉及生态环境保护等领域十项重点任务
湖南	《关于全面推进美丽湖南建设的实施意见》	发布实施	绿色转型、污染防治、美丽城乡建设、生态系统、生态安全、全民行动、保障体系
山西	《关于全面推进美丽山西建设的实施意见》	发布实施	绿色低碳循环发展、生态环境治理、生态系统、全民动员行动、保障体系
	《践行高水平保护和高质量发展美丽山西建设规划纲要（2021~2035年）》	发布实施	空间、经济、生态、环境、城乡、文化、旅游、制度
江苏	《关于全面推进美丽江苏建设的实施意见》	发布实施	绿色低碳转型、生态环境、示范样板、全民行动、保障体系
	《美丽江苏建设总体规划（2021~2035年）》	发布实施	空间、生态环境、城乡、人文
浙江	《深化生态文明示范创建 高水平建设新时代美丽浙江规划纲要（2020~2035年）》	发布实施	生态环境、城乡、经济、文化、制度
福建	《关于更高起点建设生态强省 谱写美丽中国建设福建篇章的实施方案》	发布实施	绿色低碳循环发展、从山顶到海洋保护治理、生态文明改革创新
	《深化生态省建设 打造美丽福建行动纲要（2021~2035年）》	发布实施	城市、乡村、河湖、海湾、园区
江西	《关于全面推进美丽江西建设的实施意见》	发布实施	发展方式绿色低碳转型、污染防治提升攻坚、生态多样性稳定性持续性、美丽中国"江西样板"示范、美丽江西建设保障机制
	《美丽江西建设规划纲要（2021~2035年）》	发布实施	人与自然和谐空间、自然品质、生态保护价值、生态环境安全、景美居乐城乡共融、赣鄱生态文化、生态文明制度
山东	《关于全面推进美丽山东建设的实施意见》	发布实施	绿色低碳转型、污染防治、生态系统、生态环境安全、美丽城乡建设（美丽细胞）、全民行动、支撑保障
	《美丽山东建设规划纲要（2021~2035年）》	发布实施	空间格局、绿色发展、生态、环境、环境健康、城乡、文化、治理

续表

地区	美丽中国建设研究实践内容	开展情况	关注的重点领域
四川	《美丽四川建设规划纲要（2022~2035年）》	发布实施	空间格局、美丽家园、经济、环境、自然生态、文化、环境治理
云南	《关于全面推进美丽云南建设的实施意见》	发布实施	生态安全（生态系统）、绿色高质量发展、环境治理、美丽示范样板、全民参与（生态文化）、保障体系
云南	《关于努力将云南建设成为中国最美丽省份的指导意见》	发布实施	空间、环境、山川、城乡、生活
天津	《美丽天津生态环境保护宏观战略研究》	开展研究	生态环境、城乡
上海	《美丽上海建设三年行动计划（2024~2026年）》	研究编制中	空间开发保护、绿色低碳转型、污染防治攻坚、生态宜居家园、生态文化建设、绿色技术创新、共建共享、政策制度
广东	《美丽广东建设规划纲要（2022~2035年）》	研究编制中	待定
宁夏	《自治区全面推进美丽宁夏建设的实施方案》	发布实施	发展方式绿色转型、污染防治、生态系统、生态安全、示范样板、全民行动、保障体系
海南	《谱写美丽新征程美丽海南新篇章 争当美丽中国示范样板实施方案》	发布实施	绿色低碳、生态环境、资源利用效率、生态底色、生态安全、样板建设、治理体系、全民行动、绿色发展、现代治理、国际合作
深圳	《深圳率先打造美丽中国典范规划纲要（2020~2035年）》	编制规划纲要	生态环境、环境健康、人居环境、绿色发展
杭州	《新时代美丽杭州建设实施规划纲要（2020~2035年）》	发布实施	与美丽浙江基本一致
宁波	《新时代美丽宁波建设规划纲要（2021~2035年）》	发布实施	与美丽浙江基本一致
温州	《美丽温州建设规划纲要（2020~2035年）》	发布实施	与美丽浙江基本一致
绍兴	《新时代高质量建设美丽绍兴 深化生态文明示范创建规划纲要（2020~2035）》	发布实施	与美丽浙江基本一致
湖州	《全面打造美丽繁华新江南 高水平建设新时代美丽湖州规划纲要（2020~2035年）》	发布实施	与美丽浙江基本一致
嘉兴	《高水平建设新时代美丽嘉兴规划纲要（2020~2035年）》	发布实施	与美丽浙江基本一致
金华	《深化生态文明示范创建 高水平建设新时代美丽金华规划纲要（2020~2035年）》	发布实施	与美丽浙江基本一致

续表

地区	美丽中国建设研究实践内容	开展情况	关注的重点领域
衢州	《高水平建设新时代美丽衢州规划纲要（2020～2035年）》	发布实施	与美丽浙江基本一致
台州	《深化生态文明示范创建 高水平建设新时代美丽台州规划纲要（2020～2035年）》	发布实施	与美丽浙江基本一致
丽水	《新时代高水平建设美丽丽水规划纲要（2020～2035年）》	发布实施	与美丽浙江基本一致
舟山	《美丽舟山建设规划纲要（2021～2035年）》	发布实施	与美丽浙江基本一致
南京	《关于建设以人民为中心的美丽古都的实施意见》	发布实施	与美丽江苏（实施意见或规划）基本一致
无锡	《关于扎实推进美丽无锡建设的实施意见》	发布实施	与美丽江苏（实施意见或规划）基本一致
徐州	《关于加快推进美丽徐州建设的意见》	发布实施	与美丽江苏（实施意见或规划）基本一致
常州	《美丽常州建设总体规划（2021～2035年）》	发布实施	与美丽江苏（实施意见或规划）基本一致
苏州	《关于推进美丽苏州建设的实施意见》	发布实施	与美丽江苏（实施意见或规划）基本一致
南通	《关于推进美丽南通建设的实施意见》	发布实施	与美丽江苏（实施意见或规划）基本一致
连云港	《关于推进美丽连云港建设的实施意见》	发布实施	与美丽江苏（实施意见或规划）基本一致
淮安	《关于打造绿色高地推进美丽淮安建设的实施意见》	发布实施	与美丽江苏（实施意见或规划）基本一致
盐城	《美丽盐城建设总体规划（2021～2035年）》	发布实施	与美丽江苏（实施意见或规划）基本一致
扬州	《关于深入推进美丽扬州建设的实施意见》	发布实施	与美丽江苏（实施意见或规划）基本一致
镇江	《关于深入推进美丽镇江建设的实施意见》	发布实施	与美丽江苏（实施意见或规划）基本一致
泰州	《关于推进美丽泰州建设的实施意见》	发布实施	与美丽江苏（实施意见或规划）基本一致
宿迁	《关于深入推进美丽宿迁建设的实施意见》	发布实施	与美丽江苏（实施意见或规划）基本一致
赣州	《美丽赣州建设规划纲要（2023～2035年）》	发布实施	人与自然和谐共生的空间格局、绿色低碳的发展方式、万物共荣的自然生态、水清山明的美丽环境、稳定可靠的安全防线、诗意栖居的美丽城乡、红绿交织的生态文化、智慧高效的治理体系
烟台	《美丽烟台建设规划纲要（2021～2035年）》	发布实施	绿色生态城市、现代公园城市、美丽蓝色海湾、世界食旅之都、活力安祥之城

二 美丽湖北建设基础与问题分析

（一）美丽湖北建设的基础优势

1. 资源禀赋优势突出

湖北地貌多样，拥有"四屏一山、三江一平原"①，总体呈现"五分山林三分田，一分城镇一分水"的地理格局。全省水网纵横、湖泊密布，长江、汉江、清江三江汇聚于此，水资源总量丰富。稻渔种养规模全国第一，油菜籽、茶叶、蔬菜产量以及生猪出栏量、禽蛋产量均居全国前六位，是国内重要农产品生产和供应基地。全省生态质量类型为一类，林地、草地、湿地面积占全省土地面积一半以上，国家、国际重要湿地数量分别居全国第一、二位。动植物资源富集，境内神农架是世界上保存最完好、生物多样性最丰富的亚热带森林之一，被誉为北纬31°的"绿色奇迹"和"天然物种基因库"。

2. 生态环境持续向好

全省生态环境质量大幅改善，湖北省 2023 年国考城市优良天数比例比 2015 年提高 12.9 个百分点，可吸入颗粒物、细颗粒物、二氧化氮、二氧化硫 4 项污染物年均浓度降幅近 50%。近十年完成人工造林 2045 万亩，森林覆盖率提高到 42.3%，高于全国 18 个百分点。长江干支流水质由总体良好改善为优，国控断面水质优良比例达 93.2%，县级城市饮用水水源水质达标率 100%。长江水生生物多样性逐步恢复，江豚、中华鲟等珍稀旗舰物种数量止跌回升。

3. 绿色发展潜力不断释放

湖北省区域科技创新水平步入全国科技创新水平的第一方阵，排名稳居

---

① "四屏"即鄂西南武陵山区生态屏障、鄂西北秦巴山区生态屏障、鄂东北大别山区生态屏障、鄂东南幕阜山区生态屏障，是与周边省份共享的生态屏障；"一山"即中部的大洪山，是湖北省内独享的生态屏障；"三江"即长江、汉江、清江；"一平"原即江汉平原。

全国第八、中部第一，2023 年高技术制造业对工业增长贡献率 13.1%，国家创新型产业集群达到 16 个，总量居全国第三。能源结构向清洁化、低碳化转变，近十年来，湖北以年均 2.5% 的能耗增速支撑了 6.6% 的经济增长。稻虾共作、猪沼粮、果沼茶等生态循环农业大力发展，产业生态化与生态产业化路径逐步拓宽。建成全国碳排放权注册登记结算系统，湖北碳市场二级市场配额累计成交量、成交额占全国近半。

4. 绿色生活逐步形成

湖北是长江文明重要发源地、楚文化发祥地、革命文化富集地，向绿而生、逐绿前行的生态理念和生态信仰根植于此。湖北深入推进生态省建设"五级联创"，截至 2023 年，累计创建 32 个国家生态文明建设示范区以及 9 个"绿水青山就是金山银山"实践创新基地，生态文明示范创建保持全国第一方阵。湖北倡导绿色低碳生活，创建国家级、省级公共机构能效领跑者 15 家，国家级绿色饭店 137 家，荆楚绿色环保最美家庭 100 户。美好环境与幸福生活共同缔造活动积极开展，全社会共同参与生态环境保护氛围日益浓厚。

5. 不断探索制度创新

生态文明制度改革红利持续释放，湖北省生态环境保护合力不断增强，为持续推进美丽湖北建设奠定了坚实基础。湖北省出台施行全国首个河湖长制省级党内法规和首部精准防治磷石膏污染的省级地方性法规，在全国率先推行生态环境监督执法正面清单管理制度。以流域综合治理为重点，推进构建武汉、襄阳、宜荆荆三大都市圈生态环境共保联治机制，在一体化发展中实现生态环境质量同步提升。不断制定实施绿色政策，建立省级绿色产业项目库，搭建"鄂绿通"绿色金融综合服务平台。全省 17 个市州均已建立流域横向生态补偿机制，鄂州市生态价值核算和生态补偿案例成为全国推荐首批 11 个经典生态产品价值实现案例之一。生态环境损害赔偿"1+10+1"[①]制度体系全面形成，办理赔偿案件数量位居全国前列。

---

① "1" 即《湖北省生态损害赔偿制度改革实施方案》；"10" 即包括《湖北省生态环境损害赔偿磋商办法（试行）》在内的 10 项配套制度；"1" 即《湖北省生态环境损害赔偿实践操作指南》。

（二）美丽湖北建设的机遇分析

在国家层面，以习近平生态文明思想和考察湖北重要讲话精神为指引和根本遵循，加快建设美丽湖北。支撑中部地区整体崛起，湖北要在生态文明建设、绿色低碳发展、生态环境治理等方面走在先，积极探索以高品质生态环境支撑高质量发展的路径。碳达峰、碳中和目标的提出，为湖北换道提速、提档升级，培育具有国内国际影响力的世界级产业集群和绿色产业集群，塑造湖北在长江经济带绿色科技创新版图中的领先地位指明了方向。

在省级层面，湖北省全面推进以流域综合治理为基础的四化同步发展，构建现代化产业体系，推动新型城镇化，推进高水平保护和高质量发展，推进社会治理体系和治理能力现代化。一系列举措为推动湖北在聚焦区域重大战略打造美丽中国先行区、建设绿色发展的美丽中部、打造长江经济带绿色发展示范带等战略目标下实现绿色崛起带来重塑性机遇。

（三）美丽湖北建设的问题与挑战

1.绿色竞争优势尚未全面形成

长江、汉江干流沿线包含全省 70% 以上开发建设区域，农业生产与城镇建设、耕地保护与生态保护、城市用水与农业灌溉等方面矛盾仍然突出。2023 年，全省六大高耗能产业能耗占规模以上工业能耗比重 74%，"两高"行业产品产量在全国仍处高位，高技术产业、新兴产业和绿色产业所占份额较小。非化石能源消费占比提升乏力，能源消费和碳排放效率与国内外先进水平相比仍有明显差距。

2.优质生态产品供给仍然不足

环境空气质量保稳定促改善压力较大，13 个国考城市优良天数比例低于全国平均水平。湖北省自产水资源有限、水资源分布不均衡、河湖水系连通不畅，湖泊湿地不断萎缩，国控湖泊水质优良水域比例仅为 38%。总磷污染点多面广，农业源污染物排放总量仍处于高位。石漠化、水土流失面积分别占全省土地面积的 5.17%、16.09%。环境风险隐患仍需有效防范化解，磷石膏综合治理和磷化工产业转型升级任务艰巨。

3. 城乡人居生活品质仍需持续改善

城镇化水平和城乡居民收入均低于全国平均水平。环境基础设施欠账较多，城镇污水收集率低于全国平均水平，配套管网不完善、雨污分流不到位等短板明显；农村生活垃圾分类减量和资源化利用水平有待提升。城市公园、街头绿地配置不足，城乡风貌特色不鲜明，文旅资源优势尚未充分释放，生态文化产品和生态文化服务较为单一化、同质化。以生态价值为核心的行动自觉观念还未广泛形成。

4. 生态环境治理效能有待进一步提升

法治、市场、科技、政策综合运用能力不足，生态环境管理制度衔接融合不够，污染减排激励约束机制有待进一步健全，流域横向生态补偿机制仍需完善。绿色金融仍存在产品覆盖不足、平台功能较弱、联通合作受限等问题。绿色科技领域创新研究产出不足，生态环境治理数字化、信息化水平亟待提升，绿色智慧、协同共享的生态环境监测网络还未完全形成。

三 美丽湖北建设思路与重点任务

（一）总体思路

1. 总体思路

坚持以习近平新时代中国特色社会主义思想特别是习近平生态文明思想为指导，全面贯彻落实党的二十大和党的二十届三中全会精神，深入贯彻习近平总书记关于湖北工作的重要讲话、重要指示批示精神，锚定"加快建成中部地区崛起重要战略支点"目标定位，以流域综合治理为基础统筹推进高水平保护和高质量发展，协同推进降碳、减污、扩绿、增长，坚持全领域转型、全方位提升、全地域建设、全社会行动，全面推进人与自然和谐共生的中国式现代化湖北实践，奋力建设美丽中国先行区。

2. 战略定位

深入推进生态文明建设，更好发挥先行先试、引领示范作用，在流域综合治理、中部绿色崛起、生态安全维护、绿色福祉共同缔造上走在前，加快推动生态环境根本好转，为美丽中国先行区建设提供湖北方案。

全国流域综合治理样板区。以流域综合整治为基础，统筹江河湖库丰富多样的生态要素，明确并守住水安全、水环境安全、粮食安全、生态安全、地质安全底线，推进工业化、信息化、城镇化、农业现代化同步发展，打造山水共治、产水俱兴、城水相融、人水和谐的流域综合治理与统筹发展模式，为全国流域综合治理发挥示范作用。

中部地区绿色崛起先行区。建立健全绿色低碳循环发展经济体系，以供应链体系建设为抓手构建现代化产业体系，培育具有国际国内影响力的世界级产业集群和绿色产业集群，打造全球碳交易注册登记中心、全国碳市场和碳金融中心，推进产业绿色化、智能化、融合化，推动建设三峡（坝区）统筹发展和安全综合试验区、丹江口库区（湖北）绿色可持续发展先行区，塑造绿色科技创新优势。

长江中游生态安全维护区。发挥生态大省优势，以长江干流和汉江、清江等支流为经脉，以山水林田湖草为有机整体，持续拓展生态容量，推动生态环境监测评估、预警防控和风险应对能力全面提升，打造最美长江岸线，不断提升生态系统质量和稳定性，筑牢长江中游生态保护屏障，支撑国家水安全战略保障区建设。

绿色福祉共同缔造示范区。以城镇和产业"双集中"发展为切入点推进新型城镇化，统筹城乡区域和资源环境，加快生态产品价值实现，以美好环境与幸福生活共同缔造为载体推进社会治理体系和治理能力现代化，探索形成兼顾生态保护与协调发展的共同富裕的创新模式，推进生态功能保护区域与其他地区均衡发展，全面提升人民群众获得感、幸福感、安全感。

3. 主要目标

到 2027 年，绿色低碳发展深入推进，"四屏一山、三江一平原"自然生态格局更加稳固，生态环境质量稳步提升，生态安全有效保障，美丽湖北建设成效显著。到 2035 年，广泛形成绿色生产生活方式，生态环境根本好转，生态安全更加稳固，美丽湖北基本建成。展望 21 世纪中叶，生态文明全面提升，绿色低碳的生产生活方式全面形成，生态环境健康优美，人与自然和谐共生的美丽湖北全面建成。

（二）重点任务

1. 建立美丽湖北建设新格局

以守底线、护屏障、强中心、优格局为目标，以建立全流域、全地域、立体化的美丽建设新格局为总体思路，立足大江大河、千湖百川自然生态本底，以流域综合治理为基础，建立全流域、全地域、立体化的美丽建设格局。实施长江高水平保护提质增效十大行动，健全长江流域省际协商合作机制。全面开展小流域综合治理。完善省域空间开发保护体系，推进三大都市圈各美其美、美美与共。

统筹优化各类空间布局，严格国土空间用途管制，建立和实施常态化监测评估预警和监管机制。健全生态环境分区管控体系，推动生态环境管控单元在流域片区融合落地。生态保护红线生态功能不降低、性质不改变。筑牢生态安全屏障，建设三峡（坝区）统筹发展和安全综合试验区，建设丹江口库区（湖北）绿色可持续发展先行区。

2. 加快发展方式绿色转型

加快发展方式绿色转型，建立绿色低碳循环发展经济体系，协同推进绿色经济、低碳经济与循环经济，是我国由经济高速增长阶段转向经济高质量发展阶段的必由之路，也是美丽湖北建设目标的方法路径。湖北应以"结构优化、全面转型、绿色低碳"为总体思路，以减污降碳协同增效为总抓手，实施全面节约战略，着力构建绿色低碳循环发展经济体系。加快布局"双碳"发展新赛道，大力提升碳市场领域的全球影响力和引领力，强化创新主导作用，大力发展新质生产力，优化绿色发展基础支撑，打造中部地区绿色崛起先行区、长江经济带绿色发展增长极。

在碳达峰、碳中和方面，推动碳排放总量和强度双控。实施长江经济带降碳减污扩绿增长十大行动,构建分类指导的政策体系。打造全国碳市场核心枢纽。在释放产业绿色发展动能方面,要培育壮大新质生产力,推动传统制造业绿色转型升级,建设湖北省绿色低碳高质量发展十大体系。要高水平建设现代生态农业,推进现代服务业提质增效。在发展绿色环保产业方面,以三大都市圈为布局重点,推动环保产业集群化发展;壮大环保优势产业,深化工业互联网等新一代信息技术产业与生态环保产业融合发展。在优化绿色发展基础支撑方面,要加快能源绿色低碳转型,构建绿色低碳交通运输体系,推进资源节约集约利用,持续深化重点领域节能,提高非常规水利用率,健全节约集约利用土地制度。

3. 推动生态环境根本好转

湖北要以"以更高标准打好污染防治攻坚战,推进系统、协同、精细治理"为总体思路,以改善生态环境质量为核心,坚持精准治污、科学治污、依法治污,强化协同治理、三水统筹、源头防控,打造水清天蓝地绿的优美环境,努力在环境质量改善上走在前列。

要持续深入打好蓝天保卫战,强化目标、多污染物控制、部门、区域、政策"五大协同",实施空气质量持续改善行动计划。强化源头防控。加强长江中游城市群、武汉都市圈、"襄荆荆宜"区域、市县一体化大气污染联防联控。要持续深入打好碧水保卫战。统筹"三水"① 治理,加强"四源齐控"②。强化长江、汉江、清江和洪湖、梁子湖、斧头湖等重要湖泊生态环境治理。推进入河排污口排查整治和黑臭水体治理。持续推进长江流域水生态考核试点。要持续深入打好净土保卫战。深入推进固体废物和新污染物治理。

4. 巩固提升生态系统服务功能

生态系统是人类社会赖以生存和发展的基石,是美丽中国建设的重要生态基础。湖北要以"稳固本底、系统治理、和谐共生、保值增值"为总体

---

① "三水":水资源、水环境、水生态。
② "四源":工业、生活、农业、航运。

思路，推进山水林田湖草沙一体化保护修复，建立完整的生物多样性保护链条和完善的生态监管体系，提升生态系统多样性、稳定性、持续性。

推进自然保护地建设和监管。推进神农架国家公园建设，建立以国家公园为主体的自然保护地体系。加强生态保护修复监管制度建设，强化统一监管。加强生态状况监测评估，持续推进"绿盾"自然保护地强化监督。推进生态系统保护和修复。以3个一级流域为单元，开展秦巴山、武陵山、大别山、幕阜山、大洪山地区土地增绿，推进长江、汉江、清江三大干流及主要支流水域和重点湖库湿地生态系统保护修复。建设荆楚特色生态廊道。全面实施水土流失预防保护和综合治理。实施生态系统碳汇能力巩固提升行动。开展省级山水林田湖草一体化保护和修复。持续推进生物多样性保护。以生物多样性保护优先区为重要板块，长江、汉江、清江等水系廊道为链接，构建全域生物多样性保护立体网络。强化金丝猴、江豚、水杉等珍稀濒危野生动植物、旗舰物种和指示物种保护管理。继续抓好长江十年禁渔措施落实。推进生物多样性本底调查与评估。

5.筑牢美丽建设安全底线

强化生态环境风险防控和生态环境安全是关系美丽中国建设目标实现的重要因素。湖北要以"贯彻总体国家安全观，坚持底线思维，切实维护生态安全、气候安全和核安全等重点领域安全"为总体思路，以保障公众健康和生态环境安全为出发点，不断提高气候灾害风险防范和抵御能力，有效保障生物安全、核与辐射安全等重点领域安全，系统构建全过程、多层级生态环境风险防范体系，强化环境健康管理，筑牢美丽湖北生态安全根基。

在维护生态安全方面，要建立完善省级生态安全工作协调机制，建立健全生态安全管理和保障体系。加快气候适应型城市建设，全域推进海绵城市建设。强化生物安全监管预警防控体系建设。在重点领域环境风险管控方面，要加强"一废一库一品"、重点工业园区、重点化工企业等重点领域环境风险隐患排查整治。健全丹江口库区等重要水源地危险化学品运输风险源管控机制。加强核与辐射安全监管。完善应急响应体系和应急物资储备体系。深化环境健康管理。

6. 建设绿色宜居美丽城乡

城市和乡村是推动绿色发展、建设美丽中国的重要载体。湖北要以"补足短板、凸显亮点、融合提升"为总体思路，深入实施以人为核心的新型城镇化战略，以强县工程为抓手加快推进城乡统筹发展，推动农村人居环境整治和乡村生态振兴，打造宜居城市、和美乡村。

要推进美丽城市建设，在全省差异化打造国际现代化都市、历史文化名城、山水宜居城市、休闲旅游城市、水乡田园城市等个性鲜明的城市形象。试点探索以河、湖等为单元，推动城市多中心、组团式发展。要积极探索城市更新模式，加快推进以县城为载体的就地城镇化，转变县城开发建设方式，健全城市体检机制。打造活力宜居美丽城镇，构建层级分明、协调有序的城镇体系。要推进宜居宜业和美乡村建设，统筹推进乡村生态振兴和农村人居环境整治，打造具有荆楚特色的村容村貌。

7. 建设美丽湖北精神文明家园

以"传承弘扬、低碳生活、全民行动"为总体思路，挖掘湖北名山秀水、历史人文资源，传承生态文化基因，培育生态文化新品牌、新名片。加强生态文明宣传教育，积极开展美好环境与幸福生活共同缔造，推进美丽湖北建设全民行动，构建荆风楚韵生态文化体系，引领绿色低碳社会新风尚。

要打造荆楚生态文化品牌，深入挖掘长江文化、荆楚文化、红色文化基因，推动生态文化保护传承。建设长江国家文化公园、汉江生态经济带、清江生态文化旅游带、"万里茶道"旅游带。提升气候生态旅游资源开发利用水平，创建一批气候生态品牌。要共同缔造美好生态环境，广泛开展"美丽中国，我是行动者"、美好环境与幸福生活共同缔造等系列活动。倡导绿色低碳生活方式，打造绿色、低碳、健康的文明新风尚。完善公众监督和举报反馈机制，推进生态环境志愿服务体系建设。

8. 构建现代高效治理体系

湖北要以"不断完善生态文明建设体制机制，打好法治、市场、科技、政策'组合拳'，发挥科教大省优势，一体推进生态环境治理体系和治理能力现代化"为总体思路，建立健全美丽湖北建设保障体系。

要健全完善法规制度，贯彻落实长江保护法，推进资源节约循环利用、碳市场等领域法规、政府规章制定修订。要创新激励保障机制，推进碳排放权等市场交易。健全生态产品价值实现机制和生态保护补偿机制，推进绿色金融发展。要加强科技支撑，推进重点领域核心技术攻关，加强数智科技赋能。推进现代化生态环境监测体系建设，持续推进智慧执法体系建设。要推进重大工程实施，围绕减污降碳协同、环境品质提升、生态保护修复等重点领域，组织实施一批重大工程，同时推动提升环境基础设施建设水平。

（三）推进机制

有效的政策机制是美丽中国建设的重要基础。在推进美丽湖北建设方面，坚持和加强党对美丽湖北建设的全面领导，各级党委和政府要强化生态环境保护政治责任，把美丽湖北建设作为事关全局的重大任务来抓，分类施策、分区治理，精细化建设。积极开展政策研究，适时开展美丽湖北建设成效考核。同时，推进"美丽细胞"工程建设，开展美丽建设创新示范。开展美丽河湖、美丽小流域、美丽园区、美丽学校等不同层级、不同类别、不同领域的美丽细胞工程示范建设。

B.11
湖北新型城镇化高质量发展研究

陈丽媛*

摘　要：　湖北省作为人口大省，在统筹高质量发展和高水平安全基础上加快新型城镇化建设，并取得积极成效。但在推进过程中，存在区域城镇化水平差异较大，区域、城乡、城镇发展不平衡，城市建设和管理水平不高，城乡公共服务供给不均衡，城市历史文化及生态环境保护力度不够等问题。建议通过发挥都市圈引领作用、推动以县城为重要载体的就地城镇化和"双集中"发展、实施城市更新行动、加强城市数字化管理、高水平保护城镇历史文化及生态环境等举措推动新型城镇化高质量发展。

关键词：　新型城镇化　高质量发展　湖北

　　城镇化是现代化的必由之路。党的十八大以来，我国坚持以人为核心、质量优先的新型城镇化建设，城镇化迈入高质量发展阶段。湖北是人口大省、农业大省，要在统筹高质量发展和高水平安全的基础上加速湖北新型城镇化步伐，同时，这也是落实全面推进以流域综合治理为基础的四化同步发展、奋力推进中国式现代化湖北实践的重要要求。

一　湖北新型城镇化现状

　　湖北省在推进新型城镇化的过程中，主要的做法及取得的成效体现在以下五个方面。

---

　　* 陈丽媛，湖北省社会科学院长江流域经济研究所副研究员，主要研究方向为区域经济。

（一）加强顶层设计

强化规划引领。为推动湖北新型城镇化高质量发展，湖北出台了一系列文件和实施方案。2021 年，出台《湖北省新型城镇化规划（2021~2035年）》和《湖北省"十四五"推进新型城镇化建设实施方案》，确定了湖北各城市的地位，明确未来城镇化发展目标及湖北新型城镇化推进的路径。同年，《湖北省人民政府办公厅关于加快推进城镇老旧小区改造工作的实施意见》出台，推动城市有机更新，提升城市品质。县域城镇化发展方面，2020 年，国家发展改革委发布《关于加快开展县城城镇化补短板强弱项工作的通知》，湖北阳新县、红安县、大悟县等 10 个县进入了全国县城新型城镇化建设示范名单。2021 年，湖北省出台《湖北省县城城镇化补短板强弱项工作实施方案》，通过该方案的实施，全省县城公共服务设施、市政公用设施、环境卫生设施、产业培育设施不断完善，县城公共设施和服务能力得到切实提高。2023 年，湖北省推动县城就地城镇化 10 个试点县建设。2024 年 2 月 19 日，湖北新春第一会——奋力推进中国式现代化湖北实践大会提出"五个以"要求，明确以城镇和产业"双集中"发展为切入点推动新型城镇化。小城镇方面，2020 年，出台《湖北省"擦亮小城镇"建设美丽城镇三年行动实施方案（2020~2022 年）》，小城镇生产、生活和生态环境质量得到全面提升。通过统筹推进市州和县城城镇化"双轮驱动"，湖北的城镇化步伐将进一步加快，2023 年，全省 64 个县市新增城镇常住人口30.5 万人，城镇化率提高 1.1 个百分点，增幅为近三年新高。[①]

推动体制机制创新。湖北通过户籍管理制度改革、土地管理制度创新、基本公共服务共享机制的实施等举措，逐步消除阻碍城镇化健康发展的体制机制障碍。户籍制度改革方面，全省除武汉市外其他城市基本实现零门槛落户。土地管理方面，切实维护好进城落户农民土地承包经营权、宅基地使用权、集体

---

① 《统筹"人产城"湖北十县市试点城镇和产业"双集中"》，湖北省人民政府门户网站，2024 年 7 月 17 日。

收益分配权，不得以退出土地承包经营权作为农民进城落户的条件，解决好进城农民的后顾之忧。基本公共服务共享机制方面，通过实施教联体、医共体建设以及养老保险全覆盖等举措逐步实现城镇基本公共服务常住人口全覆盖。

（二）城镇化水平不断提高

城镇常住人口不断增加、常住人口城镇化率不断提高。从整体来看，2015～2023 年，湖北省常住人口数量从 3326.58 万人增至 3822 万人，增长率为 14.89%；常住人口城镇化率从 56.85% 持续上升到 65.47%，9 年间提高了 8.62 个百分点。但是与全国常住人口城镇化率相比，除了 2015 年、2016 年湖北领先全国，2017～2023 年均落后于全国，如 2023 年与全国相比差 0.69 个百分点（见表 1）。与全国平均水平相比，湖北城镇化步伐还有待进一步加快。

表 1　2015～2023 年湖北城镇常住人口数量、城镇化率变化情况

单位：万人，%

年份	城镇常住人口数量	常住人口城镇化率	全国常住人口城镇化率
2015	3326.58	56.85	56.1
2016	3419.19	58.1	57.35
2017	3499.89	59.3	60.24
2018	3567.95	60.3	61.50
2019	3615.47	61	62.71
2020	3632.06	62.89	63.89
2021	3736.45	64.09	64.72
2022	3779	64.67	65.22
2023	3822	65.47	66.16

资料来源：2015～2023 年湖北省、中华人民共和国国民经济和社会发展统计公报。

建成区面积逐步增大。农村人口向城镇的大量迁入促进了湖北城区的建设，建成区面积不断增大。2015～2022 年，湖北省城区面积虽然变化不大，但是建成区面积从 2197.0 平方公里扩大至 2866.2 平方公里（见表 2），增长率达 30.46%。

表2　全省城市面积变化情况

单位：平方公里

年份	城区面积	建成区面积	年份	城区面积	建成区面积
2022	7964.7	2866.2	2018	8145.9	2509.7
2021	8185.6	2789.7	2017	8084.1	2340.8
2020	8220.5	2756.8	2016	8334.2	2248.9
2019	8186.2	2661.0	2015	8114.6	2197.0

资料来源：历年《中国统计年鉴》。

（三）以都市圈引领的城镇化格局基本形成

《湖北省新型城镇化规划（2014~2020年）》实施以来，湖北省初步形成了武汉城市圈同城化发展、"襄十随神"一体化发展、"宜荆荆恩"一体化发展、"一主两翼"带动全省协同发展的新型城镇化格局。2022年，湖北省第十二次党代会作出大力发展武汉都市圈、襄阳都市圈、宜荆荆都市圈的战略部署，经过两年多的发展，湖北以"一主两副"为中心的三大都市圈引领的城镇化格局和区域经济布局基本形成。武汉GDP迈上2万亿元台阶，襄阳排中部非省会城市第1位、宜昌排第2位。

三大都市圈通过规划同编、交通同网、项目共建、产业共建、生态共治、民生同保等举措，推进一体化进程。产业协同发展方面，武汉都市圈聚焦光电子信息、高端装备、生命健康等优势产业，加快推动产业协同联动。如东湖高新区与黄石等6市共建以光电子信息产业为代表的电子信息万亿产业集群；武汉经开区与孝感、仙桃共建车谷产业创新走廊；打造以"汉孝随襄十"为重点的万亿级汽车产业走廊，以新能源汽车、智能网联汽车为重点建设全国汽车产能基地。襄阳都市圈除了推进万亿级汽车产业走廊，还打造远景零碳产业园智能制造基地等一批重大产业引领工程项目。宜荆荆都市圈组建以兴发集团为链主龙头企业的磷化工供应链平台。生态共治方面，三大都市圈建立生态环境联席会议制度和沟通联络机制，开展双边、多边协作会商，共同解决跨界河湖治理问题。民生同享方面，2023 年，武汉都市圈有 1000 项政务服务事项实现"一圈通办"，"襄十随神"有 912 项，"宜荆荆恩"有 638 项。① 同时，三大都市圈通过加快建设武汉新城、襄阳东津中央商务区等十大标志性工程及打通武鄂黄黄快速通道、宜昌融入西部陆海新通道等十大功能性工程建设，全面提升都市圈发展能级，形成大中小协同联动、组团发展的格局。

（四）城市品质加快提升

推动绿色城市建设。实施城市生态修复工程，通过亲水空间、社区公园、城市绿心建设，推进城市小规模、渐进式"留白增绿"，构建开放便民的城市绿地系统。

实施城市更新。据统计，2023 年湖北省完成城镇老旧小区改造 4296 个，惠及 53.01 万户居民。2024 年计划老旧小区改造 4090 个、60.4 万户，截至 5 月底已开工 3598 个。② 目前，湖北省正通过推进智慧小区建设、社区嵌入式服务设施建设、"适老化""适儿化"改造等工作，营造全龄友好、安全健康的生活环境。

推动数字城市建设。为加快推进各地城市数字公共基础设施建设，湖北省打造城市信息模型（CIM）平台，以城市数字模型为基座，对建筑物、构筑物等进行编码赋码，集成"一标三实"（标准地址、实有人口、实有房屋、实有单位）数据，实现数据统一管理、系统统一融合、服务统一发布。截至目前，湖北省城市信息模型（CIM）平台基本建成，各地生产上图的建筑物白模（包含建筑物的外形和高度信息的三维模型）编码赋码率达100%，"一标三实"数据治理上图快速推进。③ 新基建"多点开花"，如襄

---

① 《三大都市圈协同发力 湖北城乡区域发展更加协调》，湖北省人民政府门户网站，2024 年 1 月 25 日。
② 《城市面容"逆生长"生活品质再升级》，荆楚网-湖北日报网，2024 年 6 月 29 日。
③ 《夯实城市"数公基"，湖北"数字孪生"城市拔节生长》，湖北省人民政府门户网站，2024 年 6 月 28 日。

阳市获批国家级车联网先导区、黄冈全市北斗终端农机数量占应用农机总量的比重超过 30%①、荆门智慧城市大脑获评全国十大样板工程，等等。数字政府、数字经济、数字社会建设稳步推进，如依托湖北省政务服务网、"鄂汇办" App、省市县（区）三级政务服务中心，政务服务基本形成"一网通办、一窗通办、一事联办、跨省通办"模式。

推动安全韧性城市建设。通过城市应急和防灾减灾能力建设、城市公共卫生防治救治能力建设、城市排水防涝能力提升工程、优质水供给工程、安全气保障工程等举措建设健康、安全、灵敏的韧性城市。如武汉市加强排水防涝应急能力建设，打造国家级的城市排涝应急中心；建成社区应急服务站1400 余个，② 构建共建共治共享良性格局。襄阳市将"海绵城市"理念融入新区建设，建设地下综合管廊，引入智能化排水系统，提升城区排水防涝能力。

湖北省城市基础设施、人居环境、公用事业等大为改善，城市品质得到明显提升。从表 3 中 2015 年、2022 年以及 2023 年的部分指标比较可以看出，城市的水、电、路、气及通信等市政公用设施建设显著改善，城市污水、垃圾处理能力大幅提升，城市绿化覆盖率不断提高，城市医疗卫生、教育、就业、社会保障等公共服务水平明显提高。

表 3　湖北省城市基础设施和服务设施部分指标变化情况

指标	2015 年	2022 年	2023 年
城市市政公用设施建设固定资产投资总额(百亿元)	16204.4	22309.9	—
人均城市道路面积(万平方米)	15.15	19.67	—
城市用水普及率(%)	98.83	99.93	—
城市燃气普及率(%)	94.49	99.50	—
建成区绿化覆盖率(%)	37.5	42.9	—
城市污水日处理能力(万立方米)	656.0	1030.6	—
全省普通本专科在校生数(人)	1410567	1772611	1839900

① 张博：《湖北"新基建"激发发展新动能》，《中国信息报》2024 年 7 月 4 日。
② 《良性互动！武汉加快推进韧性城市建设》，《长江日报》2024 年 5 月 23 日。

续表

指标	2015 年	2022 年	2023 年
城市医疗卫生机构床位数(张)	159634	201284	—
年末城镇职工参加基本养老保险人数(万人)	874.9	1318.8	1379.59
年末职工参加基本医疗保险人数(万人)	949.4	1240.4	1342.58
城镇就业人员数(万人)	1797.47	1897.00	—

资料来源：2015 年、2022 年《中国城乡建设统计年鉴》；2016 年、2023 年《中国统计年鉴》；2023 年数据来自湖北省国民经济和社会发展统计公报。

（五）城乡融合不断推进

多年来，湖北省在构建新型工农、城乡关系的实践中接力向前，从"城乡统筹"到"城乡一体化"，再到"城乡融合"，通过推动城市公共服务向乡村覆盖、城市基础设施向农村延伸、资源要素向农村流动、城乡产业协同发展等举措，城乡协调发展水平不断提高，农村居民生活质量持续改善，农村面貌也焕然一新。如表 4 所示，农村居民人均可支配收入从 2015 年的 11843.9 元增加到 2023 年的 21293 元，增长了 79.78%；城乡居民人均可支配收入比由 2015 年的 2.28 缩小至 2023 年的 2.11。农村居民人均消费支出从 2015 年的 9803.1 元增加到 2023 年的 20922 元，增长了 113.42%。城乡居民人均消费支出比从 2015 年的 1.86 缩小至 2023 年的 1.51。2023年，湖北新建 350 万亩高标准农田，总面积达到 4612 万亩，占耕地比重提高到 64.8%；新改建 1 万公里农村公路、18.1 万户农村户厕，新建 200 个和美乡村，农村面貌发生显著变化。[1] 同时，全省的优质公共服务加快向基层延伸。72% 的县建有三级医院，纳入教联体的中小学比例达到了 66%，县级物流配送中心建成 105 个，村级网点约 2.07 万个，寄递物流基本实现行政村全覆盖。[2] 快递进村促进了城乡双向流通，改变了农民的生活方式，满足了消费者个性化的需要，也让农产品推向全国各地更加便捷，增加了农民

---

① 2024 年湖北省政府工作报告。

② 2024 年湖北省政府工作报告。

的收入。湖北省农村居民每百户年末主要耐用消费品拥有量明显增加，如家用汽车 2015 年 7.2 辆，2022 年增至 30.2 辆；空调 2015 年 43.5 台，2022 年增至 106 台；计算机 2015 年 26.2 台，2022 年增至 30.0 台。[①]

表 4　城乡居民人均收入、消费数据

单位：元

项目	2015 年	2023 年
农村居民人均可支配收入	11843.9	21293
城镇居民人均可支配收入	27051.5	44990
农村居民人均消费支出	9803.1	20922
城镇居民人均消费支出	18192.3	31500

资料来源：2015 年、2023 年湖北省国民经济和社会发展统计公报。

二　湖北新型城镇化高质量发展存在的问题

湖北新型城镇化建设取得的成就有目共睹，但是在推进的过程中，也还存在一些需要解决的问题。

（一）区域城镇化水平差异较大

尽管湖北省城镇化水平不断提升，但是不同城市城镇化水平存在较大差异。武汉市常住人口城镇化率高达 84.79%，黄石、十堰、宜昌、襄阳、鄂州、荆门、孝感、仙桃常住人口城镇化率在 60%~70%，荆州、黄冈、咸宁、随州、潜江常住人口城镇化率在 50%~60%，天门、恩施自治州、神农架林区常住人口城镇化率在 50% 以下（见表 5）。

---

① 2016 年、2023 年《中国统计年鉴》。

表5　2023年湖北省各区域城镇化水平

单位：万人，%

区　域	全市常住人口	城镇常住人口	常住人口城镇化率
武　汉	1377.40	1167.90	84.79
黄　石	243.95	166.47	68.24
十　堰	315.32	200.48	63.58
宜　昌	392.40	256.32	65.32
襄　阳	527.85	338.62	64.15
鄂　州	107.22	72.80	67.9
荆　门	255.00	156.06	61.20
孝　感	417.18	262.11	62.83
荆　州	513.55	298.80	58.18
黄　冈	579.22	292.62	50.5
咸　宁	260.84	153.50	58.85
随　州	200.37	118.46	59.12
天　门	109.38	51.87	47.42
仙　桃	109.32	67.16	61.43
潜　江	85.57	48.59	56.78
恩施自治州	339.04	167.52	49.41
神农架林区	5.79	2.87	49.5

资料来源：湖北省各地2023年国民经济和社会发展统计公报，潜江为2022年的数据。

（二）区域、城乡、城镇发展不平衡

区域发展水平差距依然较大。2023年人均地区生产总值最高的城市（武汉14.57万元）与最低的城市（恩施4.35万元）相比，前者是后者的3.3倍。

城乡居民人均可支配收入与全国相比差距依然较大。湖北省国民经济和社会发展统计公报数据显示，2023年，湖北全省居民人均可支配收入35146元，全国居民人均可支配收入39218元，湖北省居民人均可支配收入仅为全国平均水平的89.62%，城镇、农村居民人均可支配收入分别为44990元、21293元，分别比全国平均水平低6831元、398元。

地级市城市能级有待进一步提升。"一主"龙头作用日益凸显，但与北京、上海、广州等国家中心城市相比，功能不强；与周边城市的协调互动、辐射带动作用也仍然不够。"两副"的实力依然与武汉差距较大，2023 年，武汉、襄阳、宜昌的 GDP 分别为 20011.65 亿元、5842.91 亿元、5756.35 亿元，襄阳、宜昌 GDP 分别只占武汉的 29.20%、28.76%，两个省域副中心城市的综合功能、辐射功能、承接功能等都有待进一步提升。同时，武汉都市圈、襄阳都市圈、宜荆荆都市圈三大都市圈虽然建设全面提速，但是一体化建设有待进一步推进。除了"一主两副"外，荆州市 2023 年 GDP 突破了 3000 亿元，但其他地级市 GDP 尚未突破 3000 亿元，各城市整体实力还不强。总体来说，不同于沿海省份大多拥有"双子星""多子星"，湖北省仍属于单极核心省份，各地级市城市功能有待进一步提升。

县域经济实力不够强。截至 2023 年 12 月 31 日，湖北共有 103 个县级行政区。《2023 中国县域经济百强研究》指出湖北省有 8 个县市包括仙桃市、大冶市、宜都市、潜江市、枣阳市、枝江市、汉川市、天门市入围全国百强县，分列第 56 位、57 位、63 位、77 位、80 位、83 位、86 位、96 位，入围数量居中部第一，在全国排第四，同时仙桃市成为湖北首个"千亿县"。① 但与此同时，与沿海江浙等省份相比，仍存在较大差距。江苏共有 23 个县市上榜，总数位居全国第一，浙江、山东分别占 16 席、13 席②。湖北县域发展不足将影响县域城镇化发展，加剧人口流失。同时，湖北巩固拓展脱贫成果与乡村振兴有效衔接的任务依然重，压力大。

（三）部分城市公共服务供给保障能力仍不充分

全省户籍制度改革相关配套政策尚未全面落实，农村人口在城镇落户吸引力不强，农业转移人口融入城市的动力和能力都不足。除了武汉及少数的几个城市，绝大部分城市是人口外流城市，2023 年武汉市国民经济和社会

---

① 《最新发布！湖北 8 地入围全国百强县》，湖北省人民政府门户网站，2023 年 7 月 25 日。

② 《2023 年中国县域经济百强研究》，https://baike.baidu.com/item/2023%E4%B8%AD%E5%9B%BD%E5%8E%BF%E5%9F%9F%E7%BB%8F%E6%B5%8E%E7%99%BE%E5%BC%BA%E7%A0%94%E7%A9%B6/63249323。

发展统计公报数据显示，武汉市户籍人口 949.52 万人，常住人口却达 1377.40 万人。而省域副中心城市襄阳对比六普和七普数据，市域常住人口减少约 23.9 万人①，市域人口呈现净流出态势。公共资源分配不均衡，大中城市托育、教育、住房、医疗、养老等公共资源分布不均衡，县城短板更加突出。以松滋市的教育与医疗养老为例，教育方面，松滋市中心城区幼儿入园难问题依然存在；城区义务教育阶段学位数量仍然不能满足需求；高中教育质量不强，难以吸引高水平的师资力量；职业教育由"职高"向"职院"突破难度大，职业教育培养专业人才的优势没有真正发挥。医疗方面，松滋市内缺乏高等级综合性医院和高水平的专科医院。养老方面，松滋市适老型社区建设非常滞后。县域公共服务供给能力不足，影响了以县城为中心的就地城镇化步伐。

（四）城市建设与管理仍有不足

城市基础设施现代化水平不高。交通基础设施方面，城市交通基础设施依然存在"最后一公里"问题，如多式联运衔接不畅，同时存在交通拥堵、停车难问题。比如，省域副中心城市襄阳市的快速路尚未成网，骨干道路、重要节点立交化程度不高，交通拥堵频发，严重限制机场和高铁站等重大交通枢纽面向城区内部的半小时可达范围，造成"门到门"通勤出行时间偏长，影响公交运营速度和公交出行可靠性。环境基础设施方面，2024 年中央生态环保督察通报的第二批典型案例中指出，湖北有部分城市水环境基础设施改造缓慢，生活污水直排、城市黑臭水治理不力等问题依然存在。一些城市污水管网排查整改不到位，截至 2024 年 4 月，湖北省管网混错接、缺陷整改完成率分别仅为 43.6%、41.1%。② 部分城市防洪排涝设施标准较低，"城市看海"现象仍然存在。2024 年 6~7 月出现的持续大暴雨，让很

---

① 《襄阳市第七次全国人口普查公报发布全市常住人口 526. 10 万人》襄阳市政府网，2021年 6 月 21 日。

② 《中央生态环保督察：湖北省部分城市水环境基础设施短板突出　生活污水治理工作推进不力》，https：//www.chinanews.com.cn/gn/2024/05-27/10223803.shtml。

多城区多处出现积水、内涝，充分暴露出城市防洪能力不足的问题。

城市精细化管理水平不高。湖北一些城市规划建设管理存在重开发建设、轻管理服务，重新城建设、轻老城更新，重地上建设、轻地下管护等问题，导致一些城市规划建设和管理水平不高、缺乏特色，一些城市空间开发无序，交通拥堵、住房紧张、环境污染、就业压力增大、生态空间不足等"城市病"开始显现。一些地方过多依赖土地财政推进城镇建设，加剧了土地粗放利用。城市治理的科学化、精细化、智能化水平不高，城市发展韧性和抗风险能力略有不足。

（五）部分城市历史文化及生态环境保护力度不够

2013 年 12 月，习近平总书记在《中央城镇化工作会议》发出号召："让城市融入大自然，让居民望得见山、看得见水、记得住乡愁。"传统的城镇化发展模式忽视了城市历史文化的保护，也带来了城市生态环境的破坏。城镇空间环境缺乏特色、忽视乡土景观生态遗产，一些古建筑虽被列为文物保护单位，但保护力度明显不足。如 2020 年住建部通报荆州巨型关公雕像遭到破坏，影响了古城风貌和历史文脉。一些城市在进行城市建设的过程中，破坏了自然水体生态，部分自然驳岸被人工建筑占据。水体污染控制不严，随意排放生活污染物。城镇园林绿地系统建设滞后，比如为修建道路，许多城市的树木不得不砍伐。一些城市环城绿化带建设滞后，城镇绿化覆盖率较低，园林绿化建设仍处于"增绿量"阶段，离"好不好"阶段还有距离。2022 年湖北省 38 座城市建成区绿化率，孝感市、十堰市、监利市分别以 42.15%、42.13%、41.81%排前 3 名，倒数后三位钟祥为 34.31%，麻城为 31.66%，潜江市最低，只有 31.41%。① 绿色建筑任重道远。湖北省"十四五"绿色建筑发展的工作目标提出"到 2025 年城镇新建建筑全面建成绿色建筑"，2024 年《湖北省绿色建筑发展条例》出台，但是政策约束性不强、执行力不足、监管缺少手段、市场主体积极性不高等问题阻碍着城镇绿色建筑的推进。

---

① 2022 年湖北省城市建设状况公报。

三 湖北新型城镇化高质量发展路径建议

认真落实《湖北省流域综合治理和统筹发展规划纲要》对城镇化发展相关要求，针对城镇化进程中存在的问题，探索新型城镇化高质量发展路径，实现湖北城镇高质量发展和高水平保护。

（一）继续提升三大都市圈能级，推动全省城市的高质量发展

一是加快建设重点区域。抓好武汉新城、花湖临空经济合作区等八大跨界一体化发展示范区建设，推动东湖科学城加快建设集成电路、数字经济、绿色激光、创新药等特色产业基地，推进具有全国影响力的科技创新中心建设。二是做强武鄂黄黄核心区。推进八大城市组团差异化、特色化发展，共同打造光电子信息、大健康等产业集群。大力推进武鄂黄黄交通强链补链等十大工程，加快建设武汉天河机场、鄂州花湖机场航空客货运双枢纽，加快构建"超米字形"高铁网和"祖国立交桥"。三是加快推进武汉都市圈一体化发展。加快实施武汉都市圈发展规划，以光谷科技创新大走廊、车谷产业创新大走廊为纽带，扎实推进重点项目建设，持续推动长江经济带高质量发展；大力开展共同缔造活动，坚持推动公共服务共建共享，积极探索中国式现代化湖北路径。

加快襄阳都市圈高质量发展。进一步支持襄阳市做强做大，实现城市能级、经济量级、产业层级三方面的新跨越，成为引领汉江流域发展并辐射南襄盆地的核心增长极。抓好东津新区、襄宜南地区、河谷城市组群等重点区域的发展。如东津新区建设要坚持产业引领、以产兴城、产城融合，努力打造国家级产城融合示范区，加快建设现代化城市新中心。围绕一批重大交通项目、多式联运集疏运体系和物流园区建设，建成联结中西部新通道的核心枢纽节点，加快打造全国性综合交通枢纽和物流枢纽。围绕建设高水平国家产业转型升级示范区，加快打造万亿工业强市，持续抓好汽车、电子信息、航空航天、装备制造等先进制造业产业链建设，突出抓好新能源汽车和以新

能源汽车为牵引的新能源新材料产业。围绕提升引领辐射带动能力，加快打造宜居韧性智慧城市。实施城市更新行动，扎实推进城镇老旧小区改造、适老化建设改造、完整居住社区建设，加快补齐基础设施、公共服务短板。抓好全国城市数字公共基础设施试点建设，提升城市运行管理效能。

推进宜荆荆都市圈提质增能。重点推进宜昌东部未来城、宜昌高铁新城、荆州经开区、荆州高新区、荆州关沮新城、荆门高新区、漳河新区等7个关键节点片区的建设。推动基础设施互联互通，建设好沿江高铁荆门至宜昌段、荆州至荆门城际铁路、当枝松高速等项目；有序推进宜昌至恩施至涪陵高铁、宜昌至常德高铁、荆州至岳阳高铁等项目的前期工作，早日开工，形成"对外同辐射、对内成一体"的交通体系。实施产业协同发展。共建"宜荆荆"科创大走廊，培育国家级"宜荆荆"磷化工产业集群，打造世界级动力电池产业集群和核心基地。以"当枝松东宜"县域融合发展示范区为先锋，统筹推进基础设施、乡村振兴、生态环境、公共服务等重点领域合作共享，率先在宜荆荆都市圈实现协同发展。推动民生同保，坚持民生优先，全面实现公积金互认互贷、医保异地结算等"跨域通办"事项，让人民群众和市场主体享受更多"同城待遇"。

（二）加快推动以县城为重要载体的就地城镇化和"双集中"发展

以县城为重要载体的就地城镇化和"双集中"发展，是湖北省委、省政府的重大战略决策，是湖北推进中国式现代化实践的重要抓手，也是推动湖北城市从粗放型外延式发展向集约型内涵式发展转变的必然要求。各县要统筹生产、生活、生态，推动功能集成、产业集中、人口集聚、要素集约，不断提升县域的承载力。

优化县域空间布局。修改完善各县域国土空间总体规划，优化城市功能结构、明确产业方向、合理布局各类用地，推动城市布局集中发展。合理管控县城城市规模和密度，落实《关于加强县城绿色低碳建设的意见》中县城绿色低碳规划建设标准，对住宅的高度、开发的强度、城镇建设的密度、城市风貌的控制要有明确的规定，防止盲目进行高密度高强度开发

175

和摊大饼式无序蔓延，实现县城建设疏密有度、错落有致、合理布局。统筹老城疏解更新和新城开发，老城要加快城市更新，配齐公共配套服务设施，提升服务品质，打造慢生活体验区；新城布局要根据县域人口来确定，不宜过多过散，要突出教育、商住，盘活存量公共基础设施，依托教育等公共服务引导，疏解老城区人口，吸引新市民聚集，打造城市发展新中心。

提升县城服务能力。对照 2024 年 7 月国务院印发的《深入实施以人为本的新型城镇化战略五年行动计划》要求，实施好新一轮农业转移人口市民化行动，包括因地制宜进一步细化农业转移人口市民化激励政策、进城落户农民农村权益维护政策。完善县域商业网络设施和业态，提升县城教育、医疗、文化等公共服务能力和水平，完善住房保障制度，让农民到县城能更好地安居乐业。坚持从实际出发，不断完善适合县城特点的小型化、分散式基础设施。不断优化各县营商环境，大力实施政策引人、环境留人、就业聚人。加大阳新县、红安县、大悟县、南漳县、监利市、仙桃市、潜江市、天门市、赤壁市、宜都市等 10 个示范县市先行先试支持力度，打造县城城镇化建设"头雁"形成示范，争取部分试点在全国能形成示范。①

壮大县域主导产业。因地制宜培育壮大各县 1~3 个主导产业，推动产业向园区集聚发展，新上产业项目原则上选择产业园区落地，结合城市更新推动产业园区以外的存量项目向产业园区搬迁转移。优化整合产业园区，开展标准化专业园区建设，提高园区智能化管理水平。促进产业链式集群发展，围绕各县主导产业落实"链长+链主+链创"联动机制，强化产业链招商，推动产业向高端化升级、数智化赋能、绿色化转型发展。

高质量建设特色小镇。特色小镇是湖北省发展县域经济和块状经济的重要载体。要进一步挖掘特色小镇地域特色，注重创新导向，以"产业特而强、功能聚而合、形态小而美、机制新而活"为导向，分类建设一批新型

---

① 《湖北省县城城镇化补短板强弱项工作实施方案》。

工业强镇、现代农业大镇、文化旅游名镇、商贸物流重镇。特色小镇要全力聚焦主导产业的发展，以打造成行业中的"单项冠军"为目标。

加快推进以县域为单元的城乡统筹发展。构建一二三产业融合的发展体系。搭建"三农"服务平台，深化供销合作社综合改革，更好把生产与市场连接起来。发展新型农村集体经济，让农民深度融入产业链价值链，更多分享产业增值收益。增强县城服务"三农"的能力，推进县城基础设施向乡村延伸，补齐县级物流配送中心等设施短板，建设骨干冷链物流基地，培育壮大乡村电子商务市场。构建统筹县城、乡镇、村庄的三级公共服务体系。推进城乡基本公共服务均等化，大力推动教联体、医联体等建设。完善社会保障制度，推进城乡养老保险一体化。健全乡村公共文化服务体系，推动城乡基本公共文化服务均等化。建立城乡统一的要素市场，完善城乡建设用地市场，构建开放透明、公平竞争、统一规范的城乡劳动力市场。构建政府、社会、村民共建共治共享的治理体系，推进乡村治理体系和治理能力现代化。

（三）加强信息赋能，进一步推进智慧宜居韧性城市建设

实施城市更新行动。加快物联网、云计算、大数据、5G 通信等数字化技术的运用，推动城镇基础设施智能化升级。积极开展美好环境与幸福生活共同缔造活动，推动公共服务供给优化、美丽街区、老旧小区改造、保障性住房建设、"平急两用"公共基础设施建设、城中村改造、城市环境提升等各类行动，全面提升城市生态宜居水平。增强城市防洪排涝能力、完善城市风险防控体系、提高城市公共卫生防治救治能力、加强城市应急和防灾减灾能力建设，建设健康、安全、灵敏的韧性城市。

建设智慧城市。打造运行高效的智慧城市，围绕公共交通、快递物流、就诊就学、城市运行管理、生态环保、证照管理、市场监管、公共安全、应急管理等重点领域，推动一批智慧应用区域协同联动，[①] 加快建设"城市大

---

① 《"十四五"国家信息化规划》。

脑",构建智慧城市综合管理体系,全面提升城市智慧化管理水平。加快数字化服务在教育、医疗、养老、就业、助残、托育、文体等领域普惠便捷应用,扩大城镇优质公共服务资源覆盖范围,提升群众获得感。打造智慧医院、智慧校园、智慧社区、智慧停车和智慧景区等一批"新场景"应用示范,促进数字化公共服务新模式、新业态健康发展。

(四)加强历史文化及生态环境高水平保护,建设绿色城镇体系

赓续历史文脉。保护好城镇的文物古迹、历史建筑、历史街区、工业遗产,深入挖掘它们的内涵与价值,实现各类历史文化遗存的保护传承以及活化再利用,彰显城市文化底蕴。加大图书馆、纪念馆、城乡阅报栏等公共文化设施投入,因地制宜建设城市博物馆、文化馆、城市会客厅、规划展览馆,完善乡镇(街道)、村(社区)基层文化设施,建立公共文化数字化网络,提升文化设施设备覆盖率。大力发展城市文化产业,不断完善城市文化产业基础设施,推动文化综合体项目建设。

坚持"四水四定"原则。坚决落实以水定城、以水定地、以水定人、以水定产,坚决落实水资源最大刚性约束作用,合理确定城镇人口、用水、用地规模,合理确定城镇开发建设密度和强度,建设与资源环境承载力相匹配的山水城理想空间格局,以水资源的集约节约安全利用支撑湖北城镇经济社会的高质量发展。

推进城镇绿色生产。绿色低碳是城市实现高质量发展的必由之路。实施好"碳汇荆楚""碳汇+"交易两大工程,落实好湖北制定的碳达峰、碳中和总体方案。建立健全城镇绿色低碳循环发展经济体系,推进城市工业绿色升级,大力推广节能环保关键材料、重要设备和产品的广泛应用,推动节能环保、清洁生产和环境服务等绿色产业的加速发展;推行产品绿色设计,创建绿色园区、绿色工厂、绿色设计产品以及绿色供应链管理示范企业;提高服务业绿色发展水平,建设绿色流通主体,推广绿色生活方式。逐步提高城镇绿色能源消费比重,开展绿色(新)能源示范市(县)建设。大力推广绿色节能建筑,鼓励城镇老旧小区绿色化改造。开发"城市矿产",推动废

弃资源回收利用。满足生态保护红线和长江干流、重要支流岸线管控要求，加强沿江工业园区污染治理及管控，满足水环境安全底线要求。

实施城镇生态环境保护与修复。积极推进各城市生态绿色廊道建设，加强破损山体的修复；继续实施绿满荆楚工程，大规模开展城市土地绿化，提高城市绿化率；加强城市湿地、湖泊、河道等各类水环境的保护修复；探索在城市间建设生态缓冲带，为城市间留够足够的生态安全空间；推进城市小规模、渐进式"留白增绿"，加强亲水空间、滨河湿地、郊野公园、社区公园、城市绿心建设，建设生态好、环境美、低碳的绿色城市。

参考文献

罗静：《提升新型城镇化质量》，《决策与信息》2020 年第 10 期。

位欣、王欠、张逸夫：《高质量发展视角下的湖北省人口发展与新型城镇化研究》，《规划师》2022 年第 4 期。

冯芸、马涛：《深入实施以人为核心的新型城镇化战略 推动城市高质量发展和土地高水平保护利用》，《河南日报》2023 年 12 月 6 日。

B.12
武汉都市圈县城城镇化水平测度
与政策优化研究

叶青清*

摘　要： 县城"亦城亦乡"，在地理空间上具有天然的"承上启下"的连接功能。本文从县域尺度出发，对武汉都市圈县城城镇化发展的总体情况、水平测度及空间格局进行系统分析，归纳武汉都市圈县城城镇化发展的关键问题，结合县城实际，提出打造县城"强磁场"，加快推进武汉都市圈县城城镇化高质量发展的政策优化路径。

关键词： 县城城镇化　城镇化发展　武汉都市圈

一　武汉都市圈县城城镇化发展的现状

2022年12月，《武汉都市圈发展规划》获得国家批复，成为第七个获得国家批复的都市圈规划。近年来，武汉都市圈县城城镇化快速发展，都市圈内部县域积极带动以县城为重要载体的新型城镇化建设，为湖北省加快建成中部地区崛起重要战略支点提供有力支撑，对加快区域协调、城乡融合具有重要的战略意义。

---

* 叶青清，湖北省社会科学院长江流域经济研究所助理研究员，主要研究方向为区域经济、城镇化发展。

（一）武汉都市圈的县域范围

学术界普遍认为，县和县级市的城区一般统称县城。[①] 市辖区是县级行政单位，但实际主体为城市建成区，所以在考虑研究范围时，本研究并未将其纳入。[②] 综上所述，本文从县域尺度出发，选择武汉都市圈内的 25 个县（市）为研究对象。其中，包含 10 个县级市、15 个县，不包含市辖区，未将鄂州市纳入研究范围。

本文研究的范围具体划定为武汉都市圈内的 25 个县（市），具体如表 1 所示。

表 1　武汉都市圈内 25 个县（市）

地级市	县（市）	地级市	县（市）
黄冈市	团风县	孝感市	云梦县
	红安县		应城市
	罗田县		安陆市
	英山县		汉川市
	浠水县	咸宁市	通山县
	蕲春县		通城县
	黄梅县		嘉鱼县
	麻城市		崇阳县
	武穴市		赤壁市
孝感市	大冶市	省直管市	仙桃市
	阳新县		潜江市
	孝昌县		天门市
	大悟县		

（二）县城城镇化发展的总体情况

本文选取 2018~2022 年 5 年为研究时序，对武汉都市圈县域尺度的城镇

[①] 魏超、李蓉娟等：《湖北省县城城镇化质量测度及协调发展研究》，《经济地理》2023 年第 6 期。

[②] 周茂权：《点轴开发理论的渊源与发展》，《经济地理》1992 年第 2 期。

化水平、城乡差距、社会保障水平、基础设施完善程度、生态环境质量等情况进行了现状分析。武汉作为湖北省的省会城市以及国家新一线城市，其经济体量与行政级别具有显著优势。武汉都市圈内部县城，自身资源禀赋与外部条件存在较大的空间差异性，其县城城镇化发展进程不同。总体来看，研究区域25个县（市），受武汉区域核心城市的辐射效应影响，以及武汉都市圈规划的各项政策扶持，县域新型城镇化总体发展态势良好，空间差异逐步减小，县城城镇化发展仍有较强的增长潜力，区域一体化发展进程逐步加快。

1. 城镇化水平稳中有进，县域间差异逐步缩小

分析2018~2022年武汉都市圈县城常住人口城镇化率变化可以看出，人口城镇化率整体发展水平呈稳步提升态势（见图1）。隶属黄石、咸宁、孝感的县（市）及省直管县仙桃市，其常住人口城镇化率呈现相对均衡态势。县城城镇化率水平较低的为黄冈市下辖的团风县、红安县等；相较而言，阳新县常住人口城镇化率变化较快，由2018年的39.01%提升到2022年的47.2%，与其他县市城镇化发展水平的差距正逐步缩小。

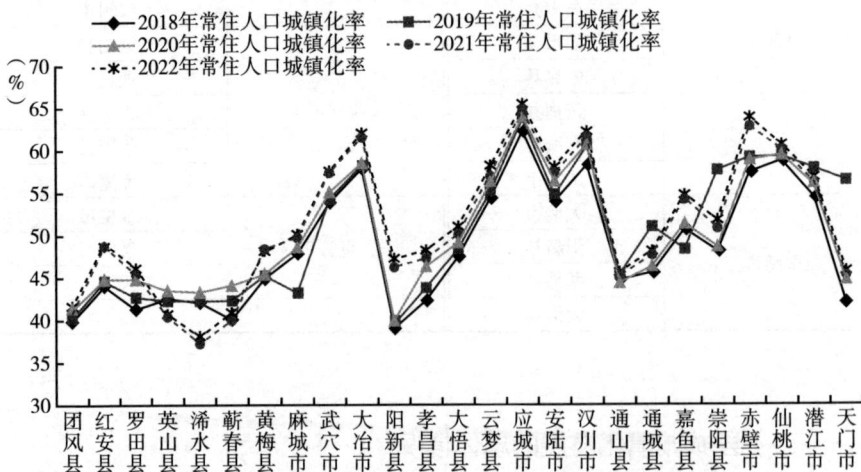

图1　2018~2022年武汉都市圈县城常住人口城镇化率

资料来源：历年《湖北统计年鉴》。

常住人口城镇化率是衡量地区城镇化发展水平的重要标志之一。研究期间内，以常住人口为统计口径，武汉都市圈县城常住人口城镇化率前十排名

有所变化。2018 年，人口城镇化率排名前十的县（市）为：应城市、仙桃市、汉川市、大冶市、赤壁市、潜江市、云梦县、安陆市、武穴市、嘉鱼县，以上十个县市的城镇化率均超过了 50%，其中应城市的人口城镇化率为 62.19%（见图 2）。此外，研究区域内 25 个县（市）的城镇化率低于 45% 的有 11 个，分别隶属黄石、黄冈、咸宁，其中城镇化率低于 40% 的县（市）仅有 2 个，分别是团风县和阳新县，这表明，黄冈人口城镇化水平在武汉都市圈县域范围内较低，县域经济发展短板明显。

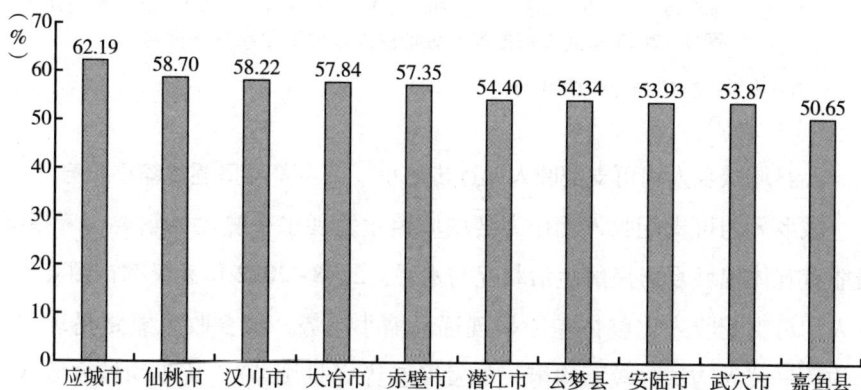

图 2　2018 年武汉都市圈县城常住人口城镇化率前十排名

资料来源：《湖北统计年鉴 2019》。

根据《2022 年湖北省国民经济和社会发展统计公报》数据，2022 年湖北省常住人口城镇化率为 64.67%。通过分析发现，2022 年武汉都市圈县城人口城镇化排名较 2018 年发生明显变化，但入围前十的县（市）与之前保持一致，2022 年应城市人口城镇化率仍保持排名第一的位次。仙桃、潜江的人口城镇化率增长较低，排名较 2018 年逐渐靠后，其余县（市）人口城镇化发展态势较强，城镇化率稳步增长。其中，应城市的人口城镇化率为 65.48%，超过了湖北省的常住人口城镇化率。整体来看，人口城镇化率超过 45% 的县（市）共计 21 个，比 2018 年多 7 个，表明随着县城城镇化建设的纵深推进与武汉都市圈各项规划、政策的有力扶持，县城常住人口城镇化率呈现稳步提升的良好态势（见图 3）。

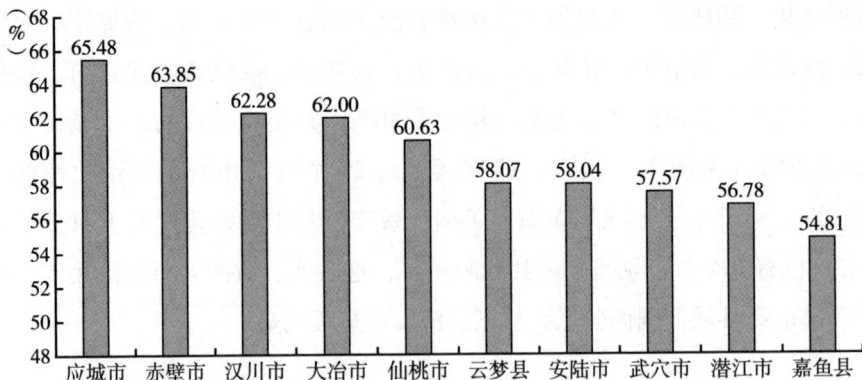

图3 2022年武汉都市圈县城常住人口城镇化率前十排名

资料来源：《湖北统计年鉴2023》。

2. 县城城乡人均可支配收入比逐步缩小，城乡差异呈逐步缩小态势

城乡人均可支配收入比作为县城城镇化发展水平测度的重要参考指标，最能直观体现城乡居民的生活状况与水平。2018~2022年武汉都市圈县城城乡人均可支配收入比整体差距呈现逐渐缩小态势，城乡收入差距呈现"整体均衡—较为均衡—较不均衡"的发展态势（见图4），从年均城乡收入差

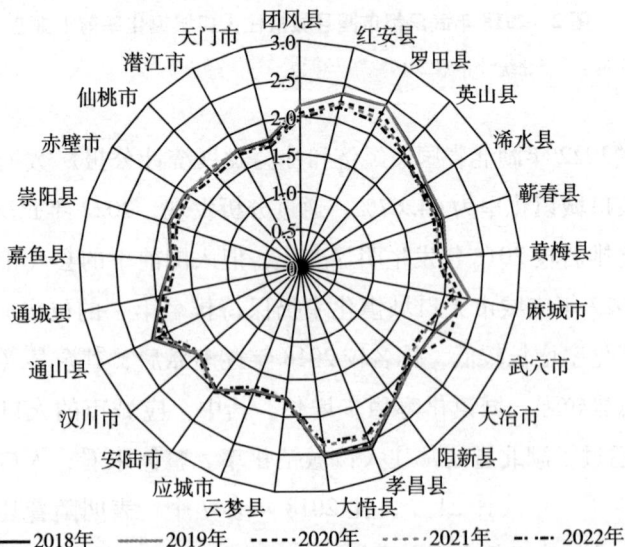

图4 2018~2022年武汉都市圈县城城乡人均可支配收入比

资料来源：历年《湖北统计年鉴》。

距看，武汉城市圈县城城乡人均可支配收入比最大和最小的县（市）差距呈稳步下降趋势，这说明县城城乡居民收入水平得到明显提升。隶属孝感市的孝昌县和大悟县，其城乡收入差距较大，分别由 2018 年的 2.59：1 和 2.54：1 变成 2022 年的 2.4：1 和 2.34：1。2022 年，研究区域内的 25 个县（市）中，仅红安县、大悟县、罗田县、阳新县这四个县域的城乡人均可支配收入比高于全省水平 2.16：1。

3. 社会保障水平显著提高，基本公共服务能力逐步提升

县城养老保险体系与医疗保障水平在社会保障及公共服务能力方面具有重要影响。本研究将 25 个县（市）分别归纳到隶属的地级（县级）市：黄石、咸宁、黄冈、孝感、仙桃、潜江、天门。当前，湖北省县城人口正经历快速老龄化，根据第七次全国人口普查数据，2020 年湖北省县城 65 岁及以上老龄人口占比达 13.95%，高于全国 13.50%的平均水平。[1] 完善养老保险体系，增强县城基本养老保险参保比例对于稳定县域经济社会的发展有着至关重要的作用。如图 5 所示，2018~2022 年武汉都市圈县城基本养老保险参保人数整体呈平稳增长的趋势。其中，隶属黄冈、孝感的县城基本养老保险参保人数较多，黄石的县城基本养老保险参保人数增长速度最快，2018~2022 年，其增长率达到 35%。

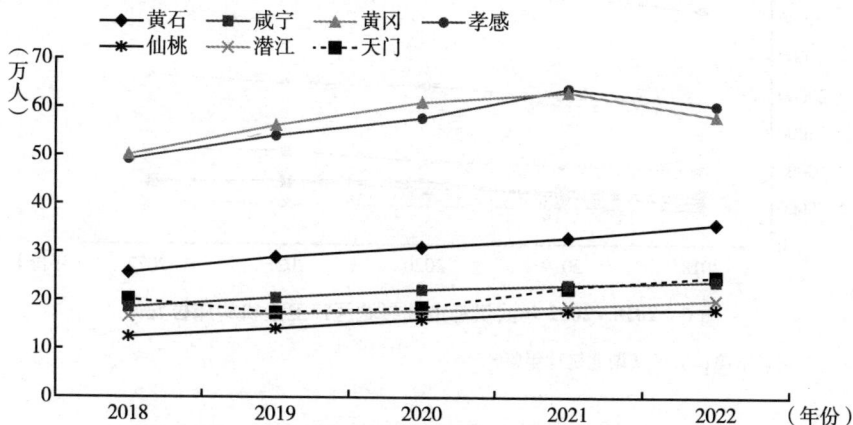

图 5　2018~2022 年武汉都市圈县城基本养老保险参保人数

资料来源：历年《湖北统计年鉴》。

---

① 《第七次全国人口普查公报》。

医疗卫生事业的发展情况是衡量县城城镇化质量的重要指标之一。湖北是医疗资源丰富的省份，尤其是省会城市武汉市，拥有多所全国知名的三甲医院，对武汉都市圈周边的城市发挥着较强的医疗虹吸效应。因此，武汉都市圈县城医疗水平的提高不仅能缓解省会城市武汉的医疗资源挤兑现状，又能提高武汉都市圈整体的社会公共服务支撑能力。县城尺度的医疗卫生机构床位数，在一定程度上反映了县城生活保障水平的高低。

从图6可知，2018~2022年，武汉都市圈内25个县（市）的医疗卫生机构床位数均保持增长态势。其中，黄冈市所辖的县（市）医疗卫生机构床位数增长较快，5年间增加11885张，增长率为38.46%。2022年，黄石市、孝感市所辖县（市）医疗机构床位数也出现较大幅度的增长，这说明武汉都市圈的县城公共卫生服务能力不断提高，医疗卫生机构床位数的增加反映出县城医疗资源日益丰富，得益于以武汉牵头的优质医疗资源向县域下沉以及医共体建设的稳步推进。

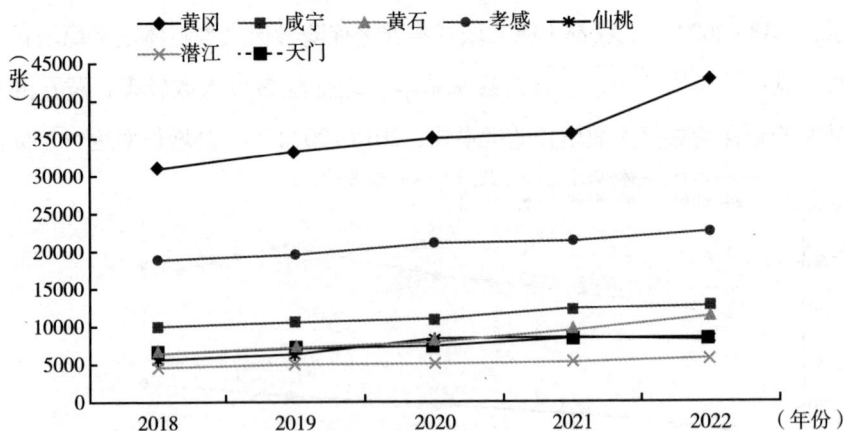

图6　2018~2022年武汉都市圈县城医疗卫生机构床位数

资料来源：历年《湖北统计年鉴》。

4. 基础设施建设逐步完善，生态环境质量稳步提升

县城城镇化发展的长治久安离不开基础设施建设的完善。城市的燃气供应系统在城市的能源配置以及基本建筑中占据了关键的位置，而

且，随着城市燃气的广泛使用，它在提高公众的生活水平、优化城市环境、增强能源使用效益方面发挥着至关重要的作用。从图7可知，武汉都市圈2018~2022年县城城市燃气普及率整体呈增长态势，其中大冶市、应城市、汉川市、仙桃市这4个县城的城市燃气普及率达到100%。其余县（市）的城市燃气普及率均有不同程度的增长，增长较快的县（市）有罗田县、通山县、天门市，2018~2022年分别增加了17.35个、26.01个和25.99个百分点。

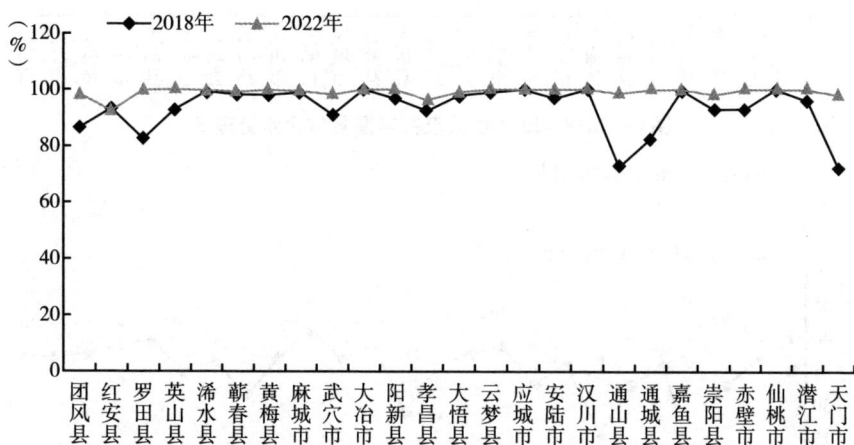

图7　2018~2022年武汉都市圈县城城市燃气普及率

资料来源：历年《湖北统计年鉴》。

县城生活污水处理率是衡量县域地区城市基础设施建设及环境卫生水平的重要指标，关乎居民的生命健康和生活质量，是评价县城绿色可持续发展的关键指标之一。

由图8可知，2022年武汉都市圈的县城污水处理率均高于2018年，其中部分县（市）的增幅较大，如阳新县和通城县，分别增加19.85个和19.98个百分点，其余大部分县（市）的污水处理率达到100%，这说明县城的基础设施建设质量得到明显提升，绿色发展理念贯彻执行到位，为县城的绿色可持续发展提供良好支撑。

如图9所示，2018~2022年武汉都市圈县城建成区绿化覆盖率也有明

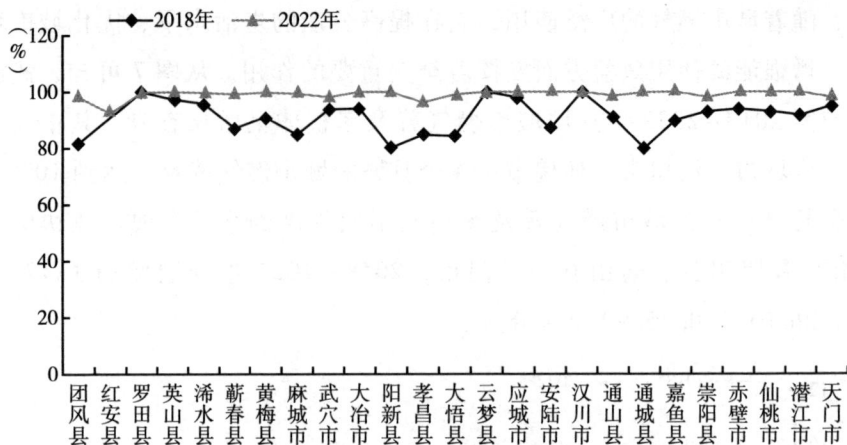

图8　2018~2022年武汉都市圈县城污水处理率

资料来源：历年《湖北统计年鉴》。

图9　2018~2022年武汉都市圈县城建成区绿化覆盖率

资料来源：历年《湖北统计年鉴》。

显提升。2018年，武汉都市圈内的英山县、黄梅县、大悟县、通山县的建成区绿化覆盖率较低，到2022年，这4个县（市）均有明显的提升，尤其是英山县，变化最为突出，增加了19.35个百分点。其余县（市）的建成区绿化面积也保持稳定的增长态势，这说明武汉都市圈县城立足自身发展优势，合理利用资源禀赋和各项利好政策，积极开展生态文明建设，因地制宜增加建成区的绿地面积，提升县城居民的人均绿化面积，打造和美宜居的绿色人居环境。

优良的空气质量是评价县城绿色生态环境和宜居程度的重要指标之一。2018~2022年，武汉都市圈县城空气质量优良天数比例整体呈增长态势，尤其是增长幅度较大的嘉鱼县、大悟县、汉川市，分别增加了18.6个、17.2个和13.5个百分点。这说明武汉都市圈内县（市）牢固树立绿色发展理念，加强环境治理，县城的环境空气质量持续向好（见图10）。

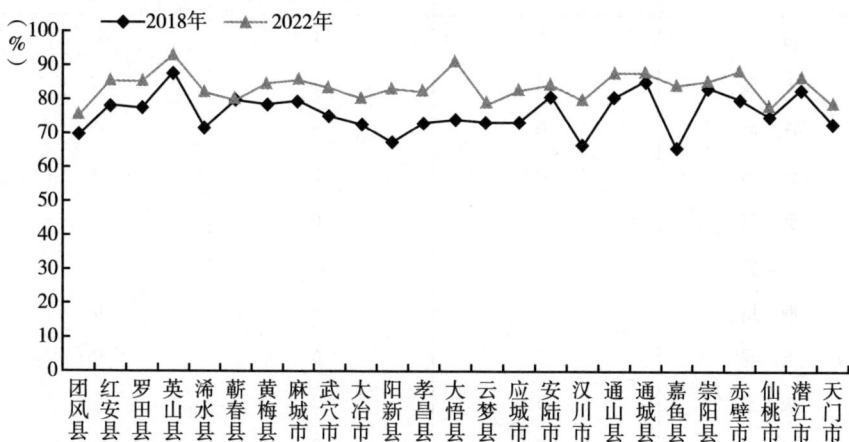

图10　2018~2022年武汉都市圈县城空气质量优良天数比例

资料来源：历年《湖北统计年鉴》。

（三）武汉都市圈县城人口回流渐成趋势

1. 湖北省新型城镇化进程中县城人口呈回流趋势

最新人口数据表明：2023年湖北省人口净流入12.4万人，位居中部6省之首，出现人口回流的新态势。① 通过对比第六次全国人口普查与第七次全国人口普查数据，以全省63个县城为研究对象，2010~2020年10年间，县域

———————

① 数据来源于《湖北统计年鉴2023》。

人口增加、县城人口①增加的县（市）有12个，包括仙桃、阳新、通山、麻城、钟祥等；县域人口减少、县城人口增加的县（市）有48个，占全省比例高达76.2%；县域人口减少、县城人口减少的县（市）有3个，包括天门、沙洋、京山（见表2）。

表2　湖北省各市（州）2010~2020年县域人口变动情况

单位：个

地　区	县域人口增加、县城人口增加	县域人口减少、县城人口增加	县域人口减少、县城人口减少
黄　石	1	1	0
十　堰	0	5	0
宜　昌	0	8	0
襄　阳	0	6	0
荆　门	1	0	2
孝　感	0	6	0
荆　州	0	6	0
黄　冈	3	6	0
咸　宁	3	2	0
随　州	0	2	0
恩　施	3	4	0
省直辖县（市、区）	1	2	1
合　计	12	48	3

资料来源：历年《湖北统计年鉴》。

2. 武汉都市圈内县城人口回流趋势明显

通过对比"六普""七普"数据发现，2010~2020年，湖北省县域人口流失较为严重，52个县（市）出现不同程度的常住人口减少，仅11个县

---

① 县域人口统计范围：县级行政区县城、乡镇及农村人口总数；县城人口统计范围：县城建成区（街道/镇）的人口总数。前文并未讨论城镇化进程中人口回流的问题，因此未做区分。

（市）有所增加。这 11 个县（市）是利川市、恩施市、阳新县、蕲春县、通城县、麻城市、来凤县、武穴市、通山县、咸丰县、崇阳县。除利川市、恩施市、咸丰县以外，其余 8 个县（市）均为武汉都市圈内的县城，这说明武汉都市圈县城人口回流已渐成趋势。

如图 11 可知，2010~2020 年县城城镇人口增加最多的是仙桃市，由 2010 年的 553029 人增加到 2020 年的 752155 人，增加了 199126 人，县城人口增长排名第二位的阳新县，由 2010 年的 237980 人，增至 2020 年的 403473 人，增长了 69.54%。仙桃作为湖北省的直管市，县域经济基础发展较好，县城城镇化发展水平较高。

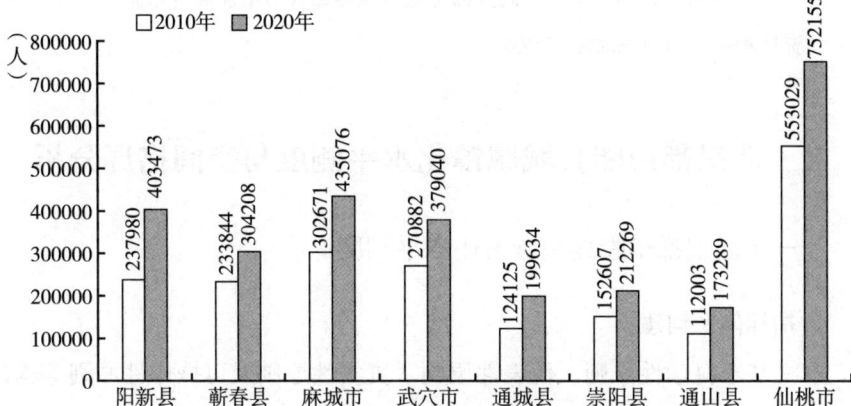

图 11　2010~2020 年武汉都市圈县城城镇人口增加县（市）

资料来源：历年《湖北统计年鉴》。

如图 12 可知，2010~2020 年武汉都市圈县域人口增加的县（市）中，排在前三位的依次是仙桃市、阳新县和蕲春县。县域人口的总体增加说明武汉都市圈内县城对人口回流的承载能力与吸纳能力正在逐步提升，尤其是阳新县的县城人口增长率高达 64%。近年来，阳新县将县城作为新型城镇化的重要载体，打造"回流县城"产业园区，推进就地城镇化，不断提升产业和人口的承载能力，积极推动"双集中"发展，有力推动了人口集聚，促进了人口回流县城的城镇化发展。

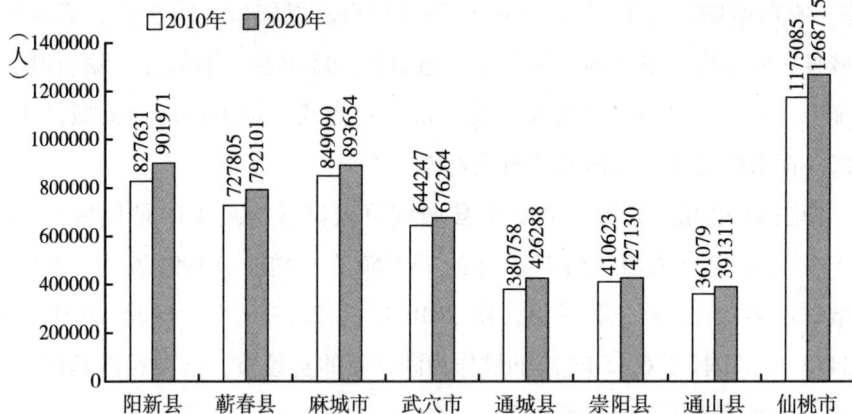

图 12　2010~2020 年武汉都市圈县城县域人口增加县（市）

资料来源：历年《湖北统计年鉴》。

二　武汉都市圈县城城镇化水平测度与空间格局分析

（一）武汉都市圈县城城镇化水平测度

1. 指标体系构建

本文基于科学性原则、代表性原则、真实性原则及可操作性原则等构建武汉都市圈县城城镇化水平测度的指标体系（见表3）。

表3　武汉都市圈县城城镇化水平测度指标体系

目标层	维度层	指标层	单位
县城城镇化水平测度指标体系	城镇化水平	常住人口城镇化率	%
		城乡人均可支配收入比	%
	县城经济发展	GDP	万元
		外贸出口	亿元
	人口城镇化质量	第三产业占 GDP 比重	%
		城镇登记失业率	%
		城镇职工基本养老保险参保人数	万人
		医疗卫生机构床位数	张
		普通中小学在校学生数	万人

目标层	维度层	指标层	单位
县城城镇化水平测度指标体系	基础设施建设	生活垃圾无害化处理率	%
		污水处理率	%
		城市燃气普及率	%
	生态环境质量	建成区绿化覆盖率	%
		空气质量优良天数比	—
		人均公园绿地面积	平方米

2. 数据来源

研究数据来源于 2018~2022 年《湖北统计年鉴》《湖北省县域统计年鉴》《武汉城市圈年鉴》《中国城市建设统计年鉴》，以及 25 个县（市）统计年鉴、统计公报、政府年度工作报告等。

本文采用熵值法对武汉都市圈 25 个县级单位的县城城镇化水平进行测算，计算步骤如下。

第一步：原始数据整理。基于县城城镇化发展水平的评价指标体系，构建下列矩阵：

$$X = (X_{ij})_{m*n}$$

第二步：数据标准化。将所选取的指标分为正向指标和负向指标，并进行标准化处理，数值区间为 [0，1]。

正向指标：

$$X_{ij} = \frac{X_{ij} - X_{\min}}{X_{\max} - X_{\min}} + 0.0001$$

逆向指标：

$$X_{ij} = \frac{X_{\max} - X_{ij}}{X_{\max} - X_{\min}} + 0.0001$$

式中：指第 j 项指标最大值，代表第 i 项指标的最小值。

第三步：计算熵值，公式如下：

$$e_j = -k \sum_{i=1}^{n} p_{ij} \ln p_{ij}$$

其中，$k = \dfrac{1}{\ln n}$，

$$p_{ij} = X_{ij} \Big/ \sum_{i=1}^{n} X_{ij}$$

第四步：计算差异系数，公式如下：

$$g_i = 1 - e_j$$

第五步：计算各指标权重，公式如下：

$$w_j = g_i \Big/ \sum_{j=1}^{m} g_j$$

第六步：综合计算得分，即各县（市）的县城城镇化发展水平。

$$S_i = \sum_{j=1}^{m} w_j x_{ij}$$

3. 总体水平变化

通过熵值法和综合加权对武汉城市圈内的 25 个县（市）的县城城镇化水平进行测度，将每年各县（市）的综合得分加总，得出该年份的综合水平。从图 13 可知，武汉都市圈县城城镇化水平从 2018 年的 9.329 增至 2022 年的 9.862，受新冠疫情影响，县城城镇化发展有所波动，2020 年及 2021 年两年间城镇化水平得分有所下降，但 2021 年开始呈增长态势，由 2021 年的 7.850 增至 2022 年的 9.862。

4. 武汉都市圈县城城镇化综合水平得分情况

从表 4 可知，武汉都市圈县城城镇化水平除 2020 年、2021 年有所下降以外，整体呈现逐年提升的态势。2018 年，县城城镇化水平最高的县是仙桃市，综合得分为 0.721 分，最低水平的县是团风县，与仙桃市相差 0.589 分。到 2022 年，县城城镇化水平最高的县依旧是省直管县级市仙桃市，同样作为省直管县级市的潜江市的县城城镇化水平落后于大冶市、天门市和阳

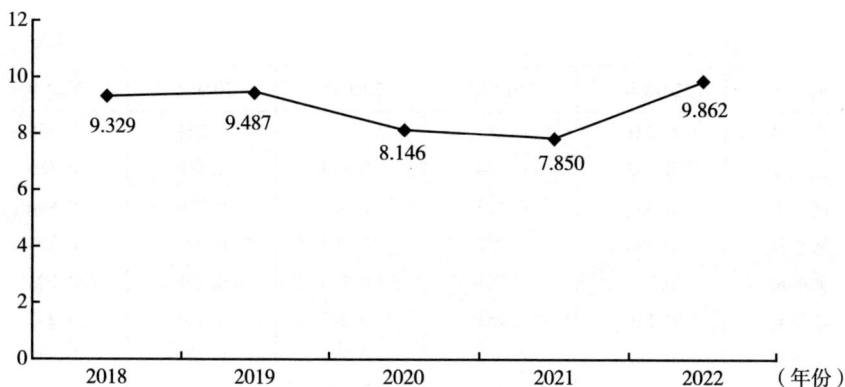

图 13　2018~2022 年武汉都市圈县城城镇化总体水平

新县，团风县的县城城镇化综合得分为 0.186 分，位于都市圈的末端。从增长幅度来看，武汉都市圈的赤壁市、天门市、大悟县和汉川市县城城镇化水平提升显著。

表 4　2018~2022 年武汉都市圈县城城镇化水平综合得分

单位：分

地　区	2018 年	2019 年	2020 年	2021 年	2022 年
安陆市	0.364	0.319	0.29	0.265	0.368
赤壁市	0.373	0.404	0.351	0.308	0.419
崇阳县	0.27	0.273	0.233	0.226	0.279
大悟县	0.339	0.365	0.31	0.301	0.371
大冶市	0.548	0.55	0.466	0.458	0.608
汉川市	0.52	0.56	0.462	0.448	0.538
红安县	0.276	0.272	0.204	0.207	0.218
黄梅县	0.335	0.343	0.312	0.297	0.351
嘉鱼县	0.239	0.208	0.198	0.196	0.267
罗田县	0.338	0.305	0.269	0.239	0.368
麻城市	0.382	0.358	0.345	0.325	0.352
蕲春县	0.38	0.39	0.312	0.302	0.353
潜江市	0.582	0.582	0.483	0.435	0.539
天门市	0.529	0.581	0.443	0.487	0.567
通城县	0.251	0.281	0.229	0.243	0.269

续表

地 区	2018 年	2019 年	2020 年	2021 年	2022 年
通山县	0.271	0.281	0.24	0.224	0.258
团风县	0.132	0.138	0.113	0.119	0.186
武穴市	0.45	0.473	0.42	0.378	0.406
浠水县	0.398	0.377	0.308	0.296	0.299
仙桃市	0.721	0.761	0.773	0.791	0.682
孝昌县	0.256	0.253	0.247	0.224	0.245
阳新县	0.382	0.443	0.375	0.393	0.542
英山县	0.291	0.269	0.184	0.186	0.242
应城市	0.366	0.364	0.314	0.281	0.31
云梦县	0.336	0.337	0.265	0.221	0.325

5. 县城城镇化水平排名变化

如表 5 所示，2018~2022 年武汉都市圈县城城镇化水平排名变化幅度不大，其中排名第 1 的仙桃市和排名最末位的团风县在研究期间内，水平排名未发生变化，其他处于中间水平的县城城镇化水平变化幅度较大，呈现明显的"高低稳，中波动"的变化态势。

表 5　2018~2022 年武汉都市圈县城城镇化水平排名

地 区	2018 年	2019 年	2020 年	2021 年	2022 年
安陆市	13	16	15	15	10
赤壁市	11	8	8	9	7
崇阳县	21	20	20	18	18
大悟县	14	11	13	11	9
大冶市	3	5	3	3	2
汉川市	5	4	4	4	6
红安县	19	21	22	22	24
黄梅县	17	14	11	12	14
嘉鱼县	24	24	23	23	20
罗田县	15	17	16	17	11
麻城市	8	12	9	8	13
蕲春县	10	9	12	10	12

地　区	2018 年	2019 年	2020 年	2021 年	2022 年
潜江市	2	2	2	5	5
天门市	4	3	5	2	3
通城县	23	18	21	16	19
通山县	20	19	19	19	21
团风县	25	25	25	25	25
武穴市	6	6	6	7	8
浠水县	7	10	14	13	17
仙桃市	1	1	1	1	1
孝昌县	22	23	18	20	22
阳新县	9	7	7	6	4
英山县	18	22	24	24	23
应城市	12	12	10	14	16
云梦县	16	15	17	21	15

2018 年，武汉都市圈县城城镇化水平排名前十的县（市）分别为：仙桃市、潜江市、大冶市、天门市、汉川市、武穴市、浠水县、麻城市、阳新县和蕲春县。到 2022 年，仙桃市排名依旧第 1，赤壁市、安陆市、大悟县跻身前十排名。除阳新县外，其余均为县级市，县域经济发展水平较高，变化幅度较小的县域包括团风县、孝昌县、英山县，稳定排在第 22~25 名，尤其是团风县，研究期间排名相对靠后，说明这几个地区的城镇化发展较为缓慢。排名变化较为突出的地区为罗田县、麻城市、通城县，排名上升幅度较大，反映出这些地区的城镇化发展进程加快，县城城镇化水平得到明显提升。

（二）武汉都市圈县城城镇化水平空间格局评价

依据 2018~2022 年武汉都市圈县城城镇化水平的综合得分结果，对 25 个县（市）在研究期间内的县城城镇化水平的空间分布特征进行分析。总体呈现"西南高、东北中、南部低"的空间分布格局。

1. 2018年武汉都市圈县城城镇化水平空间分布格局

2018年武汉都市圈县城城镇化水平的空间分布呈现"西南高、南部低、东部较高"的空间格局。值得注意的是，并未出现明显的以武汉为中心的中心外围模式，高值区主要分布在武汉都市圈的西南方向，包括潜江市、天门市、仙桃市以及东南部的大冶市。较高水平的地区主要集中在武汉都市圈的东南部，共计6个，呈连片发展态势。中等水平的地区主要分布在西北部地区，包括应城市、安陆市、云梦县、大悟县等。发展水平较低的地区主要集中在武汉市的南部，以及北部的孝感市辖区的部分县域地区。低水平的地区为东北部的团风县，县城城镇化水平仅为39.84%，与水平较高的仙桃市58.7%相比还有一定的差距，武汉都市圈县城城镇化水平的空间差异明显。

2. 2019年武汉都市圈县城城镇化水平空间分布格局

2019年，武汉都市圈县城城镇化水平空间分布依然呈现西南地区高，东南地区的大冶市排名靠前的现象。与2018年相比，中等水平地区的县域数量减少了2个，安陆市和罗田县下降到较低水平地区。以武汉为中心，外围的县域处于较低水平地区，其中，嘉鱼县和团风县处于低水平地区。较高水平地区县城数量下降较多，从原来的6个下降至2个，赤壁市、浠水县、黄梅县等县城城镇化水平有所下降，最高水平与最低水平地区的县域数量与上年相同，但值得注意的是，这一阶段，武汉都市圈县城城镇化水平虽然有所提升，但高值区与低值区的空间差异仍然显著。

3. 2020年武汉都市圈县城城镇化水平空间分布格局

2020年武汉都市圈县城城镇化水平的高值区域与上年相比未发生明显变化，但高水平地区与较高水平地区的县域数量发生变化，较高水平地区县域数量由上年的5个减少至1个，仙桃市发展最好，仍在高值区内。较高水平地区增加3个县域，占比20%。中等水平地区有9个，占比最高，达36%，其中安陆市跃入中等水平，阳新县水平等级下降。较低水平及低水平地区共计10个，云梦县水平等级降低，由中等水平降至较低水平，嘉鱼县和团风县仍旧保持低水平，红安县、英山县水平等级降低。这些较低水平的县域地区位于武汉都市圈北部的山区县，县域经济发展不强，人口规模及产业优势不足，部分县域地区离武汉较远，其县城城镇化发展进程较为缓慢。

4. 2021年武汉都市圈县城城镇化水平空间分布格局

2021年，武汉都市圈县城城镇化发展态势良好，高值区依旧集聚在西南部和东南部，仙桃市县城城镇化水平发展最好，较高水平地区增加了阳新县。中等水平地区有8个，中等水平及以上的地区占比为60%，一半以上的地区县城城镇化发展较好，水平呈现稳步提升的态势。从空间格局分析，较低水平及以下的地区主要集中在南部和东北部，呈片状分布，共计10个，占比40%。其中，黄冈市、孝感市下辖的县域地区发展缓慢，团风县为低水平地区，除麻城市、浠水县、蕲春县外，其余均为较低水平，高值区和低值区的差异仍然显著，空间发展不均衡，说明县域间的城镇化发展水平存在较大的差异性。

5. 2022年武汉都市圈县城城镇化水平空间分布格局

2022年，武汉都市圈县城城镇化水平提升较为明显，均值达到57.83%，较上年增加了2.7个百分点。从空间格局看，西南部与上年相同，依旧属于高值区，北部的县城城镇化水平较低，南部县域地区处于较低水平。与上年相比，高值区的县域数量增加明显，潜江市、天门市、汉川市、大冶市、阳新县跃入高水平地区，较高水平地区增加了赤壁市，城镇化率为41.9%，与邻近的较低水平的嘉鱼县相差近20个百分点，与崇阳县比相差13个百分点。值得注意的是，这一阶段低水平地区数量有所增加，由2021年的1个增至4个，其中，孝昌县、红安县、英山县从中等水平下降至低水平。西部和南部的县城城镇化发展较好，与武汉毗邻的县域地区，如仙桃市、大冶市、汉川市等县城城镇化水平高，而崇阳县、英山县、通山县等地区县城城镇化属于中低及以下水平，说明这一阶段研究区内高值区与低值区的空间差异依旧较大，武汉都市圈县城城镇化发展速度与程度各异，存在发展不均衡的问题。

三 武汉都市圈县城城镇化发展的关键问题

（一）县城城镇化发展空间不均衡，空间分布呈分散发展格局

一是空间布局不均衡。武汉都市圈县城城镇化发展水平呈现"西南高，东北中、南部低"的空间分布格局。高值区主要分布在西南地区，包括仙桃、天门、嘉鱼、大冶等，低值区主要分布在东北部和南部地区，包括团风、英山、通城等。高值区与低值区的县城城镇化发展水平差距较大，都市圈县城城镇化发展一体化格局尚未形成。二是县城城镇化发展的空间布局较为分散。中等水平地区从东南部集聚分布逐渐演变为西北、东北及南部地区的零散分布，低值区的县域空间格局由北部地区演变为东部地区集聚，且布局零散。三是县城城镇化发展不均衡，水平较低地区要素制约明显。较低水平的孝昌、大悟、英山等县城由于土地利用功能定位的限制，受大别山区生态红线约束性控制的影响，土地、人口、产业、资金等要素紧缺，农业转移人口市民化的质量不高，城乡融合进程稍显落后。

（二）县域经济不强，县城产业带动乏力

一是与长三角城市群相比，县域经济发展差距明显。《2023 中国县域经济百强研究》指出，湖北上榜的百强县有 8 个，包括 6 个武汉都市圈内的县（市），仅是浙江的一半、江苏的 1/3，与"长三角板块"相比差距明显。二是县域产业发展不平衡，布局不均衡。以武汉省会城市为核心的都市圈的形成，在一定程度上对其他县（市）的城镇化发展具有抑制作用，尤其是削弱了都市圈内经济体量、人口规模较小的县（市）的第三产业的吸引力。都市圈内的县（市）受自身经济动能不足和武汉核心城市的资源虹吸"双重影响"，易陷入"产业衰退—人口外流"的恶性循环，甚至出现县城"空心化"现象。[①] 三是产业结构同质化，特色产业优势不明显。近年来，都市

---

① 吴康、洪辉：《县城人口流失：现状分析与治理重点》，《国家治理》2023 年第 5 期。

圈内的部分县（市）逐步探索形成县域特色产业，如潜江小龙虾、仙桃非织造布、赤壁青砖茶等特色产业，但品牌效应及辐射能力较弱。

（三）县城承载能力弱，功能品质亟须提升

一是县城教育资源不充足。伴随县城人口流入规模不断扩大，"回流"县城面临教育资源供给不足、教师人才稳定难和"上好学"难的三大瓶颈问题。部分县（市）义务教育学校办学规模在 2000 人以上，高于省定标准，大班额比例偏高。英山县全县 3000 多名在职教师，50 岁以上占29.7%，40 岁以上占 29.6%，[①] 年轻教师大量流失，出现后继无"师"现象。不少县（市）正面临"县中塌陷"的困境，县域优质教育资源分配不均加剧。二是医疗保障能力不足。都市圈内的"双百县（市）"中，赤壁市、阳新县、黄梅县、蕲春县等县（市）尚无三级甲等医院。不少山区偏远县城虽已建成县、镇、村三级医共体梯次带动体系，但由于路程较远、医疗资源配置不均等原因，医疗卫生服务供给存在便捷性不足的问题。三是县城建设品质不高。部分县（市）县城特色彰显不足，风貌管控机制不完善。县城新区建设多是项目倒推规划，缺乏独有风貌和文脉特色。旧城改造多是见缝插针、零打碎敲，缺乏系统、完整的规划引导，社区公共空间和配套设施的"适幼化""适老化"改造不足。

（四）县城要素制约趋紧，人口吸引力减弱

一是县城房价水平不低，拉高"就地城镇化"生活成本。根据贝壳找房数据，2024 年上半年赤壁市县城商品房均价为 5254 元/平方米。以 2023年赤壁农村居民人均可支配收入 24638 元/年计算，农户购买一套 100 平方米的城中商品房需 20 余年。二是县城财政收入不足、支出压力大。部分基础薄弱的县（市）既要满足保工资、保运转、保公共服务需求，又要推进县城软基建、基础设施配套、工业园区等建设，财政收入增速与支出刚性需

---

① 数据来源于《武汉城市圈年鉴（2022）》。

求有较大差距。三是人才要素紧缺，县城营商环境欠佳。部分欠发达县（市）就业机会较少，对人才吸引力弱，面临人口流失的问题。

（五）县城人口结构失衡，人口老龄化削弱县城要素优势

一是县城人口老龄化、少子化加剧。根据七普数据，2020 年武汉都市圈内县城 65 岁及以上老龄人口占比达 23.95%，高于全国 13.50% 的平均水平。新生人口持续下降，2020 年武汉都市圈内县城 0～14 岁人口占比低于 13%，已进入严重少子化阶段。二是县城人口的抚养比增加显著。根据 2020 年《中国人口普查分县资料》数据，武汉都市圈内县城的少儿抚养比为 0.63，市辖区的少儿抚养比为 0.22，县城的少儿抚养比明显高于市辖区的少儿抚养比，这说明，当教育向县域下沉不充分时，进城务工将会继续拉大县城与城市的差距。三是人口的老龄化将持续扩大县城人力资源的结构性短缺。长期以来，都市圈内的县（市）受武汉大城市的虹吸效应的影响，县域人口年龄结构愈加失衡。

四 推动武汉都市圈县城城镇化高质量发展对策建议

（一）以发展战略为引领，加强都市圈城镇空间格局的"承载力"

一是以《武汉都市圈发展规划》为引领，加快推进武汉都市圈内部一体化。深化协同合作、破除行政壁垒，进一步加强空间地理位置上邻近的黄冈、鄂州、黄石三市的合作，着力解决武汉都市圈县城城镇化发展的空间不均衡问题。在规划衔接、产业发展、基础设施共建、空间布局一体化等方面，积极探索协同治理机制，建立沟通机制、定期会商机制，探索利益分配协调机制等，深化三市合作共赢，促进县城城镇化空间均衡发展。

二是加快推进与长江中游城市群一体化。加快武汉都市圈内县域地区与"中三角"省份的毗邻地区的整合发展。积极落实《咸宁共识》的各项实施举措，加大咸宁与湖南岳阳、安徽安庆的协作，进一步建立长效合作机制，

加快建设长江中游城市群先行示范区。推进长江中游城市群省级合作示范节点建设，积极推动黄梅县小池融入"大九江"，加快"飞地"建设。

三是加强大城市的辐射带动作用。科学规划城市功能分区，做大做强武汉核心城市，合理构建城市空间结构，发挥武汉科教资源优势及自主创新示范区的引领作用，带动武汉都市圈县城产业优化升级，加强都市圈自主创新"园外园"建设试点工作，探索建立知识、技术、人才的双向交流机制。

（二）以产聚人，释放武汉都市圈县城发展的"原动力"

一是发展武汉都市圈特色产业集群，避免"内卷竞争"。围绕湖北省"51020"现代产业集群，重点打造县域省级重点产业集群，如赤壁的纺织服装产业集群、潜江的特色食品产业集群、英山县的中药材产业集群等。学习浙江永康、义乌等"一县一品"的县域产业发展经验，实施品牌推动战略，逐步将质量优势、品牌优势转化为市场优势，形成秭归柑橘、仙桃无纺布、大冶劲牌、赤壁青砖茶等具有全国影响力的特色产业品牌。做好特色产业"补链条、聚集群、强配套"，发展"搬不走、稳得住"的"根植性"产业，避免同质化的"内卷竞争"。加快"飞地"经济破题落地，实施产业集群"入园入区"行动，引导和鼓励乡镇招引的工业项目向县城集中，实现资源优化配置和产业集聚。

二是突出引才聚才，以产留人。借鉴江苏昆山科创产业园"清华现象"的经验，发挥光谷科创大走廊、东湖科学城、湖北青创园（光谷）示范园等在创新资源、科技成果转化、产业园运营孵化等领域的优势，支持都市圈内有条件地区建设一批县域高新科创产业园。满足人才工作、居住、休闲的需求，打造一体化城镇生活服务体系，形成良性循环的产业生态城，吸引"高校基因"的校友企业、科研团队在县城创业安家。

三是结合人口回流与区域间产业转移，合力促进县域经济发展。推动中心城市周边县向郊区新城转型，承接制造业、区域物流、专业市场等功能。

（三）以数字赋能"智慧县城"建设，强化武汉都市圈县城智能化、精准化治理的"支撑力"

一是以城市"数公基"市县一体化扩面为抓手，提升县城运行智能化水平。加快"城市数据大脑"智慧化平台建设，加强"智慧政务""智慧环保""智慧交通""智慧消防""智慧社区"等多种应用。① 推广秭归县"全县一个停车场"建设的经验，通过搭建智慧停车平台，实现与周边大城市、节点城市的"城市停车"App互联互通。

二是建立"数字服务"机制，打造便民县城。依托"互联网+政务服务"，推动资源、服务、平台"三下沉"，实现服务"零障碍"、线下"零跑腿"、线上"零距离"。以"智"促"治"，推动医保、社保、公积金等部门的高频政务服务事项对接"鄂汇办"App。

三是一体化推进城乡基层数字治理。学习浙江德清经验，构建"数据采集+需求分析+决策实施+评价反馈"的数字治理闭环机制。建设未来社区，以信息技术打造县城数字生活，深化"数字乡村一张图""智能生活服务站"等场景应用，聚焦县城回流人口的服务需求，统筹老旧小区智慧化改造，打造"适青化""适老化"的城镇居住空间，推动城市更新与县城数字化治理融合发展。

（四）强化公共服务供给能力，增强武汉都市圈县城"安居"的"吸引力"

一是提升县城教育、医疗优质资源集聚水平。重点关注"进县求学""陪读"人口的需求，加快城镇学校扩容增位，推广一校制直管、大校制统管、学监制联管的教联体建设模式。全域推进"健康大脑+智慧医疗"融合发展，建设县域医共体数据资源中心。

二是加强县城历史文化保护与特色风貌塑造提升县城建设功能品质。贯

---

① 《湖北省人民政府关于印发湖北新型城镇化规划（2021~2035年）》。

彻落实《城市与建筑风貌管控导则》，强化风貌管控。按照"建好新城、更新老镇、融入市区、嵌入景区"的思路，着力塑造"景城融合"的精品县城。

三是建立县城回流人口的住房保障机制。研判县城吸纳的重点潜力人群，系统梳理通勤人口、进城人口、悬浮人口、公共服务从业人口的底盘，将住房需求与存量房源精准对接。在都市圈内部的人口回流县城适度发展保障性租赁住房，由政府给予政策支持，解决符合条件的新市民、返乡青年等群体的住房困难，增强县城的宜居吸引力。

（五）加强人口导入机制，注入"回流"县城持续发展的"新活力"

一是把握人口迁移的特点，建立县级层面人口动态监测平台。完善常住人口统计调查机制，借助手机信令大数据等，建立县级人口动态监测平台，为县城"引才""育才""留才"的政策制定提供决策支持。对于人口流出严重的县城，可依托监测平台分析人口流动的方向与人口结构的特点，构建"精明收缩"的县城空间，促进人口和公共服务资源适度集中，培育接续替代产业，实现转型发展。

二是着力解决农业转移人口、返乡人员进城的就业问题。建议对阳新县从"阳新鞋匠"向"阳新鞋品"的产业转变的成功经验进行推广，并鼓励政府、企业和学校共同努力，通过减少税收、提供合适的场所、开展创业和就业培训以及构建融资平台等措施，为回流人口提供更好的创业和就业环境。通过"线上+线下"双平台的形式，集中为返乡农民工、脱贫劳动力和有就业创业意愿的城乡劳动者等提供就业帮扶，重点围绕物流配送、家政服务、医疗照护、网络直播、智能制造、信息技术等市场紧缺领域和新兴行业，大规模开展职业技能培训。

三是以人兴城，激励人才返乡入乡创新创业。不断优化县城产业全链条人才发展体系，推广随县积极探索"公聘民用"为企业引进人才的办法，借助新一线城市的高层次人才和科研机构集聚优势，成立"科创飞地"，在"飞地"引才的基础上，为企业招揽高端人才。借鉴浙江德清莫干山"民宿+"的经验,探索山区村全域景区型的未来城乡融合建设路径,推广既拿租金,又挣薪金,还分股金的创业模式,吸引返乡青年创新创业。

参考文献

赵军洁、高强、荣西武:《中国县城人口:变动特征、趋势研判和问题挑战》,《南京林业大学学报》(人文社会科学版)2023年第6期。

魏超、李蓉娟等:《湖北省县城城镇化质量测度及协调发展研究》,《经济地理》2023年第6期。

周茂权:《点轴开发理论的渊源与发展》,《经济地理》1992年第2期。

秦尊文:《武汉城市圈研究与规划》,湖北人民出版社,2023。

陈荣:《武汉城市圈县域新型城镇化发展评价及优化对策研究》,华中师范大学硕士学位论文,2023。

吴康、洪辉:《县城人口流失:现状分析与治理重点》,《国家治理》2023年第3期。

雷海丽:《筑牢产业根基推动县域新型城镇化高质量发展》,《中国经贸导刊》2024年第3期。

B.13
湖北小流域综合治理：理论检视与路径思辨[*]

黄琦[**]

摘　要：　小流域处于流域末梢，"野性"尚存，其治理是流域系统的元问题。小流域治理是各级政府抓生态环境治理的重要切入口，已成为学术界开展流域系统研究关键突破口。小流域治理具有显著的"不可恢复性"，治理必须慎之又慎。当前小流域治理侧重工程技术等面上的应用研究，缺乏治理路径的深度分析和治理思想的理论剖析。基于此，本文以实际问题为导向，运用多种理论深度剖析了小流域治理的合理性有效性、"保护"与"发展"关系、可持续发展目标设定、外部干预的"度"等现实问题，并基于理论检视结论和湖北实践经验对小流域综合治理路径进行系统思辨。研究认为湖北小流域综合治理重要抓手是锚定小流域"三生空间"边界开展有效治理，关键策略是制定基于自然的小流域治理解决方案，基本方法是基于小流域"水、地、产、村、人"全要素实施综合治理。研究结论对纠正当前小流域治理认识误区、推动各级政府制定完善流域规划等各项流域实践提供务实之策。

关键词：　小流域治理　生态环境治理　湖北

人类逐水草而居，人类文明史就是一部流域文明史。兼顾自然与社会双

* 基金支持：国家社科基金一般项目"中国特色'流域伦理'体系建构研究"（项目编号：24BGL208）。

** 黄琦，博士，湖北省社会科学院长江流域经济研究所助理研究员，主要研究方向为流域经济、土地利用信息化。

重属性的流域，是生态文明等理念贯彻落实的重要依托，是关系国民经济建设发展的重要区域，具有巨大的学术挖掘价值。① 以流域为单元，统筹流域综合治理，已成为推动新阶段流域综合治理和高质量发展的鲜明特点。② 小流域是流域生态系统的末梢神经，"野性"尚存，是流域稀有水生动植物最后的栖息地。小流域与人民群众密切相关，为经济社会延续和发展提供了重要的水源、食物、排水渠道、景观和休憩娱乐场所等。小流域治理是守护人民群众幸福家园的关键抓手，已成为各级政府抓生态环境治理的重要切口，是新时代习近平生态文明思想的具体实践探索。治荆楚必治水。2023 年 1 月，湖北在长江流域率先编制出台了《湖北省流域综合治理和统筹发展规划纲要》，2023 年 7 月 11 日，湖北决定在十堰、荆州、荆门、咸宁、恩施等地开展小流域综合治理试点。人类生存实践活动与经济社会急速发展，造成了该区域的环境资源污染、生态系统退化、生物多样性丧失、经济社会非均衡发展等重大问题与挑战。③ 当前，全国小流域治理并不完善，还存在一些问题，如资金问题、工程管理技术跟不上、治理措施中工程措施与生物措施的联系不够密切、管护工作不到位、缺乏治理的延续性、农民参与程度较低等。④ 小流域处于流域末梢，实施小流域综合治理，是纵深推进生态文明建设的重要抓手，是推动区域经济高质量发展的基础性工程。由于生态系统的单向演替性和复杂性，小流域治理具有显著的"不可恢复性"，一旦治理失败将导致其生态环境无法完全恢复，原生态模式将"绝迹"。当下，小流域治理侧重工程技术的应用研究，但怎么系统治理好小流域等缺乏治理思想的深度剖析。综观当下小流域治理实践，小流域治理有其自身的规律，如何科学有效推进，亟待尽快破局。本文以湖北省小流域治理试点实践为基础，

---

① 王欣雅、文传浩：《流域经济学概念、理论逻辑与研究框架：基于一个综述》，《长江流域经济研究》2022 年第 1 期。

② 纪平：《坚持流域系统观念促进人与自然和谐共生》，《中国水利》2023 年第 4 期。

③ 樊厚瑞：《基于系统科学视角的长江流域复合生态系统管理》，《学习与实践》2021 年第 10 期。

④ 李相律、孙涛、庞广珠：《阿城市赵安屯小流域综合治理措施探讨》，《水利科技与经济》2003 年第 3 期；郑天爽：《保山市小流域治理中存在的问题及对策》，《山西水土保持科技》2004 年第 2 期。

对小流域治理模式进行了系统梳理，以期为小流域综合治理提供科学决策依据。

一　小流域价值内涵

流域是指某一封闭的地形单元，该单元内有溪流（沟道）或河川排泄某一断面以上全部面积的径流。[①] 流域综合治理是以水循环过程及其伴生过程为主线，建设具有免疫机制的健康生态流域，促进社会经济可持续发展的过程。[②] 区别于传统认知的"大流域"，小流域更具一定的"野性"，具有原生态属性。基于此，位于流域末梢神经的小流域有着自身的内涵价值边界。

（一）"小流域"概念界定

不同领域对"小流域"的定义有所不同。"小流域"通常是指二级、三级支流以下，集水面积在 $50km^2$ 以内的相对独立和封闭的自然汇水区域。水利学从小流域治理角度出发，认为通常的小流域是在一个县属单位范围内的流域；景观生态学从生态系统性角度出发，认为小流域既是降雨汇水的最小单位，也是水土流失发生的最小单元，是生态过程发生的最小尺度；水土保持学上小流域一般是指一个完整的土壤侵蚀单元；水文学上把级别最高的支流称为小流域；流域经济学把大河的支流流域称为小流域，[③] 并将小流域看作生态、社会经济的复合系统。在国土空间领域，小流域既是水文单元，又是自然生态单元，同时还是社会—经济—政治复合单元，是资源管控的综合单元。[④] 以小流域作为国土空间的管控单元，既可以保持生态完整性，又

---

① 王礼先：《小流域综合治理的概念与原则》，《中国水土保持》2006 年第 2 期。

② 褚俊英、周祖昊、王浩等：《流域综合治理的多维嵌套理论与技术体系》，《水资源保护》2019 年第 1 期。

③ 李妍彬、田至美：《北京山区小流域治理措施综述》，《环境科学与管理》2007 年第 2 期。

④ 赵珂、夏清清：《以小流域为单元的城市水空间体系生态规划方法——以州河小流域内的达州市经开区为例》，《中国园林》2015 年第 1 期。

能够兼顾经济社会发展，是探讨生态保护与经济开发平衡问题的理想对象，尤其是对于山地、丘陵和小流域地区具有重要的现实意义。[1]

根据水利部2013年公布的《小流域划分及编码规范（SL653-2013）》（2013年第87号），[2] 小流域是面积一般不超过50km²的集水单元。小流域亚单元即小流域被县级及以上行政区界线分割的每一部分（见图1）。

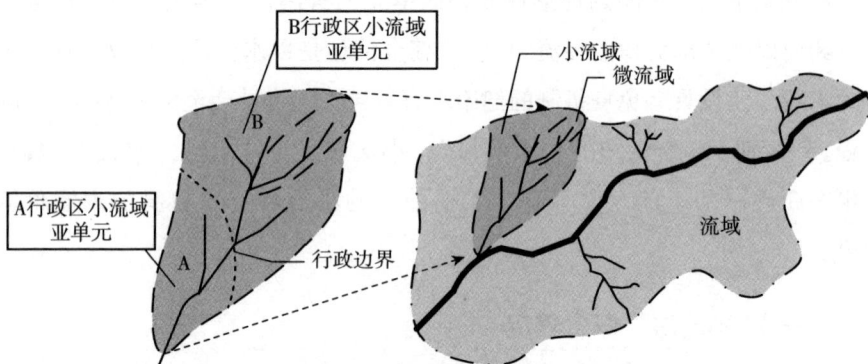

图1　流域分类图示

（二）小流域尺度划分

生态系统和种群在多个尺度上表现出变异性，没有单一的"正确"尺度。必须认识到，不同物种和个体会根据自己的生态位和生活史策略在不同的尺度上体验环境。全球和区域的生物多样性、温室气体和污染物的分布以及气候变化等大尺度的宏观现象都是起源于非常精细的小尺度。[3] 为此，流域尺度划分的大小取决于治理目的和发展需要，在物理空间上并没有一个明显的边界。从流域范围空间来说，流域可以划分为超大流域、大流域、中流域、小流域、微流域，对应着国家、省、市、县、乡镇、村等行政单元（见表1）。

---

① 郭曼曼、路旭、马青：《小流域视角下生态—经济价值评估及补偿机制——以辽宁庄河市为例》，《自然资源学报》2022年第11期。

② 《水利部关于批准发布水利行业标准的公告（小流域划分及编码规范）》，《中华人民共和国水利部公报》2013年第4期。

③ Levin S. A.，"The Problem of Pattern and Scale in Ecology"，*Ecology* 73，1992：1943-1967.

表 1　流域单元类型划分一览

类　型	例　证	主导跨界类型	治理层级	对应发展战略
微流域	堰、塘、池等	跨村	乡镇级政府	乡村振兴
小流域	河、湖、溪等	跨乡（镇）	县级政府	县域经济
中流域	湖、库等	跨县市（县级市）	市州（地级市）政府	都市圈
大流域	江（如汉江、清江等）	跨市州（地级市）	省级政府	城市群
超大流域	长江、黄河等干流	跨省、跨国	中央政府	经济带

（三）小流域结构功能

小流域是多要素、多结构、多功能、多主体属性的复合系统，由生态、经济、社会三大系统及其子系统构成，目标/要素间存在部分或整体的权衡和协同关系。

一是以水为核心的多要素集合体。小流域内各要素包括自然要素，如传统的山水林田湖草沙，以及各类水生动植物；工程类要素，主要是各类人工工程设施，如闸、坝、小水电、排灌水设施等。当前，小流域治理逐步从单要素治理向多要素治理统筹推进。

二是多结构空间复合体。小流域治理关注的是特定地理区域内的环境问题，这类区域有明显的空间边界，包括上下游、干支流、左右岸、山地坡面、地上地下等。当前，小流域治理已从传统的"末端治理"模式转变为"源头减排、过程阻断、末端治理"多过程治理，治理体系逐步系统化。

三是多功能聚合体。区别于长江干流，小流域功能更加微观，小流域可以为人类提供水源、食物、排水渠道、景观和休憩场所，也可以滋养水生动植物、消净污水，还可以参与调节局部地区的水文气象。

四是多主体融合体。当前，小流域治理从政府主导发展为政府、企业、非政府组织、当地村民以及社会公众多元化网络治理，形成流域治理产业链。政府作为主导者，负责制定治理政策、投入资金和技术支持；企业可以参与治理项目的实施和运营，提供技术和市场支持；当地村民则是治理的直接受益者，也是治理活动的重要参与者（见图 2）。

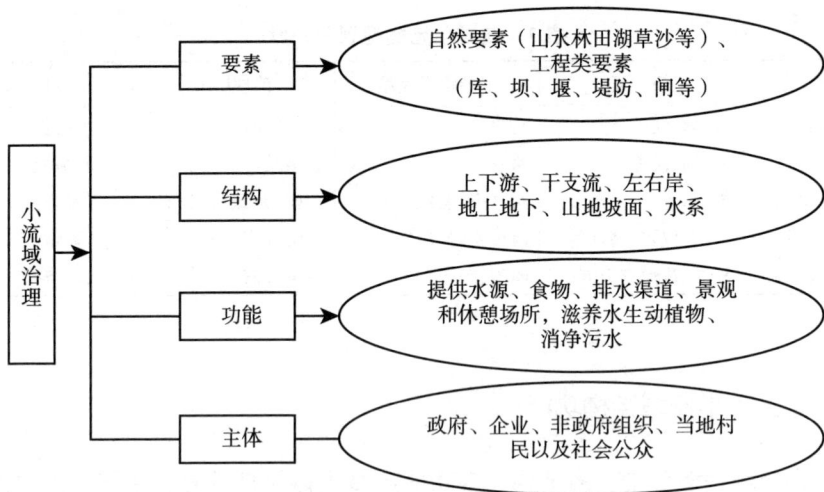

图 2　小流域治理功能结构

二　小流域治理问题的理论检视

当前，各级政府对小流域治理仍是停留在"治水"阶段，仍处于被动的水环境整治以及河道景观整治，缺乏对小流域内生机理、外延关系的深度思考。为此，在思考小流域综合治理之前，有必要对小流域治理几个主要问题进行理论检视。

（一）基于尺度理论：小流域治理的合理性有效性

尺度（scale）是地理学度量空间的重要概念。尺度为研究实体物质的几何体量提供了相对固定的标度框架，所有的物质特性均可进行丈量比对，实体物质的变化在研究期间被视作相对恒定。[①] 学者们建立了框定研究对象的等级体系，如"全球—国家—地方"[②] "身体—家—社区—都市—区域—

[①] 张衔春、胡国华、单卓然等：《中国城市区域治理的尺度重构与尺度政治》，《地理科学》2021 年第 1 期。

[②] 李小建：《经济地理学研究中的尺度问题》，《经济地理》2005 年第 4 期。

国家—全球"① 等。尺度重组指多个地理尺度上的权力和控制的转换过程②，涉及主体角色、治理手段以及地域认同等的演化，存在尺度的"尺度上推"、"尺度下移"和"尺度更替或转换"三种类型。③ 地域空间重构可被视为尺度空间生产策略，④ 本质即尺度重构过程中地理环境变化对区域发展的影响。流域是社会经济发展的重要载体，国家"江河战略"是流域治理"尺度上推"的结果，贴近人民群众的小流域是流域治理"尺度下移"。

基于尺度理论，更小尺度的小流域治理具有一定的合理性和有效性。一是小流域是流域治理"理想空间"。小流域是人与环境关系最密切的地理空间单元，具有多尺度和自然随机性特征。二是小流域就在群众"家门口"。小流域是离人民群众最近的自然汇水区域，这为群众切实感受流域治理带来的益处提供了观景窗口，可带给群众可感可触可信的实际体验，有利于引导大众积极参与流域治理和环境保护的具体行动，最终形成生态保护的"集体行动"和"广泛共识"。三是小流域治理"船小好调头"。小流域治理资金投入可控，治理时间相较于大流域治理动辄数十年，在时间上可预期，具有"时空便利"。四是小流域治理适于"因河施策"。小流域主导特征较为聚焦，其有利于"因河施策"开展治理，便于构建差异化流域治理格局。

（二）基于稳态经济：平衡小流域"保护"与"发展"关系

Herman Daly 主张增长经济应该转型为稳态经济，他认为经济生产的本质是"转化"。受到自然资本和热力学定律的制约，无限增长是不可能的。

---

① Smith N., "Contours of a Spatialized Politics: Homeless Vehicles and the Production of Geographical Scale", *Social Text* 33, 1992: 55-81.

② Shen J., "Scale, State and the City: Urban Transformation in PostReform China", *Habitat International* 31 (3-4), 2007: 303-316.

③ Brenner N., "Globalisation as Reterritorialisation: The Re-Scaling of Urban Governance in the European Union", *Urban Studies* (3), 1999: 431-451; 王启轩、赵民：《国家级开发区的尺度演化与元治理思考——以上海张江高新区为例》，《城市规划》2023 年第 5 期。

④ 吴金群、廖超超：《我国城市行政区划改革中的尺度重组与地域重构——基于 1978 年以来的数据》，《江苏社会科学》2019 年第 5 期。

由于增长未必一直伴随着福利水平提升，无限增长也是不必要的。[1] 稳态经济指的是人口规模和物质资本均维持稳定状态，且人口系统与物质系统保持平衡的经济形态。[2] 该理论将经济系统视为生态系统的子系统，认为经济活动是从生态系统输入原材料和能源并向生态系统输出废弃物的物理过程，经济社会发展需要足够的自然资本以确保发展的可持续性。[3]

基于稳态经济的视角，小流域治理可以被视为实现社会经济与生态环境协调发展的重要途径。高水平推进小流域保护将为流域高质量发展提供生态环境支撑，流域高质量发展将为小流域保护提供资金保护和可持续性大力支撑。稳态经济理念强调经济增长的稳定性和可持续性，要求经济发展与生态环境相协调。而小流域治理正是通过采取一系列措施，如水土保持、植被恢复、水资源管理等，保护和改善小流域的生态环境，从而为经济的稳定发展提供支撑。在小流域治理中，通过合理的土地利用规划和生态修复措施，可以控制土地资源的过度开发和滥用，保持生态系统的完整性和稳定性。此外，稳态经济还强调公平和效率，要求实现经济利益的合理分配和资源的高效利用。而在小流域治理中，可以通过加强政府监管和社会参与，确保治理措施的公平性和有效性。同时，通过引入市场机制和技术创新，提高治理效率和资源利用效率，实现经济效益和生态效益的双赢。

（三）基于行星边界框架：在"行星边界"内实现小流域可持续发展目标

行星边界框架是可持续发展领域和资源承载力领域颇具开创性的成果，在水资源可持续利用方面要求充足的淡水量和良好的水质。基于行星边界开

---

[1] 张帅、诸大建：《从增长到稳态：赫尔曼·戴利的可持续发展思想评述》，《中国人口·资源与环境》2023 年第 12 期。

[2] Daly H. E., *Beyond Growth: The Economics of Sustainable Development* (Boston: Beacon Press, 1996).

[3] O'NEILL D. W., "What Should be Held Steady in a Steady-state Economy? Interpreting Daly's definition at the National Level", *Journal of Industrial Ecology* 19 (4), 2015: 552-563.

展社会经济驱动的水质研究可将水环境承载边界考虑在内，对全球水资源可持续利用至关重要。[①] 水资源承载力是水资源紧缺地区支撑人口、经济与环境协调发展的一个"瓶颈"指标。[②] 学术界为此进行了不懈探索，相继提出了增长的极限（Limits to Growth）[③]、最低安全标准（Safe Minimum Standard）[④]、承载力（Carrying Capacity）[⑤]、生态足迹（Ecological Footprint）[⑥]、可承受窗口（Tolerable Windows）[⑦]、预警原则（The Precautionary Principle）[⑧]、临界载荷（Critical Loads）[⑨] 等相关概念，极大地促进了资源环境承载力研究的蓬勃发展。将人类活动规模与强度控制在自然生态系统可承载限度之内，是可持续发展理论的核心要义。[⑩]

行星边界框架定义了人类活动对地球系统影响的极限，强调了人类行为对全球环境变化的深刻影响，并指出跨越这些边界可能会导致灾难性的后果。行星边界采用一系列控制变量来表征不同环境问题，如 CO_2 体积分数、

① 梁赛、吴晓慧、李晓燕等：《社会经济驱动的环境水质问题研究进展》，《环境科学学报》2023 年第 12 期。

② 夏军、朱一中：《水资源安全的度量：水资源承载力的研究与挑战》，《自然资源学报》2002 年第 3 期。

③ Meadows D. H., Meadows D. L., Randers J., et al., *The Limits to Growth：A Report for the Club Of Rome's Project on the Predicament of Mankind*（New York：Universe Books，1972）.

④ Bishop R. C., "Endangered Species and Uncertainty：The Economics of a Safe Minimum Standard", *American Journal of Agricultural Economics* 60（1），1978：10-18.

⑤ Daily G. C., Ehrlich P. R., "Population, Sustainability, and Earth's Carrying Capacity", *Bioscience* 42（10），1992：761-771.

⑥ Wackernagel M., Rees W. E., *Our Ecological Footprint：Reducing Human Impact on the Earth*（Gabriola Island：New Society Publishers，1996）.

⑦ Bruckner T., Petschel-held G., Leimbach M., et al., "Methodological Aspects of the Tolerable Windows Approach", *Climatic Change* 56，2003：73-89.

⑧ Raffensperger C., Tickner J., *Protecting Public Health & the Environment：Implementing the Precautionary Principle*（Washington D. C.：Island Press，1999）.

⑨ Linder G., Brumbaugh W., Neitlich P., et al., "Atmospheric Deposition and Critical Loads for Nitrogen and Metals in Arctic Alaska：Review and Current Status", *Open Journal of Air Pollution* 2，2013：76-99.

⑩ 陈先鹏、方恺、彭建等：《资源环境承载力评估新视角：行星边界框架的源起、发展与展望》，《自然资源学报》2020 年第 3 期。

淡水消耗量、水资源利用等。[①] 小流域治理主要目标是防止水土流失、保护水土资源，并实现生态和经济的可持续发展。从行星边界框架的角度来看，小流域治理可以被视为一种在局部尺度上管理地球系统的方式，旨在防止人类活动对地球系统造成不可逆转的损害。小流域治理中的许多措施，如水土保持、植被恢复和土地利用规划，都与行星边界框架中强调的环境保护目标相一致。此外，小流域治理实践也可以为行星边界框架提供有益的参考和借鉴。例如，小流域治理中采用的综合治理模式和利益相关者的参与机制，可以为全球尺度的环境管理提供经验和启示（见图3）。

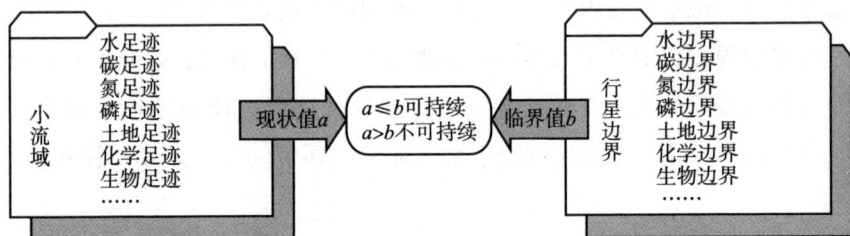

图3 小流域承载力边界框架

（四）基于中度干扰假说：对小流域施加外部干预必须"适度"

中度干扰假说（Intermediate Disturbance Hypothesis）认为中度的环境干扰（如定期的火灾或飓风）会促进生态系统的物种多样性，因为这既可以防止主导物种完全占据生态位，也可以为其他物种提供空间。[②] 中度干扰假说认为一个生态系统在受到中等程度的干扰时，其物种多样性最高，即小流域生态系统健康达到最佳。生态系统健康是小流域系统在结构和功能上保持稳定、完整，并且具有自我恢复和抵御外界干扰的能力。关键在于增强和维系流域的"四性"。[③] 一是强化流域"韧性"。提升小流域的调节能力和生

---

① 方恺：《基于足迹家族和行星边界的主要国家环境可持续性多维评价》，《生态环境学报》2014年第11期。

② 赵晓英、何学敏、杨晓东等：《艾比湖流域水盐变化对荒漠植物多样性的影响》，《干旱区资源与环境》2017年第6期。

③ 齐实、李月：《小流域综合治理的国内外进展综述与思考》，《北京林业大学学报》2017年第8期。

态服务功能，增加小流域应对系统外环境风险的能力。二是增强水的"活性"。通过消除水系梗阻，构建立体畅流水网。三是充实流域的"绿性"。通过小流域治理提升流域生态环境质量，促进地区生产生活方式的绿色低碳转型，实现自然资产的"保值"和"增值"。四是实现流域的"慧性"。整合人工智能和大数据技术，构建智能化、智慧化的监管体系。①

小流域治理过程本质上就是对流域内的生态环境进行一定程度的干预，以改善水土流失、恢复植被、提高水资源利用效率。小流域治理之初需要对流域的生态系统进行全面的调查和评估，了解其健康状况和潜在风险。具体的治理方案应充分考虑生态系统的完整性和稳定性，优先采用生态友好的治理措施，如植物措施和生物措施，以促进生态系统的恢复和健康发展。但如果干预程度过低，可能无法有效改善流域内的生态环境问题；而如果干预程度过高，又可能破坏生态系统的平衡，导致物种多样性的降低。水生态系统非常脆弱，弱干扰条件下也可能会发生不可逆的状态迁移。根据中度干扰假说，对小流域的干预需要"适度"，确保干扰方案既能改善流域内的生态环境，又能保持生态系统的稳定性和多样性。在小流域治理过程中需要找到适度的干预方式，保持生态系统的稳定性和多样性；注重利益相关者的参与和协调，形成合力推动治理工作的进行；需要加强科学研究和监测评估，不断完善治理方案和技术手段，以实现小流域治理的可持续发展。

三　小流域综合治理的路径思辨
——基于湖北实践分析

湖北省是"千湖之省"，呈现"三江千湖、四屏一山一平原"的自然地理格局。2023 年 1 月，湖北在长江流域率先编制出台了《湖北省流域综合治理和统筹发展规划纲要》，成为统筹流域治理和经济发展先行者。之后，为有效推进流域治理的落实落地，2023 年 7 月 11 日，湖北选定五个小流域开展小流域综合

---

① 严登华、王浩、周梦等：《全球治水模式思辨与发展展望》，《水资源保护》2020 年第 3 期。

治理试点。湖北在小流域综合治理试点过程中把保护和发展统筹起来，把生产、生活、生态统筹起来，推动生产方式和生活方式绿色低碳转型，使绿水青山成为生产要素，形成保护得越好、发展得越快的良性循环（见图4）。当前，湖北五个试点小流域治理初见成效，已初步形成可复制可推广的经验和模式。在此基础上，本文基于湖北实践经验，在小流域治理问题的理论检视基础上，对小流域综合治理路径进行系统分析，为未来全国各地小流域综合治理提出务实之策。

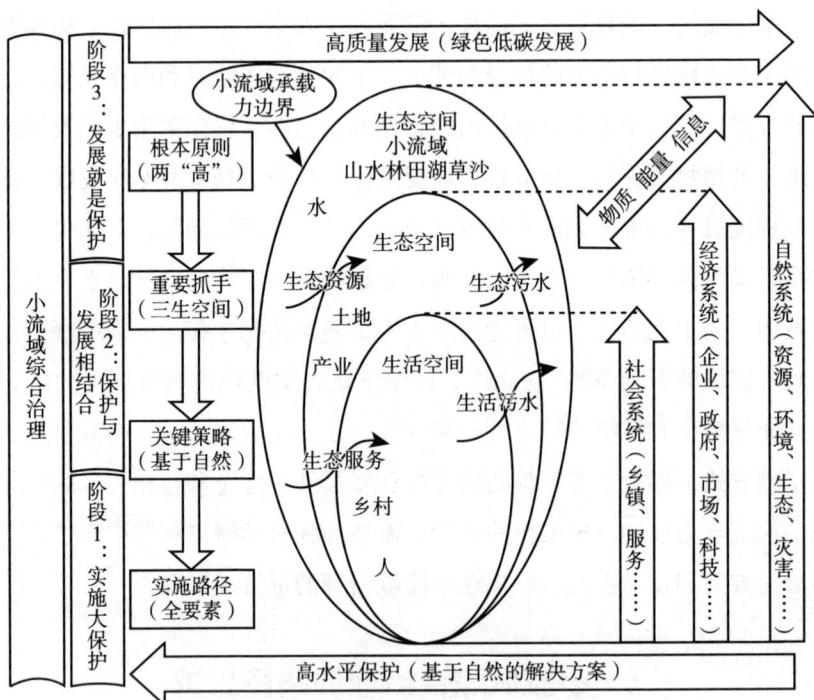

图4　小流域综合治理的基本架构

（一）锚定小流域"三生空间"边界开展有效治理

流域中人、自然和社会已经形成了一个复杂且完整的关系系统。[①] 小流

① 赵柄鉴、于秋月、张键宇等：《新时代中国特色社会主义流域生态文明——概念内涵与内容框架》，《中国生态旅游》2023年第4期。

域是组织生产生活的基本单元，也是生态整治、社会治理、经济协作的"生态—社会—生产"综合空间治理单元。[①] 由于小流域在空间上并不具有明显的地理界限，在具体实践中，各地对小流域的空间范围把握不准，无法最大化有效发挥综合治理的成效。小流域综合治理的范围应限定在一定界限范围内，从而实现小流域的有效治理。

一是小流域生产空间，实施绿色低碳发展。小流域生产空间主要是服务当地群众的低密度绿色产业。依托自然资源优势，小流域沿线应重点发展生态旅游、生态农业等绿色产业，促进经济发展与生态保护相协调。根据小流域的资源禀赋和环境容量，合理规划产业布局，引导产业向资源环境承载力强、发展潜力大的区域集聚。在农业生产方面，推广科学施肥、生物防治等环保农业技术，减少农药、化肥的使用量，降低农业面源污染对生产空间的影响。如湖北咸宁羊楼洞港小流域治理中将上、中、下游划分为生态保护区、农文商旅融合发展区、产城融合区，围绕青砖茶做文章，把规范农民建房作为切入点，探索出小流域沿线产业发展的"赤壁模式"。

二是小流域生活空间，推动生活方式转型。小流域贴近人民群众，小流域治理需要广泛的社会参与和支持。各级政府应加强宣传教育，提高公众对小流域治理的认识和参与度。与此同时，鼓励社区居民积极参与治理工作，形成政府引导、社区主体、全民参与的良好氛围。通过共建共享的方式，实现小流域治理的可持续发展。加强小流域沿线村镇基础设施建设，加强村庄环境整治，提升村容村貌，改善居民生活环境质量。如湖北恩施带水河小流域共建议事新平台，每周召开"有话直说"等院落议事会，建立"收集—分析—办理—反馈"闭环管理机制，探索村民积分制管理，建立正向激励和负面禁止清单，设立 7 个"积分兑换超市"。

三是小流域生态空间，加强生态红线管理。小流域生态空间是小流域治理的本底，必须采取硬性措施明确小流域内的生态保护红线，严格限制开发

---

① 高雅、王英帆、雷振东等：《流域空间协同视角下的黄河中游地区市域乡村振兴专项规划编制路径研究——以延安市为例》，《规划师》2022 年第 2 期。

活动，确保重要生态功能区的完整性和连续性，明确小流域内的生态红线范围，防止生态空间被无序开发。持续通过植树造林、湿地保护等措施，提升小流域生态系统的水源涵养、土壤保持、气候调节等服务功能。

（二）因域施策制定基于自然的小流域治理解决方案

相较于大尺度的流域，小流域受人类的干预较少，部分小流域"野性"尚存，是流域珍稀特有物种保留最后的适宜栖息地。推动小流域治理应秉持基于自然的小流域治理解决方案，推动小流域生态环境的可持续发展。

一是强化基于自然解决方案的生态型治理模式的技术供给。小流域治理不在于"改造"，而在于"还原"。坚持"以自然恢复为主，辅以必要的人工措施"的小流域治理设计思路，最大限度采用近自然方法和生态化技术的小流域治理模式。积极引进国内外先进的流域治理技术和经验，强化治理机构与专业机构、高校院所的合作，加强生态环境领域生物治理的技术攻关与储备。如湖北十堰市茅塔河小流域紧扣水质这个要害，随湾就片统一设计、统一工艺建设微动力、无动力小型化农村污水处理设施，在守牢小流域生态空间上走出了可持续之路。

二是提升小流域遭遇正常干扰（旱涝等）的恢复力。当前，部分小流域"断流"问题严重，如湖北荆门市牌楼西河小流域基本上是不流动的"死水"。部分小流域面临极端天气条件下的旱涝灾害时"不堪一击"，为此，关注小流域径流量问题十分关键。通过实施植被恢复、水土保持等措施，增加植被覆盖，提高土壤保水能力，减少水土流失，从而增强小流域对旱涝等干扰的抵抗力。适度加强防洪工程建设，提高河流的输送能力和保洪能力，确保在洪水来临时能够有效应对。在抗旱方面，推广节水灌溉技术，提高水资源的利用效率，减少水资源的浪费。重点加强流域沿线湿地保护，发挥湿地在调节气候、净化水质、蓄养水源等方面的功能，增强小流域对环境的调节能力。

三是小流域管理实践和生态系统过程不损害邻近生态系统。当前，部分小流域治理紧扣"控源—截污—净污"的治水主线，实施了系列河道美化绿化工程，短时间内取得了可见可感的治理成效。然而，各流域河道"美化"及"绿化"均是单一功能的修复，易产生次生生态与环境问题。为此，小流域治理应首先加强对小流域及其邻近生态系统的生态特征、敏感性和潜在风险的前期调研和评估，识别出可能对邻近生态系统产生负面影响的潜在因素，从而为后续的管理实践提供科学依据。同时，充分考虑小流域与邻近生态系统的相互关系和影响，确保管理实践的目标和措施与生态系统的保护目标相一致。尊重自然规律，充分利用生态系统的自我修复能力，通过恢复植被、保持水土、促进生物多样性等措施，增强小流域生态系统的稳定性和抗干扰能力。

（三）基于小流域"水、人、产、村、地"全要素实施综合治理

湖北以小流域综合治理为统筹，有效嵌入以城镇和产业"双集中"发展为切入点推动新型城镇化、以美化环境与幸福生活共同缔造为载体推进社会治理体系和治理能力现代化，其治理抓手可以总结为"水、人、产、村、地"。

一是"水"是小流域治理的绝对核心，以水质改善与否作为"一票否决"指标。水是小流域的核心，水"清"则流域"净"。小流域治理不是"堆盆景"、搞形式主义，治水是小流域治理的关键，水质是否持续改善应作为"一票否决"指标。围绕水质改善这一根本任务，"一域一策"推动小流域"山清水秀"。如湖北小流域将水质改善提升作为试点工作的重点，既是国家推动的清洁小流域工作的自然延伸和方法深化，也抓住了小流域治理的本质，这是小流域治理的绝对核心，否则就偏离了流域治理的初衷和方向。

二是"人"是小流域治理的关键变量，维持"健康"的人类群体。小流域治理应秉持这样一种核心理念：流域引发的社会问题首先是"人"的问题，而不是"物"的问题。只有当广大人民群众认识到流域综合治理的重要性，并积极参与到这个过程中来，才能真正实现流域综合治理的可持续发展。湖北小流域治理以人为中心，以小流域作为平台载体，推动美好环境

和幸福生活共同缔造，实现生产方式和生活方式绿色低碳转型，这是小流域治理根本之策。

三是"产"是小流域治理的持久动能，建立亲近自然的生态产业体系。没有绿色产业加持，小流域治理不可持续。产业在流域治理中扮演了多重角色，产业（传统产业）既是流域污染的源头之一，产业（绿色产业）也是流域治理目标和治理资金来源渠道之一。湖北以水系为脉络，统筹流域高水平保护和产业高质量发展，找准了小流域治理的持久动能。

四是"村"是小流域治理的最终结果，推动小流域与乡村振兴有效衔接。推动小流域治理首要任务是推动乡村治理现代化，以乡村治理能力提升保障小流域治理各项要求落实到位、富有成效。推动小流域治理需要与乡村振兴大战略相衔接，通过推动乡村基层治理方式的现代化，为小流域治理提供坚实体制机制保障。

五是"地"是小流域治理的重要支撑，强化水土保持和土地集约利用。湖北荆州市崇湖小流域推进"三块田"改革，促进土地适度规模经营。水土保持是防止小流域水土流失的关键措施。通过修建水土保持设施、植树造林、草地恢复等措施，减少水土流失，保持水源地的稳定。此外，土地是农村的宝贵资源，用好小流域沿线土地资源是小流域治理的关键。如湖北咸宁市羊楼洞港小流域搭建"爱上你的小屋"运营平台，完善宅基地管理，促进农村居住环境的改善。通过盘活农村闲置土地资产，为小流域治理提供了资金支撑。

四 研究结论与展望

小流域治理是守护人民群众幸福家园的关键抓手，已成为各级政府抓生态环境治理的重要切口和学术界开展流域研究的关键突破口，是纵深推进生态文明建设的重要抓手，是推动区域经济高质量发展的基础性工程，更是新时代习近平生态文明思想的具体实践探索。小流域是流域治理"理想空间"，在实施流域治理过程中具有多种天然的合理性和有效性。高水平推进小流域保护将为流域高质量发展提供生态环境支撑，小流域治理保护与发展呈现双向正向互馈关系。从行星边界框架的角度来看，小流域治理可以被视为一种在局部尺度上管理地球系统的方式，旨在防止人类活动对地球系统造成不可逆转的损害。根据中度干扰假说，对小流域的干预需要"适度"，要确保干扰方案既能改善流域内的生态环境，又能保持生态系统的稳定性和多样性。基于流域水循环及其要素过程，小流域水问题不论其表现形式如何，都可归结为流域水循环分项或伴生过程的"失衡、失调、失序"，本质上就是水资源的时空上的错位。湖北小流域治理实践为全国小流域治理提供了可供观景的"窗口"，结合湖北实践，为确保小流域治理的可持续性，重要抓手是锚定小流域"三生空间"边界开展有效治理，关键策略是制定基于自然的小流域治理解决方案，基本方法是基于小流域"水、人、产、村、地"全要素实施综合治理。

小流域已成为人与自然多要素集聚的生命共同体。部分小流域"野性"尚存，但由于生态系统的单向演替性和复杂性，小流域治理在生态意义上具有显著的"不可恢复性"，一旦破坏将导致其生态环境无法实现完全恢复。小流域治理必须慎之又慎。人与河流和谐共生是中国式现代化的自然底色，未来人类必须从生命共同体的高度，以更高的道德标准和准则审视小流域治理措施方案，审慎为之，为人与自然留下最后一域流淌的"净水"，这是小流域治理研究需要关注的重点。

B.14
武鄂同城化背景下共建低空经济圈的思路与策略分析

周睿全*

摘　要：　随着低空经济被确立为新质生产力的代表之一，低空经济已经成为我国各地战略性新兴产业发展的重要内容。本文以武鄂同城化为背景，通过对国内低空经济发展趋势以及武鄂两地发展基础进行分析，发现武鄂地区在共建低空经济圈方面存在整体发展不足、无人机领域差距明显、政策法规出台相对滞后等问题，并相应提出了武鄂同城化背景下两地共建低空经济圈的总体思路以及具体策略。

关键词：　武鄂同城化　低空经济圈　无人机产业

随着科技的飞速发展，低空经济作为一种新兴的经济形态正渗透入经济社会生活的各个领域。2021年《国家综合立体交通网规划纲要》首次提出发展"低空经济"的战略思路。2023年底中央经济工作会议明确提出，大力发展新质生产力，打造低空经济等战略性新兴产业。2024年"低空经济"作为新质生产力的代表首次写入政府工作报告，意味着低空经济作为战略性新兴产业将成为推动我国未来经济发展的重要引擎。

作为国家科技创新发展的重要基地，武汉积极布局产业新赛道，抢抓低空经济发展的时代契机，在国家战略产业布局中赢得主动，是武汉长远发展

---

* 周睿全，湖北省社会科学院长江流域经济研究所助理研究员，主要研究方向为区域经济、临空经济。

的内在需要；同时作为长江经济带、长江中游城市群、武汉都市圈等多重区域发展机遇叠加的核心城市，带动周边区域产业融合发展、提升整片区域的科技水平也是武汉肩负的国家使命。鄂州作为武汉毗邻城市，积极与武汉展开对接，接受武汉的产业辐射也是其实现跨越发展的重要手段。近年来，武鄂两地在交通、环保、产业、通信等方面不断对接，随着鄂州花湖机场的成功运营以及武汉新城的建设，武鄂同城化趋势更加深入，逐步成为长江中游城市群的区域协同融合发展的典型示范。借力低空经济发展的契机，武鄂两地共建低空经济圈不仅为武鄂同城化的产业合作发展提供了新的窗口，更为区域新质生产力的培育和壮大提供了重要的突破方向，将为武鄂两地融合发展注入新的活力，进而提升武汉都市圈及周边地区科技与产业发展水平，推进武汉完成国家赋予的战略使命。

一　我国低空经济发展的基础趋势

（一）低空经济未来竞争呈现"白热化"

随着低空经济成为区域发展的热点领域，具有一定产业发展基础的省市纷纷出台促进低空经济发展的相关政策规划。广东、安徽、山东、北京等省市从省级层面整体谋划区域内低空经济高质量发展目标，推动省域城市低空产业合理布局，力争建设未来全国新质生产力发展的高地（见表1）。深圳、南京、苏州、杭州、武汉、成都等部分重点城市抢先出台了地区低空经济财政支持政策，加大对低空领域重点企业的引进和培育力度。湖南长沙县、天津宁河区等区县则依托各自在航空产业发展方面的基础优势分别提出了打造中国无人机第一城、京津冀地区低空经济发展先行区的宏伟目标。从全国各个区域的具体行动来看，为了抢占低空经济这一新质生产力的高地，未来涉及低空经济的产业投资、企业培育、人才培养、场景应用都将成为各地发展的关键领域，预示着我国低空经济的发展将呈现百舸争流的发展格局。

表1 全国部分省级区域公布的低空经济三年行动计划

省 市	总体目标	产业规模	基础设施建设
安 徽	2027年,安徽低空经济规模和创新能力将达到全国领先水平,打造合肥、芜湖两个低空经济核心城市	到2027年,低空经济规模力争达到800亿元,规模以上企业力争达到240家左右,其中,生态主导型企业3~5家	到2027年,建设20个左右通用机场和500个左右临时起降场地、起降点
广 东	2026年,打造世界领先的低空经济产业高地,基本形成广州、深圳、珠海三核联动、多点支撑、成片发展的格局	2026年低空经济规模超过3000亿元,培育一批龙头企业和专精特新企业	加快通用机场建设,逐步补充充换电等新能源基础设施,鼓励现有和新建的住宅、商业楼宇建设低空起降点及相关配套设施
山 东	2026年成为全国低空经济创新发展重要策源地,构建形成济南、青岛两核引领,烟台、东营、日照、滨州四点支撑的低空经济产业发展格局	到2026年培育亿元级龙头企业20家以上,专精特新企业50家以上,链上企业300家以上	创建2个城市低空融合飞行示范基地,打造4个飞行服务站,建成40个通用机场、400个数字化低空航空器起降平台
北 京	2027年成为引领京津冀协同发展的先导示范产业,北京成为低空经济产业创新之都、全国低空经济示范区	2027年低空经济带动全市经济增长超1000亿元,相关企业数量突破5000家。培育10亿元级龙头企业10家,过亿元产业链核心环节配套企业50家、技术服务企业100家	在延庆、房山等京郊建设无人驾驶航空器新型基础配套设施。在河北、天津等省市布局建设一批试飞测试基地、专业分支机构。张家口、八达岭以及密云机场分别建设北京的公务航空配套基地,通勤机场以及低空维修托管中心

资料来源:各地政府网站。

(二)低空无人机领域呈现"一城领跑,多城跟跑"的发展格局

目前,我国在无人机领域处于全球领先的地位,而我国的无人机相关产业则主要集中于深圳市,深圳不仅拥有大疆创新科技有限公司这样的无人机创新制造领域全球性引领企业,还拥有派诺特、一心科技等知名品牌。数据显示,2023年深圳消费级无人机占全球市场70%,工业级无人机占全球市场50%,完成载货无人机飞行量61万架次,飞行规模全国第一,深圳被誉

为"无人机之都"。北京、上海、广州等城市则处于紧跟状态，拥有零度智控、华测导航、亿航智能、极飞电子等一批无人机制造相关领域的龙头企业。武汉、西安、苏州等城市无人机领域也有一定发展基础，但都与深圳无人机发展规模存在一定差距。

（三）部分地区推动跨区域低空产业合作的趋势明显

目前，我国部分省市在区域范围内推动低空产业布局分工的同时，也推动区域之间低空经济基础设施和应用场景共建共享。例如，在京津冀区域融合不断深化的背景下，北京不仅提出将河北张家口机场打造成公务航空配套基地，而且推动一批试飞测试基地和分支机构在毗邻的河北、天津等周边区域进行布局，并规划开通 3 条以上面向周边地区的低空航线，将低空经济的跨区域合作作为京津冀一体化发展的重要推手。广东推动粤港澳大湾区城市在低空经济方面的合理布局，重点以广州、深圳、珠海三大城市为低空产业发展的核心节点，打造差异化发展的低空经济特色产业园区、构建覆盖粤港澳大湾区安全、高效、便捷的低空交通网络，努力打造全国领先的低空经济示范区。

二　武鄂共建低空经济圈的现实基础分析

（一）基础优势

1. 武汉具有较强的现代产业基础

目前，武汉以芯屏端网、数控机床、精密电子、新能源汽车等为代表的高端制造产业规模正在迅速扩张，拥有代表全球技术最为领先的灯塔工厂以及智能制造国家级试点示范项目，如神舟飞船、北斗卫星、国产航母等一批"国之重器"，其中的众多关键组件都有"武汉制造"的重大贡献。2023 年，武汉新增 2000 余家高新技术企业，建成 30 个数字经济特色园区。

2. 鄂州空港资源不断丰富

鄂州花湖机场自2022年7月正式运营以来，客货流量大幅提升，发展势头极为迅猛。2023年完成旅客吞吐量超42万人次，成为鄂东地区商旅出行的快捷通道。作为主业的货物运输方面，鄂州花湖机场积极开拓国内外货运市场，基本构建联通全国、辐射全球的货运航线网络。2023年鄂州花湖机场货邮吞吐量已经超过了武汉天河机场，达到24.5万吨，武鄂两机场的总体货邮吞吐量相较于2022年武汉天河机场的29.9万吨大幅提升超过50%（见表2），总货邮吞吐量已经超过了重庆、南京、昆明等城市，大幅提升至全国第8位。

表2　武汉国际客货双枢纽机场2022年与2023年客货总量

单位：万次，万吨

机场	客运量		货邮吞吐量	
	2022年	2023年	2022年	2023年
武汉天河机场	1160.6	2586.2	29.9	20.6
鄂州花湖机场	—	42.1	—	24.5

注：由于鄂州花湖机场2022年7月才开始运营，其客货量数据不具有代表性，因此不予采用。
资料来源：央广网。

花湖机场枢纽建设在给鄂州带来巨大的客货流量的同时，其产业集聚效应也迅速扩大。近年来，鄂州临空经济区聚焦现代物流、航空服务、智能制造、光电子信息等产业，累计引进投资超千亿元。2024年初至5月底，鄂州临空经济区共签约临空偏好型产业项目28个，签约总金额202.4亿元，分别占总体31个引进项目的90.3%和206.2亿元签约总金额的98.2%，分别引进湖北国贸鄂州贸易总部、太美航空产业、设备无人化改造、精贯电脑及安防配件研发生产基地等重点项目，为低空经济发展提供了强有力支撑。

3. 低空基础设施建设运营持续推进

一是通用机场设施建设不断完善。通用机场是低空经济发展的关键载体。早在2017年，利用世界飞行者大会在武汉举办的契机，武汉采用最高标准兴建了占地 919 亩，跑道长 1600 米，包含基本的飞行区、航站区以及航空工程中心的汉南通用机场。为了进一步提升武汉汉南通用机场的运营能力，汉南通用机场又兴建了一条 2400 米平行跑道。目前已基本建成国内规模最大的通用航空机场，成为全国首批航空飞行营地示范工程，吸引了海直通航、中信海直、荆门爱飞客、武汉卓尔航空、墨行航空等众多通航企业以及数十架多用途飞机和直升机，在飞行员培训、城市应急救援、商务旅行包机、区域空中巡查等领域开展经营服务驻场飞行。二是低空起降基础设施加速设点布局。除了汉南通用机场以外，武汉还积极在更多的领域加大专门低空飞行器起降点的建设并提供服务。2018 年武汉亚心总医院高架直升机场正式投入使用，2023 年武汉普仁医院直升机通用机场成功获得备案，两座通用直升机机场主要实施跨区域紧急医疗救助。

4. 无人机相关产业开始逐步壮大

无人机产业作为低空经济的重要一环，是当前低空经济飞速发展的关键领域。目前，整个湖北地区无人机产业发展主要集中在武汉。首先，无人机产业具有一定规模。目前，武汉总共聚集了大约 200 家涉足无人机领域的市场主体，产业从业人员超过 5000 人，产业链涉及无人机的研发、制造、销售、操作培训、应用服务等多个环节，这些市场主体共同组成了武汉低空经济的有力支撑。其次，形成了若干本土龙头制造企业。目前，以普宙科技、电鹰科技、飞流智能为代表的本土企业已经成长为国内无人机制造领域具有一定影响力的生产创新型企业，成为武汉无人机产业发展的支柱力量。例如，普宙科技从最初的消费类无人机领域逐步扩展为具备无人机全产业链研发能力，掌握无人机全系统自主知识产权，集无人机研发、生产、销售、运维和数据运营于一体的高科技企业，拥有遍布全球 100 多个城市、覆盖多个行业领域的数千位客户群体。再次，无人技术产业渗透势头明显。武汉无人机企业在发展中积极将人工智能、大数据分析、高速无线通信、云平台等先进技术与无人机制造与应用相结合，通过自动化、无人化、定制化的无人机产品服务和解决方案，为各行业发展高效赋能。最后，无人机低空应用场景加速扩展。作为现代化大都市的武汉，从"武汉马拉松"的体育赛事直播、光谷道路的道路巡查，到盒马鲜生的点对点配送，以及府河观鸟的益智游览，无人机已经开始与大型赛事直播、道路交通指挥、便捷高效物流、观光旅游探索等领域紧密结合。除了武汉市场的大量应用外，鄂州地区的无人机应用场景也在不断扩展。花湖机场电路安全巡检、鄂州船舶焊点精准风险排查以及汀祖镇大规模农田种植播撒，无人机在鄂州工农业领域大显身手，极大地提升了工作效率和安全性。

5. 空天领域智力资源不断累积

近年来，伴随着空天经济在全国的不断推进，作为全国重要的科教基地，武汉各高校加快了从基础科教资源向空天智力资源转化的步伐。华中科技大学为了适应空天科技发展新需求，整合机械制造、动力工程、材料科学、工程力学相关专业资源设立航空航天学院，继续推动在飞行器与控制、航空动力学、先进推进技术、智能设计与制造等方向积极展开探索。武汉大学则充分发挥空天遥感技术世界领先的优势，正式设立宇航科学与技术研究院，积极参与科学试验卫星在定位、导航、遥感、通信等天基信息一体化服务领域系统开发研制，促进遥感与航天等学科的融合发展。除了科研型重点高校主动作为外，随着鄂州花湖机场的建设以及通用航空产业的不断发展，武鄂两地部分普通高校的科教资源转化更为迅捷。中南航空学院、鄂州航空高级技工学校、鄂州职业大学航空工程学院也先后成立，全力培养航空地面设备维护、飞机零部件维修与保养、航空物流服务、空乘安保及服务等方面的人才。

（二）存在的问题

1. 低空经济整体发展不足

目前，武汉的低空经济整体上虽然有一定规模，但是与部分重点城市相比仍然有相当的差距。据数据统计，截至2023年底，武汉虽然拥有低空经济相关企业124家，企业数量排名全国第六，但是与深圳、北京两市比较，低空经济企业数量相差较大。同时，在实力雄厚的上市龙头企业以及具有专业灵活精细化的配套企业方面，武汉上市企业只有1家，处于全国前十企业的末位，专精特新企业只有4家，两者总体数量仅超过长沙（见表3），既反映出武汉在低空经济上有实力的龙头企业数量欠缺，也反映出大多数企业专业化和创新能力较弱，武汉低空经济产业链的发展还存在较大不足。

表3 低空经济发展主要城市各类企业数量及总数

单位：家

主要城市	上市企业	专精特新企业	一般性企业	低空经济企业总数
深 圳	8	17	300	325
北 京	25	15	281	321
上 海	9	6	165	180
成 都	8	10	135	153
西 安	7	17	121	145
武 汉	1	4	119	124
广 州	14	11	95	120
南 京	5	7	105	117
苏 州	3	4	68	75
长 沙	2	2	61	65

资料来源：《城市低空经济"链接力"指数报告（2024）》。

2. 无人机产业领域差距明显

武汉无人机产业领域发展虽然有一定规模，但是与全国重点城市相比差距较为明显。首先，产业发展时间相对较晚。武汉无人机三家龙头企业电鹰科技、普宙科技以及飞流智能分别创立于2014年、2015年以及2016年，至今只有10年左右发展历程，相比之下，国内无人机领域领军企业如大疆创新、零度智控大多创建于2006年前后，无人机技术发展起步较早，先发优势更加明显。其次，武汉无人机产业领域企业规模普遍较小。目前，武汉无人机产业链企业年产值合计在10亿级。武汉龙头企业电鹰科技预计2024年的营收才能超过亿元，相比之下，我国无人机领域全球引领企业大疆创新科技有限公司，2022年的营业收入就高达301.4亿元，企业规模差距巨大。

3. 区域相关政策法规出台相对滞后

武汉相继出台了《关于支持武汉市低空经济高质量发展的实施意见》

《武汉市支持低空经济高质量发展的若干措施》等支持低空经济发展的文件。鄂州出台了若干相关产业的发展支持政策，但低空经济方面的专门政策规划还处于空白状态。同时，低空经济领域法规体系有待完善，一些新兴领域如无人机配送、空中旅游等低空经营活动，对于经营活动中所涉及的范围与技术等内容缺乏明确的法规界定标准。部分区域如深圳已经为低空经济立法，在保障低空经济良好发展的轨道上走在全国前列。

三　武鄂共建低空经济圈思路与策略

（一）发展思路

1. 坚持区域"共荣分损"的发展理念

所谓"共荣分损"，指的就是武鄂两地在低空经济发展中要加强低空经济发展方面的统一规划、共同施策，只有坚持协同发展的战略思想，才能实现共同发展；如果坚持各自为政、单打独斗的发展观点，将会遭受区域产业损失。在低空经济竞争日益白热化的环境下，非优势区域通常由于技术、资本、人才、市场等约束，往往在区域竞争中处于不利的地位。同时，优势地区在占有优势地位的条件下，容易产生集聚效应，吸引更多的产业资源向该地集中，出现"强者恒强"的现象。要想在激烈的区域竞争中占据主动，拥有基础发展条件的相邻地区整合资源、融合发展才是实现目标赶超的有效手段。如前文所述，目前，武鄂地区在低空经济领域具有一定的基础，但与深圳、北京、上海等领跑者相比还存在一定差距。借力武鄂同城化的进程不断深入，在低空经济方面主动作为，在区域内分享技术、资本与市场等资源，在低空产业互助、基础设施共建共享、空中交通走廊共同拓展等方面全力推进，是实现区域产业追赶的有力手段。

2. 坚持传统航空和无人科技"两翼齐飞"的发展思路

低空经济制造领域主要分为通用航空和无人机两大部分。近年来，随着科技的不断进步，不同科技间融合渗透日益加深，在无人驾驶、信息传导、空间遥感、人工智能等前沿领域做出了巨大成绩，极大助力了我国在无人机领域的突飞猛进，占据全球领先地位。通用航空产业作为高端装备制造的重要代表，存在产业发展成熟、产业链精密细化、经济拉动作用强等特征，对于我国低空经济和空天经济发展同样具有较强的促进作用，通用航空产业方向的发展具有广阔的空间。因此，武鄂共建低空经济圈，不仅要在无人机领域强力追赶，也要注重通用航空领域的建设，实现"两翼都要抓，两翼都要飞"的产业发展目标。

3. 坚持优势互补、互惠互利的共赢思想

目前，武汉和鄂州总体上具有一定的低空经济发展基础，但两者之间在综合实力、产业基础、创新能力等方面具有较大的差异，因此在低空经济细分领域发展方面不能完全一蹴而就。应该结合各自的特点，发挥各自优势，做好细分领域的工作，通过加强技术传导、产业转移、低空基础设施共建共享、新型应用场景共同开发拓展等方式，弥补各自发展中的短板，激发整个区域发展的新动能，实现低空产业合理布局，实现合作共赢。

（二）总体策略

1. 加强政策法规引导，统筹区域发展

一是加快出台关于武鄂低空经济圈发展的总体规划，明确两地低空经济发展的总体目标、空间布局、重点任务等内容，从低空基础设施建设、通航产业链打造、无人机产业渗透、应用市场开拓、产业创新发展模式等各方面为低空经济发展提供目标引导。二是协调区域支持政策。对于武鄂两地低空经济涉及的企业，两地应根据企业所涉及的细分领域、产业规模、市场前景等特点，共同制定出台土地、财税、金融等方面的支持政策，为产业的发展壮大提供有力的政策支持。三是积极争取低空经济省级专项规划的尽快出台，加强与省内周边地区的沟通协调，实现更大区域内的低空经济协同规划与发展。四是完善地方低空法规制度建设。武鄂两地应加快协调推出覆盖两地的低空飞行管理机制，完善两地间飞行计划的审批和监管程序，为武鄂两

地开展低空飞行活动提供有力的制度保障。

2. 强化空港经济，集聚低空发展要素

一是继续深化国际客货双枢纽建设，加快推进武汉天河机场和鄂州花湖机场客货业务分流的合作进程。二是加大两大机场航线开拓。随着武汉的综合实力不断提升，要重点推进武汉天河机场国际航线数量以及增加现有国际航班的班次，为全球各地的旅客到湖北的商旅出行提供便利。以国际货运航线开拓为重点，继续拓展鄂州花湖机场国内外航线数量和货运规模。三是切实做好临空经济区建设。利用空港枢纽集聚资源的特点，不断发挥武鄂两地现有临空经济区已有的基础优势，进一步推进低空经济相关企业在园区集中发展，打造龙头引领、产业关联的区域集聚效应。

3. 推进低空制造振兴，打造区域产业链条

一是大力实施通用航空产业振兴计划。首先，武鄂两地以共建全国通用航空产业先行区为目标，加大国内通用航空整机企业招商引资的力度，重点推进中航通飞、洪都集团、中航哈飞、万丰奥威、山河科技等国内通用航空制造领域龙头企业在区域内投资布局，在条件允许下还应加大全球招商力度，积极争取全球领先的贝尔、米里、塞斯纳、巴西航空等中小型飞机和直升机生产研发巨头落户，构建通用航空产业跨越发展的基石。其次，配合龙头企业的引进，以黄陂、东西湖、汉南、光谷以及鄂州临空产业园为重点，继续推进相关配套航空飞行器零部件制造和维修服务企业在产业园区内的集聚发展，打造区域内稳定的上下游产业链合作关系，力争通过龙头企业的引进，形成高效的产业集聚效应，大幅提升区域内航空器制造与研发的技术水平和产业规模。最后，要加大对卓尔航空、凌云科技、三江航天等现有通用航空制造维修企业的技术扶持力度，鼓励企业与头部企业积极开展技术联合和业务对接服务，形成龙头企业产业带动、配套企业技术提升的良好产业生态系统。

二是努力实现武汉在无人机技术领域创新引领。积极推进大疆创新、零度智控、亿航智能等国内无人机领域先进制造企业投资设厂，加大先进技术引进力度。充分利用武汉在精密制造、人工智能、大数据分析、空间遥感、

物联网建设等领域积累的优势，鼓励掌握无人操控系统的相关技术企业与高校、科研机构等开展产学研用协同创新，将原始创新和集成创新有机结合起来，加强在动力系统、光电传感、信息传导、智能识别、飞行操控等无人机关键领域研制攻关，助力武汉在无人机制造研发领域的追赶步伐。加大无人驾驶、虚拟现实、车路云等前沿科技的产业融合，力争为武鄂无人机产业引领发展奠定坚实基础。

三是继续推进鄂州低空产业"补短板"。继续推进鄂州在临空经济区、葛店经开区积极引进智能制造、光电信息、先进材料、航空物流等相关产业，推进武汉无人机领域的龙头企业加快在鄂州地区设立技术分支机构，加快技术推广，协调引资新设企业与武汉引领企业之间做好产业链配套衔接，实现区域产业合理分工布局。

4. 加强低空设施共建服务，强化发展基础

一是积极共建无人机基础服务设施。充分利用武汉新城建设机遇，在光谷、葛店等武鄂交界区域布局若干无人机产业服务培训基地，建立无人机智能技术研究院等相关服务配套设施。二是推进关键低空基础设施的升级与布局。进一步推进汉南通用机场的改造与升级，加快打造兼顾有人航天器以及无人机起降和维修服务功能的低空飞行综合服务基地。同时积极推动鄂州加快 A 类通用机场以及武汉东西湖临空港经济区通用机场建设，与汉南通用机场共同打造武鄂低空直达交通网络。三是加强通用航空产业园区建设。继续强化通用航空产业园的基础功能，加快推进汉南、阳逻等航空航天产业园区扩面升级进程。推动鄂州临空经济区利用航空偏好型企业引进的机会，积极推进通用航空产业园建设，加快园区航空维修保养中心、航空人才培训基地等基础设施建设。

5. 加大市场建设，拓展发展潜力

一是推动人才市场共同培养。应结合武鄂两地各类高校的特点，为武鄂低空经济发展构建全方位、多层次的人才保障体系。鼓励武汉大学、华中科技大学、武汉理工大学等科研类高校有效利用其科研创新能力强、学科门类齐全的基础优势，专注为低空制造领域提供人才储备。推动武汉交通职业学

院、湖北航空高级技工学校、鄂州职业大学等与通航、物流、应急等领域的实体积极展开校企合作，加大在空乘、维修保养、无人机操作等领域的服务型人才培养力度。

二是积极开展市场应用。继续推进低空经济在交通、旅游、物流、应急等领域的应用。首先，允许武鄂地区有条件的景区积极利用固定翼飞机、直升机、无人机等低空航天器在景点之间积极开展巡回游览、摄影、特技飞行、跳伞等运营活动。其次，加快构建武鄂低空交通走廊线路，积极推进鄂州通用机场建设，尽快开辟汉南至鄂州的低空交通示范线路。同时加大eVTOL（电动垂直起降飞行器）应用和推广，在武鄂两地有条件地区逐步开展试点应用。再次，基于城市区域特性以及货品需求特点，武汉经开区、东湖高新区、鄂州城区等地要大力推广食物、药品、化妆品等日用品的中小型多旋翼无人机点对点城区快递服务。以鄂州航空物流园区为重点，积极探索大型多旋翼无人机跨区域物流应用试点。最后，积极推动低空应急。大力推动武鄂两地交通应急管理部门以及医疗卫生部门在武鄂、武黄、鄂咸等高速公路选取若干服务区实施扩建工程，设立直升机停机坪和无人机起降点，大力开展武鄂地区的道路交通指挥以及紧急医疗救助试点。

参考文献

卜鹏楼：《低空经济、通航产业：辽宁发展新动力》，《辽宁经济》2013年第8期。

周睿全：《济莱合并经验对武鄂同城化发展的启示》，《长江技术经济》2021年第8期。

李洪江：《由"钢城"走向"港城"，鄂州华丽转身》，《长江日报》2023年8月28日。

彭吕长：《低空经济开辟经济增长新航道》，荆楚网，2024年3月15日，http://hbllxx.com/lswl/202403/t4683735.html。

徐麟：《扩大招商"朋友圈"，打造机场"生态圈"》鄂州政府网，2024年6月1日，https://www.ezhou.gov.cn/qypd/zstz/202406/t20240601_629428.html。

B.15
推动湖北省外贸与制造业高质量
互动发展的对策建议

管志鹏*

摘　要： 近年来湖北省外贸增长迅速，但体量偏小，外贸与产业互动发展呈现结构耦合与矛盾并存的特征。为推进制造业高水平开放，实施外贸"优进优出"行动要求，应稳规模、创品牌、畅通道、重联动，着力推进外贸与产业协调发展，形成外贸与制造业相互促进、共同高质量发展的良性循环。

关键词： 外贸与制造业　高质量互动发展　湖北省

党的二十大报告提出，推进高水平对外开放，提升贸易投资合作质量和水平。湖北省第十二次党代会明确提出，加快打造内陆开放新高地，推进对外贸易创新发展。《湖北省流域综合治理和统筹发展规划纲要》指出，推进制造业高水平开放，实施外贸"优进优出"行动。近年来，湖北省外贸持续增长，面对复杂多变的国内外形势，2022年湖北省货物进出口总额首次突破6000亿元大关，2023年全省货物进出口总额6449.7亿元，比上年增长5.8%。为贯彻落实党的二十大精神和湖北省第十二次党代会精神，努力建设全国构建新发展格局先行区，不断提升湖北省外贸竞争力和产业链韧性，应着力推进外贸与产业协调发展，形成外贸与制造业相互促进、共同高质量发展的良性循环。

＊ 管志鹏，经济学博士，湖北省社会科学院助理研究员，主要研究方向为国际贸易、区域经济。

一 增速快体量小：湖北省外贸发展情况

（一）外贸逆势增长

近年来，湖北省外贸连创新高。2023 年湖北省货物进出口总额 6449.7 亿元，较 2022 年增长 5.8%，较 2021 年增长 20.0%，较 2020 年增长 50.2%，较 2019 年增长 63.5%。2023 年湖北省进出口、出口、进口增速分别高出同期全国整体增速 5.6 个、4.1 个、8.2 个百分点，外贸呈现持续向好势头（见图 1）。

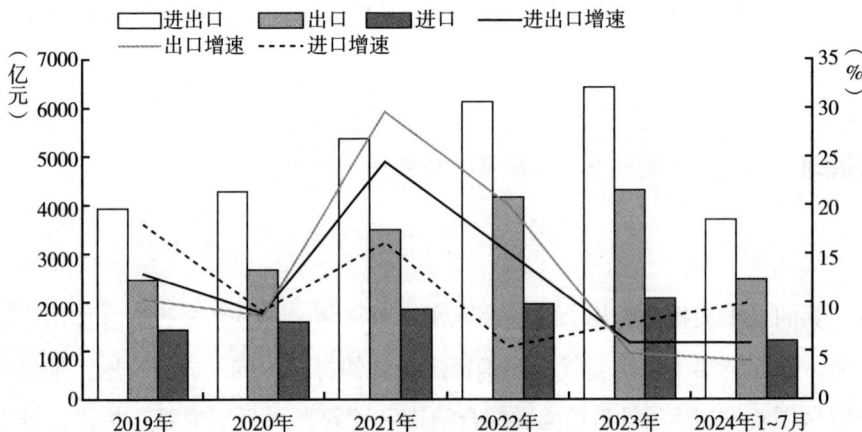

图 1 湖北省外贸情况

资料来源：历年《湖北统计年鉴》及《2024 年 1~7 月湖北省外贸数据及分析》。

（二）外贸体量偏小

湖北省外贸体量偏小，经济对外依存度较低，与全国相比差距较大，货物贸易占全国比重较小，也不及中部多数省份。

2023 年湖北外贸总值在中部排第 3 位，但位次不稳，2022 年，湖北外贸总值在中部六省中排第 5 位，居河南、安徽、湖南、江西之后。同时，周边省市通过积极开拓综保区、中欧班列、跨境电商等新载体，已形成对湖北的稳定优势。比如，2023 年，郑州新郑、成都高新、重庆西永三个综保区分别排全国第 2 位、3 位、6 位，占本省市外贸总值比例高，其单区即超过湖北各综保区外贸值之和。

外贸依存度方面，2019 年湖北省外贸依存度为 8.6%，全国外贸依存度为 31.8%；2020 年湖北省外贸依存度为 9.9%，全国外贸依存度为 31.6%；2021 年，湖北省外贸依存度为 10.7%，全国外贸依存度为 34.2%；2022 年，湖北省外贸依存度为 11.5%，全国外贸依存度为 34.8%；2023 年，湖北省外贸依存度为 11.6%，全国外贸依存度为 33.1%，江西、安徽、河南、湖南分别为 17.7%、17.1%、13.7%、12.3%，均高于湖北。

二　耦合与矛盾：外贸与产业互动发展的特征

（一）外贸商品结构与制造业结构的耦合

根据近三年湖北省外贸情况和湖北省工业生产情况数据，外贸货值排名前十的产品种类与工业产值排名前十的行业存在明显的耦合关系。工业产值排名前十的行业有：汽车制造业，农副食品加工业，化学原料和化学制品制造业，非金属矿物制品业，计算机、通信和其他电子设备制造业，纺织业，电气机械和器材制造业，黑色金属冶炼和压延加工业，金属制品业，通用设备制造业。可以发现，工业产值较大的行业对应的汽车及零部件、化工产品、机电产品、设备制造、纺织品进出口货值也比较大，说明湖北省外贸结构与产业结构是相契合的（见图 2）。

武汉海关的分析也显示，湖北外贸与优势产业相契合。按照世界海关组织的（HS）8 位编码查询湖北出口贸易值排前 20 位的商品，这些出口优势产品大体上分布在 15 个细分产业，集中体现在"51020"现代产业集群中，以"光芯屏端网"信息技术产业为代表。湖北出口优势产品涉及"光""芯""屏""端""网"的分别有 1 项、1 项、2 项、2 项、2 项产品。汽车

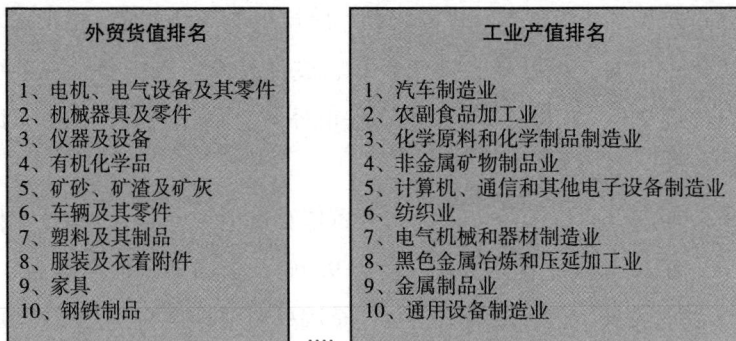

外贸货值排名	工业产值排名
1、电机、电气设备及其零件	1、汽车制造业
2、机械器具及零件	2、农副食品加工业
3、仪器及设备	3、化学原料和化学制品制造业
4、有机化学品	4、非金属矿物制品业
5、矿砂、矿渣及矿灰	5、计算机、通信和其他电子设备制造业
6、车辆及其零件	6、纺织业
7、塑料及其制品	7、电气机械和器材制造业
8、服装及衣着附件	8、黑色金属冶炼和压延加工业
9、家具	9、金属制品业
10、钢铁制品	10、通用设备制造业

图2　湖北省外贸货值与工业产值对比

制造、化工、现代农产品产业也各有1项产品。此外，湖北传统的纺织服装、化肥产业也各有2项出口优势产品。整体来看，湖北优势产品和优势产业相辅相成，产品是产业发展的物化成果，产业是产品供给的基础来源。

（二）外贸与产业结构性矛盾

尽管湖北省外贸商品结构与制造业产业结构总体上契合度较高，但深入追溯到具体产品和具体企业，会发现湖北省外贸优势企业与支柱产业企业之间存在结构性矛盾。

一是外贸优势企业与湖北省支柱产业企业匹配度不高。外贸排名靠前的企业鲜有支柱产业龙头企业。海关统计数据显示，2021年湖北省出口值排第1位的商品是"手机"，第2位的是"手机零件"，货值分别为259.45亿元、84.39亿元，代表企业为摩托罗拉（武汉）移动技术通信有限公司。2020年中国外贸出口百强企业名单中，湖北省有2家，分别是联想移动通信贸易（武汉）有限公司、鸿富锦精密工业（武汉）有限公司，这两家公司外贸产品主要是平板电脑、计算机及零附件。上述公司长期居湖北省出口企业前5位。而湖北省在汽车制造、化工及农产品加工等工业产值较大的支柱产业中，还未有外贸出口头部企业。对比江苏等省份，其支柱产业代表企业与外贸优势企业吻合度较高，比如江苏以电子信息业为支柱产业之一，其电子信息类的外贸出口百强企业有近十家。

二是产业外向度较低。湖北省工业外向度不高，出口交货值占工业销售产值比重较低。2021 年湖北省工业出口交货值占工业销售产值比重为 4.32%，远低于沿海外向度高的省份，比如浙江 2021 年这一占比为 16.7%。从细分行业看，湖北省产值较高的制造业行业普遍产品外销比低，如湖北省工业产值排名靠前的汽车制造业、化学原料和化学制品制造业、非金属矿物制品业、农副食品加工业、纺织业、电气机械和器材制造业，2021 年出口交货值占该行业工业销售产值比重分别为 1.9%、4.7%、0.8%、2.8%、6.1%、2.0%。根据武汉市调研了解，全市制造业外贸重点企业中，半数以上主要面向国内市场，企业出口交货值占产值比例不高。

三 下行与重构：外贸与产业发展面临的形势

（一）经济下行压力

党的二十大报告指出，世纪疫情影响深远，逆全球化思潮抬头，单边主义、保护主义明显上升，世界经济复苏乏力，局部冲突和动荡频发，全球性问题加剧，世界进入新的动荡变革期。国际货币基金组织（IMF）发布的《2024 年全球经济展望》预测报告显示，预计 2024 年世界经济增速将保持在 3.1%，低于 3.8% 的历史平均水平。预计 2024 年世界贸易增长率为 3.3%，低于 4.9% 的历史平均增长率。贸易扭曲加剧和地缘经济分裂预计将继续影响全球贸易水平。

对外贸易本质上是国内供给与国际需求的匹配，产业是贸易的基础。经济下行压力不利于外贸与产业发展，国际需方市场疲弱，严重制约我国出口。全球供应链受阻，贸易航运和物流系统遭受冲击，集装箱紧缺和运费高涨等问题突出。国际大宗商品价格上涨，主要经济体货币政策不稳定，多国实施贸易保护政策和技术性壁垒，湖北企业和众多国内企业一样，面临产业链供应链问题，外贸出口发货难、订单难、履约难、盈利难等问题突出。

（二）产业链和外贸订单转移风险

近年来，受逆全球化和地缘政治等因素影响，我国外贸订单存在向外转移风险。欧美国家的产业转移，伴随着外贸订单转移，国外企业要求将中国采购的数量逐步降低在 30% 以内，外贸从业人士普遍认为，相关的转移大概会在 3~5 年的时间完成，欧美业务量占比较大的外贸企业压力较大。据有些企业反映，部分产品出口美国面临被征收特别关税 25%，反倾销税接近 70%，产品出口韩国面临被征收高额关税 37% 的情况，这些制裁措施直接导致产品竞争力下降，利润缩减，市场占有率也有所收缩，新兴市场拓展存在困难，迫使这些企业选择出海建厂。产业链和外贸订单向外转移的趋势还在持续，这将对湖北省外贸和相关产业发展带来不利影响。

（三）全球产业链与供应链重构的机遇

全球产业链与供应链的重组正在加速进行，能源危机、原材料价格上涨、技术变革、地缘政治等因素构成了国际产业链和供应链调整的重要动力。我国有着完善的全产业链配套体系和审慎的经济政策，欧洲的制造业企业在全球重新配置其生产基地时，我国是重要选择。我国制造业正处于全球价值链中的上升期，在高新技术产业领域与发达国家开展合作，弥补产业链短板，将使中国制造业核心竞争力不断提升，进而推动外贸高质量发展。

湖北省是制造业大省，在全球产业链与供应链重构的窗口期，高技术产业和高技术产品外贸有着很大的发展机遇。前文对统计数据进行分析时，湖北省高技术产业和高技术产品外贸有两个明显的特征：一是高技术产业出口交货值占工业销售产值比显著高于其他制造业；二是高技术产品加工贸易比重明显高于其他产品。

高技术产业是湖北省仅次于汽车制造业的第二大类工业产业，手机、集成电路、计算机、显示器等高技术产品是湖北省主要外贸出口产品，2021年湖北省高技术产业出口交货值占工业销售产值比为 18.9%，高于工业出口交货值 4.32%；2022 年 1~10 月占比为 17.4%，高于工业出口交货值

4.35%，也高于浙江等发达省市出口交货值与工业销售产值比重平均值。

加工贸易具有"加工增值""两头在外"特点，是融入全球产业链的重要方式。武汉海关研究显示，湖北高技术产品中加工贸易比重明显更高，而一般贸易和保税物流的比重偏低。反映了加工贸易对高技术产品的支撑和带动比较明显，湖北省高技术企业在参与全球产业分工、承接加工增值业务中发挥积极作用。另外，湖北省外贸排名前20的企业有12家是高技术企业，这12家企业中有9家是高技术产值前20强企业，充分说明湖北省高技术企业外向度高于其他制造业企业，高技术企业是湖北省外贸主力军，高技术产业在全球产业链与供应链重构中更有作为。

四 稳规模、创品牌、畅通道、重联动：外贸与产业高质量发展对策

（一）稳规模

1. 加快加工贸易产业园区建设

进一步加快加工贸易产业园区建设，积极推进科工贸一体化。引导具有国际竞争优势的生产型企业入驻园区，在稳链强链中逐步扩大新业态新模式的规模。在现有省级加工贸易产业园区基础上，结合各地产业发展战略选点布局、加大投入，提高加工贸易占比。指导企业有效应对外方技术贸易措施，引导和支持食用菌、茶叶、鱼子酱等湖北特色农产品走精深加工的外贸发展道路，推动建设一批特色农产品加工贸易产业园，进一步强化规模效应与竞争优势，继续扩大出口规模。

2. 扩大汽车出口规模和大宗商品进口规模

加强汽车制造业外经贸提质增效示范等出口产业培育，推动吉利路特斯、东风岚图等重大产业项目积极进军海外市场。加强运输保障，扩大汽车出口运力。鼓励汽车企业与国内外金融机构合作，在依法合规、风险可控的前提下，创新金融产品与服务，更好满足企业需要。支持汽车企业完善国际

营销和售后服务体系，提升在海外开展品牌宣传、展示销售、售后服务方面的能力。推动大宗商品进口起势见效，做大做强外贸供应链，扩大先进设备与优质消费品进口，加大大宗商品进口企业扶持力度，对于符合条件、进口贡献度较大的企业，省级外经贸资金给予奖励，视绩效情况，对全省重要进口供应链企业的年度押汇费用给予扶持。推动大宗商品进口供应链企业与大型生产制造型企业开展供应链合作对接，稳定与扩大铁矿石等关键资源品供应。会同楚象、国控等重点供应链企业，分市州开展对接推介，促进进口资源供应合作。

（二）创品牌

1. 提升制造业竞争力和产品附加值

党的二十大报告强调要加快建设制造强国、质量强国、贸易强国。实施贸易强国战略要提高企业创新能力，湖北省应强化科技创新策源功能，发挥产业基础优势，着眼于提升制造业价值创造能力、国际市场竞争力和可持续发展能力，打造制造强国高地，推动贸易优化升级。一是形成制造业竞争优势。要多措并举释放企业创新活力，提高产品设计研发、系统集成和服务模式创新能力，加快掌握关键核心技术，促进技术创新、业态创新和管理创新，推动传统制造向高端化、绿色化、智能化转型升级，形成制造业的质量和效率竞争优势，并以此推动贸易优化升级。二是提升产品附加值。提升产品附加值是外贸企业的必由之路。湖北省外贸企业应围绕市场需求，结合最新的科技成果，运用新材料、新技术、新工艺来开发新产品，以优良品质和科技含量，提升产品在全球市场的竞争力；并将中国文化与当代艺术相结合，延伸产品价值链，赋予产品工艺以外的创新附加值。三是提高产品绿色值。制造业"绿色化发展"是制造强国战略的要求，对外贸企业而言是责任，也是机遇。在全球低碳趋势下，践行低碳理念并实施绿色转型的外贸企业将迎来更多商机，如推出符合 ESG（环境、社会责任、公司治理）认证的产品，编制符合国际标准的可持续发展/企业社会责任报告，从而赢得发达市场客户的青睐。

2.加强湖北名优产品品牌国际化建设

加强品牌工程建设，培育以技术、标准、品牌、质量、服务为核心的出口产品新优势，提高湖北自产商品的国际知名度。构建研发、推广、生产、销售全周期链条，培育更多具有知识产权的楚商名品。以湖北省中欧地理标志协定产品为重点，积极推进湖北名优产品海外知识产权战略。充分发挥贸促会、商会、综服体的作用，解决企业独立申请品牌认证交易成本高、困难大等问题，积极组织相关重点企业在主要出口国联合申请品牌、商标和专利认证，并对企业创建品牌过程中产生的申请和认证费用给予一定的补贴。同时，鼓励湖北省本土企业与央企国企开展品牌合作，逐步建立健全品牌管理制度和流程，在循序渐进中稳步提升产品品牌的国际影响力和竞争力。

（三）畅通道

1.畅通外贸货物物流运输通道

要着力疏通海空港等集疏运，提高进出口货物装卸作业和通关效率，加强国际物流链梗阻问题的应对能力。鼓励外贸企业与船运、航空、铁路运营方以及货代企业面对面对接，推动签订长期合作协议、建立稳固合作关系。协助外贸企业解决原材料、关键零部件供应、物流运输、进出口通关等问题，及时修复外贸企业上下游供应链，增加有效供给，确保外贸企业生产经营及供应链正常运转。加快推进贸易通道建设，持续推进陆路及水上通道建设，建立海外通道保障基地，多方向、组合式打通原材料资源运输通道，提升国际物流服务能力。鼓励海运物流企业向港口运营管理、集装箱生产、生产加工等上下游延伸拓展。支持海运物流企业开展港口、物流、贸易等方面的国际合作，增强通道的安全性和稳定性。

2.加强口岸建设与布局

一是加强基础设施建设。立足长江黄金水道，以水运口岸为支点，同步推动空运和铁路运输模式协同发展，联动国际航空货运枢纽和铁路中心站等核心节点，形成全方位深层次开放格局。突破直航瓶颈，加大空运、水运直航航线开拓力度，增强对直航货源的吸引力，充分发挥口岸应有的功能。二是提升信息化建设水平。统筹加强智慧口岸建设，实现跨部门信息资源的互联互通、共享复用、网络验核，推动港口、机场、铁路场站、海关特殊监管区提高信息化水平。三是统一口岸规划布局。通过规划引导、政策扶持、项目带动，逐步形成各具特色、优势互补、流转顺畅的口岸布局，构建推动口岸错位发展的政策体系，营造良好的口岸营商环境和对外开放环境。大力实施港口一体化，加快推进港口资源整合，实现主枢纽港和其他喂给港的优势互补、高效运营。

（四）重联动

1. 促进内外贸一体化联动发展

提升湖北省企业统筹利用两个市场、两种资源的能力，积极争取内外贸一体化试点。借鉴江苏、湖南等九个纳入国家"内外贸一体化"试点改革地区的经验，主动对标试点改革任务，加强内外贸监管规则衔接，推进内外贸监管部门信息互换、监管互认、执法互助。优化内外贸营商环境，健全一体化调控体系，实现内外贸高效运行、相互促进。鼓励湖北省企业创新内外贸融合发展模式，充分利用现代信息技术，加快线上线下融合，促进产销衔接、供需匹配，积极培育内外贸新业态新模式，促进内外贸产业链供应链融合。扎实推进跨境电子商务综合试验区建设，鼓励跨境电商平台完善功能，引导企业更好对接国内国际两个市场。

2. 发挥都市圈集聚效应和联动功能

聚焦三大都市圈发展，发挥都市圈的产业集聚效应，持续提升都市圈的外资吸引力和外贸引领力。以中心城市为重点，充分释放都市圈的产业聚集和开放高地叠加优势，探索三大都市圈重点产业与优势外贸企业和外贸产品的契合点、匹配点、着重点，在提升产业层级的同时，提高外贸发展的质量和水平，增强中心城市的经济社会承载力。同时，要发挥自贸区的带动作用，高质量建设湖北自贸区升级版。着重于自贸区制度创新功能，打造内陆都市圈开放示范新高地；着重于自贸区创新驱动产业引领功能，推动三大都市圈"三高地、两基地"建设；着重于自贸区示范功能和都市圈的联动功能，增强中心城市的经济社会承载力。

3. 深化对内对外全方位协同合作

一是加强长江经济带协调联动。对接成渝地区双城经济圈、长江中游城市群、长三角城市群，共同推进长江黄金水道、沿江铁路、成品油输送管道等建设，构建多式联运集疏运体系。共同搭建国际物流载体，增强口岸功能、贸易功能、开放功能，推进高水平对外开放。推进长江经济带生态环境联防联治，加快建立长江流域常态化横向生态保护补偿机制。二是加强南北区域对接沟通。对接京津冀、中原城市群、粤港澳大湾区、海峡西岸城市群等，深化在科技创新、产业合作、现代金融、国际贸易、文化旅游等领域合作，促进项目、技术、人才等高效配置。积极承接京津冀、粤港澳产业转移，鼓励与沿海城市建立产业合作结对关系，共建跨区域产业园区。三是加强与西部地区交流合作。对接关中平原、兰西城市群等，探索共建产业合作示范区，深化能源、物流、产业等领域合作，辐射带动西北地区发展。加强与北部湾、滇中城市群协作，深化与黔中城市群合作，带动黔北地区发展，推动建立区域合作机制，促进文化旅游、资源开发、交通物流等重点领域联动发展。

B.16
以"用"为导向加快襄阳科技成果
转化路径与对策研究[*]

王礼刚[**]

摘　要：　加快科技成果转化是培育发展新质生产力的必由之路，近年来襄阳出台了一系列推进科技成果转化的政策，聚焦产业发展瓶颈，推进科技创新供应链平台建设，畅通科技成果转化对接渠道，开展形式多样的科技成果转化对接活动。同时，襄阳科技成果转化也存在若干现实问题，如高校院所高质量成果较少、企业承接成果转化能力较弱、成果转化服务机构功能较弱。在介绍乡村振兴和汽车产业等两个成果转化的典型案例的基础上，建议未来襄阳以"用"为导向，加强高价值成果有效供给、强化产学研合作创新、健全成果转化服务支撑，加快科技成果转化，为推进中国式现代化襄阳实践贡献科技力量。

关键词：　科技成果转化　新质生产力　襄阳

　　2024 年 7 月，党的二十届三中全会公报指出，"要深化科技成果转化机制改革"。同月，湖北省科技工作会议提出，"要打造科技创新供应链平台，优化产业技术创新平台布局，提高科技成果转化质效"。在科技领域，从 0 到 1，代表着科技创新的突破，从 1 到 100，则代表着科技成果转化落

---

　　* 基金项目：湖北省科技厅软科学研究项目（项目编号：RKX202400307）；湖北文理学院教师科研能力培育基金"科技创新团队"项目（项目编号：2022pytd03）。
　　** 王礼刚，经济学博士，湖北文理学院教授，硕士研究生导师，主要研究方向为区域经济、生态经济等。

地、进入市场。科技成果转化的过程，本质上是促进成果供需精准对接，让科技成果从"实验室"顺利走向"生产线"，聚力打造发展新质生产力的重要阵地，加快科技成果转化是培育发展新质生产力的必由之路。襄阳经济社会高质量发展对科技成果转化的迫切需求前所未有，科技成果转化面临新形势与新机遇。然而，在科技成果转化的过程中，襄阳市仍然存在一些问题，亟须以"用"为导向加快科技成果转化，畅通从"1"到"100"的转化渠道。

一　襄阳市推进科技成果转化的主要政策

近年来，襄阳市努力做优科技成果转化的"政策端"，提升成果转化的保障能力，出台了一系列推进科技成果转化的政策，如《襄阳市委办公室　市政府办公室印发〈关于完善科技激励机制的若干措施〉的通知》《襄阳市金融支持科技创新若干措施》《襄阳市关键核心技术攻关专项实施细则》，用好用活襄阳"1+7"人才新政；探索在襄阳开展新工科人才培养与科创企业孵化培育试点，以新工科理念探索创新人才培养路径，以人才结构优化带动科技成果转化和提升产业化水平。

（一）推进科技成果转移转化的政策

对承担市内企业委托研发项目的高校、科研院所，按照项目实际到位资金的10%予以奖励，最高不超过30万元。对新认定的国家和省、市级技术转移示范机构，分别奖励100万元、30万元、10万元。大力培育技术转移机构，对于绩效考核优秀的给予30万元奖励。对完成年度目标考核的技术合同认定登记机构，按照技术合同认定登记总额的0.01%给予奖励，最高不超过20万元。对获得国家科学技术奖的项目，按照获奖金额由市财政按照1∶2的比例给予奖励，对获得省科学技术突出贡献奖、特等奖、一等奖、二等奖的项目，按照获奖金额由市财政给予等额奖励，奖金直接奖给获奖者团队或个人。

（二）吸引集聚科技创新人才的政策

围绕重点产业和重点领域急需紧缺人才，全面对接国家和省重大人才工程，深入实施隆中人才支持计划，培养和集聚一批能够突破关键技术、引领学科发展、带动产业转型的领军人才，一批科技创新能力和学术研究水平国内领先的创新团队，一批具有较强创新潜力的优秀青年科技人才。加大海外招才引智力度，吸引更多海内外高层次人才来襄创新创业。完善重大人才团队引进"一事一议"工作机制。推进首席技术专家计划，支持企事业单位培育产业技术创新领军人才，每年遴选 10 名，每人每年给予 5 万元支持，连续支持 3 年。

（三）激发科技人员创新活力的政策

在国家政策框架下，赋予大专院校、科研机构更大自主权，自主制定岗位设置方案、公开招聘高层次人才、决定薪酬及绩效分配方式。允许研发团队分享技术股权、管理团队合法持有股权，绩效工资分配向关键创新岗位或做出突出贡献的科研人员、创新团队和一线优秀人才倾斜。高校科技人员在不影响完成本单位正常工作职责的前提下，可在其他高校、科研院所、社会团体、企业和民办非企业等单位兼职从事相关科研工作，合规合法取酬。落实鼓励科技人员创新创业政策，科技人员兼职或离岗创新创业期间形成的科技成果以及取得的经济社会效益，按规定纳入原单位相关工作业绩考核；取得的工作业绩和科技成果，在参与原单位职称评审和绩效评价时，原单位应予以无差别采纳。落实科研经费管理"松绑"政策措施，赋予创新团队和领军人才更大的人、财、物支配权和技术路线决策权。加大财政科研经费对科研人员的激励力度，利用市财政资金设立的科技创新项目，承担项目人员的绩效支出比例不低于项目经费扣除设备购置费后的 50%，绩效支出安排与科研人员实际贡献挂钩。

二 襄阳市推进科技成果转化的现状分析

襄阳市高度重视科技成果转化工作，聚焦产业发展难题，征集技术需求，开展形式多样的科技成果转化对接活动、设立关键核心技术攻关项目，加强技术市场建设，促进科技成果转移转化。

（一）加强科技成果转移转化体系建设

1. 推进科技创新供应链平台建设

襄阳市积极推进科创供应链平台建设，取得初步成效，成立了襄阳市融入湖北科创供应链平台建设工作领导小组，印发了《襄阳市推进科技创新供应链平台建设2024年度工作方案》。建立"平台公司+服务机构+服务站点+服务人员"四位一体的地网服务体系。选定汉江国有资本投资集团有限公司作为地网建设公司，其子公司汉江智行科技有限公司组建了专门服务团队，在各县（市、区）、高新区设立7个分支机构，负责深入企业开展摸底服务，征集企业创新需求。建立"1515"需求对接响应机制，即创新主体需求当天确认、5天内上门对接、15天内形成初步解决方案，提升企业需求服务效率和响应能力。截至2024年4月，襄阳入驻湖北省平台企业617家，发布需求850项。

2. 充分发挥技术转移中心功能

襄阳依托国家技术转移中部中心的优势，结合汉江科联网的资源共享功能，构建了科技成果供需平台，汇聚了省内外科技创新资源，有力推动了鄂西北地区的科技进步。2023年，汉江科联网便上传了351项技术需求和2050项科技成果。与此同时，通过与湖北省农科院、华中科技大学、武汉理工大学等高校院所的深度对接，累计实现了21项需求对接，有11项科技成果成功转化落地，显示了襄阳对科技资源的集聚力和转化能力。

3. 加强成果转化平台建设

以平台建设为抓手，推进科技成果转化体系建设，积极组织申报省级技术转移示范机构和科技成果转化中试研究基地。充分发挥襄阳华中大研究院、襄阳航空研究院、湖北工业大学襄阳产业技术研究院、湖北文理学院、湖北隆中实验室、武汉理工大学襄阳技术转移中心等单位的研发能力、研发资源，为襄阳产业发展赋能，2023 年上半年共服务襄阳企业 200 余家。截至 2024 年 4 月，襄阳共建有技术转移示范机构 7 家，企校联合创新中心 119 家，成果转化中试研究基地 16 家，为推进襄阳市校企合作、实现科技成果转化提供了有力支撑。

4. 加强人才队伍建设

鼓励襄阳成果转化服务机构参加湖北技术转移学院学习，培养更多技术转移经纪人才；鼓励高校与科研院所设立技术转移中心，配备技术转移经纪人。根据襄阳重点产业发展布局，在各县（市、区）设立一批"成果转化基层站点"，加大科技、产业、财税等政策宣讲力度，提升企业创新意识和创新政策运用能力。2023 年新增东津新区技术合同登记站点，技术合同登记站点实现各县（市、区）全覆盖。多次组织召开技术合同认定登记交流座谈会，提升工作人员业务水平。

5. 加强孵化载体建设

截至 2024 年 4 月，襄阳已建立 98 个孵化器与众创空间，成功孵化了 2000 余家初创企业，这些企业不仅是科技型中小企业的中坚力量，更是推动科技成果转化的生力军。为了助力这些企业更好地成长，襄阳积极提供相关培训服务。2024 年 7 月举办了第十三届中国创新创业大赛（湖北赛区）赛前宣讲会，吸引了 40 余家企业积极参赛，进一步推动了襄阳科技型中小企业的创新发展。

（二）畅通科技成果转化对接渠道

1. 畅通对接渠道，进一步深化产学研合作

为推动科技成果的有效转化，襄阳积极为企业与高校搭建对接桥梁，畅通合作渠道，深化校地、校企之间的产学研合作。主动对接香港科技大学的知名教授，在襄阳开展新工科人才培养与科创企业孵化培育工作。同时，与华中科技大学、湖北文理学院等高校紧密合作，在襄阳设立了电动车创新技术研究机构。此外，襄阳还鼓励高校实行导师责任制和项目资助制，推行双导师制，促进产学研联合培养研究生，为襄阳的科技创新和产业发展注入新的活力。

2.举办对接活动，为成果转化双方牵线搭桥

2024年4月14日，襄阳市科技局组织开展"装备制造业能源/碳精益核算与绿色智慧综合管控关键技术研究"研讨会和"固态储氢燃料电池示范运用"研讨会，襄阳市多家头部企业参会，通过研讨会宣传前沿科技成果，摸清企业在技术研发中存在的问题和难点，并为企业和高校深度沟通畅通了渠道。2024年5月，召开"湖北科创供应链平台供需对接会暨襄阳可持续发展创新学会成立仪式"，此次活动主题为"创新科技供应链生态，赋能新质生产力发展"，旨在进一步推进襄阳科创供应链体系建设，引导襄阳产业需求与全省科技创新资源高效对接，推动政产学研金服用深度融合，促进更多科技成果在襄阳转化落地。

（三）襄阳市科技成果转化中存在的问题

1.高校院所高质量成果较少

部分研究成果过于注重学术发表而非实际应用，导致与实际市场需求脱节，部分成果虽然提升了产品性能，却因成本过高或难以实现规模化生产而无法商品化。同时，高校与科研院所的研发成果多停留在实验室阶段，未充分结合企业实际需求，存在实用性和可靠性方面的不足，难以直接转化为生产力。

2.企业承接成果转化能力较弱

一是企业体量不大，缺乏承接成果转化的能力。襄阳市民营企业对比发达地区生产经营规模较小，尤其是中小型民营企业发展水平参差不齐，不具备承接科技成果转化的资金和体量。二是成果转化具有风险性，企业家创新意识不足。一项成果从实验室走向小试、中试、试生产、规模化生产需要漫长的过程，存在投资失败的风险性，企业家的思维更多放在打开市场和资金回笼，对实施创新提升产业水平瞻前顾后，迟迟不前。

3.成果转化服务机构功能较弱

一是技术转移机构和人才队伍建设有待加强。高校院所负责转移转化管

理的人员较少且多为兼职，基本由学校科研处代为处理科技成果转化事宜，成果管理人员兼职科技成果转化服务工作。全市 7 家技术转移示范机构 6 家为事业单位，工作人员大部分为事业编制，开展成果转化工作的迫切性和主动性不足。二是中试平台服务能力需要进一步提升。虽然襄阳市现已备案中试基地 16 家，但中试平台与产业结合不紧密，对外开放共享程度不足的问题依然存在，缺乏为科技成果由概念验证到产业化做好一站式服务的综合性中试平台。

三 襄阳加快科技成果转化的典型案例

（一）乡村振兴：天然植物对蛋鸭生产性能的影响及功能性鸭蛋的产品研发

湖北楚大鸭业有限公司是国家农业产业化重点龙头企业、国家电子商务供应链试点企业、湖北省电子商务示范企业，旗下的宜城市玉保养鸭专业合作社先后荣获"国家农民合作社示范社"和"全国农产品加工示范社"等称号。企业成立于 2011 年 7 月，经过多年的发展壮大，已形成集种鸭养殖、鸭苗孵化、饲料生产、蛋品加工、电子商务、冷链仓储等于一体的全产业链，在全国鸭产业领域屈指可数。

自 2025 年全国畜牧业现代化建设取得重大进展的发展目标被提出以来，我国畜禽养殖产业迎来无抗化和现代化建设发展的重大机遇。"天然植物对蛋鸭生产性能的影响及功能性鸭蛋的产品研发项目"利用天然植物安全、无毒和潜在替代抗生素的特点，运用 16s rDNA 测序、ELISA、免疫组化、荧光定量 PCR 等方法，筛选有效天然植物；结合蛋鸭营养需求，研发无抗饲料配方；构建动物环境与福利友好的养殖体系，建立家禽健康养殖示范养殖场。截至 2024 年 7 月，该项目已集结市内外 20 多家合作社、十多家协会、1500 多户农户；新增科研、生产辅助人员 22 人，其中科研助理 6 人，带动行业就业 200 人；帮助企业逐年增收，累计收入 4860 万元。

（二）汽车产业：车身线控执行系统关键技术研究与开发

湖北航宇精工科技有限公司，作为中国航空工业集团旗下航宇救生装备有限公司的子公司，专注于汽车零部件的研发、生产和销售。其高新技术主要体现在汽车开闭系统、门锁系统、铰链和车门把手等领域。

新产品的研发与新技术的应用，不仅增强了产品质量可靠性和使用安全性，还提升了企业的技术研发能力和市场竞争力。车门开闭系统技术的研发创新，带动了整个上下游产业的增值链条，促进了地方产业的创新发展，为地区贡献了一定的税收和财政收入。"车身线控执行系统关键技术研究与开发项目"产品预计广泛应用于轻卡和新能源汽车上，在扩大市场规模后，可逐渐转向乘用车市场。基于东风股份、MS15 以及江铃等车企的市场，该项目产品预计年销量可达 50 万套。项目执行期内累计销售收入 8000 万元，净利润 600 万元，项目完成后年销售收入 1.5 亿元。

"车身线控执行系统关键技术研究与开发项目"在研究过程中，可提供 10~15 个研发岗位；进行成果转化后，还可提供大量生产岗位，解决部分社会就业问题。

四 以"用"为导向加快襄阳科技成果转化的路径

（一）加强高价值成果有效供给

高校高价值专利的培育与转化，是推动科技创新与经济社会发展的重要举措。襄阳市高校需建立起科技创新、知识产权管理与科技成果转化三者紧密结合的协调机制。该机制旨在促进知识产权与技术转移实现一体化运营，从而提升高价值专利的有效供给和整体效益。一是建立健全知识产权管理流程。围绕知识产权全流程管理，鼓励高校整合管理职能，完善机构设置，从知识产权创造、保护、管理、应用和服务等多环节推进体制机制创新，确保知识产权申请前的合规操作和风险防控，建立专利导航机制，开展高价值专利培育，提供知识产权一站式服务。二是主动探索专利申请前评估等制度。整合优化高校知识产权管理和技术转移等相关机构功能，主动探索专利申请前评估、知识产权披露、授权后评价、专利质量评估等系列制度。持续做好专利分级分类筛选，形成分层次、全方位、有主次的专利运营体系，分级实施促进转化。三是积极开展高价值专利培育。依托高校科技成果转化中心或知识产权信息服务中心，利用专业化专利检索与分析平台，围绕学校重大、重点科研团队，结合襄阳市"144"产业集群，引入专业服务机构，提供专利预检索、专利分析、专利导航、专利交易和运营反馈等服务，全面开展知识产权信息分析、市场前景评估、专利导航和布局等工作，挖掘和培育高价值专利。

（二）强化产学研合作创新

深度合作是科技成果转化的主要方式。首先，推进校企技术供需对接。通过派驻企业科技副总、院士工作站等方式让高校科研团队与企业加强联系，实现委托研发和联合研发，促进专利成果与企业需求的有效对接。其次，强化校企技术联合创新。支持企业参与高校早期研发，建立产学研协同创新基地等机构，共同攻关行业关键技术，推动人才和成果向企业集聚，加速研发成果的产业化。再次，注重产业集群技术创新。在襄阳市的"144"产业集群中，建立重点产业技术研究院，通过专利池将核心技术与共性技术对接，推动转化并实现专利共享。最后，加强成果转化的精准对接。持续开展转化活动，推动企业家和技术经纪人进入实验室，为成果推介提供更多渠道，通过线上线下相结合，确保信息对接畅通。不断促进科技成果向市场转化，推动产学研深度合作不断向前发展。

（三）健全成果转化服务支撑

健全的服务体系是促进科技成果转化的重要支撑。未来襄阳市需要加强科技成果转化服务体系建设，加快培育专业化服务机构和人才队伍，以专业化服务模式支撑科技成果转化可持续推进。一是提升科技成果转化专业服务能力。建立科技成果转移转化服务机构库，引导现有科技成果转移转化服务机构向服务专业化、功能社会化、组织网络化、运行规范化方向发展，向高校、企业提供更加高效的科技成果转化服务。二是充分发挥高能级平台、新型研发机构的作用。引导现有的高能级平台、新型研发机构以本地产业发展为重点开展科技研发工作，为本地企业科技成果转化、产业提档升级提供源头活水。三是打造科技资源共享服务平台。充分发挥汉江科联网功能，采集中小企业发展需求，集中发布科技成果供给信息，帮助中小企业开展科技成果供需对接。四是加强概念验证中心、中试平台建设。一方面，建设一批概念验证中心。借鉴深圳大学、西安交通大学等先进概念验证中心组建经验，依托高校院所建设一批概念验证中心，发挥概念验证中心在技术研发的可行性验证、技术产业化验证等方面的重要作用，降低技术研发和产业化的风险。另一方面，充分发挥新型研发机构等中试平台的作用。加强现有工研院、产研院建设，加大投入力度，架起高校院所与企业之间的桥梁。

参考文献

陈自才：《湖北实现科技成果转化走在全国前列的对策建议》，湖北省科技厅网站，https://kjt.hubei.gov.cn/kjdt/ztzl/srkxcg/2022/202303/t20230328_4604189.shtml。

段永彪、董新宇：《促进科技成果转化的核心要素与激励机制：基于"三项改革"的多案例研究》，《科研管理》2024年第5期。

康旭东、冯晓晨、林德明等：《高比例的收益分配是否激励科技成果转化——来自中美高校的证据》，《科学学研究》，https://doi.org/10.16192/j.cnki.1003-2053.20240422.001。

李黎明、王雅楠、张亚峰：《促进科技成果转化的地方立法效果评估——以陕西省为例》，《科学学研究》，https://doi.org/10.16192/j.cnki.1003-2053.20240402.001。

梁爽：《地理邻近对高校科技成果转化效率的影响研究》，《科研管理》2024年第3期。

王晓红、陈云顺、赵美琳：《中国省域科技成果转化政策组合效应研究》，《科学学研究》2024年第9期。

王守文、覃若兰、赵敏：《基于中央、地方与高校三方协同的科技成果转化路径研究》，《中国软科学》2023年第2期。

刘慧、张晓东、钱旭红等：《科技成果转化"技术自由岛"构筑的理念与路径》，《科学学研究》2024年第1期。

梁容菲：《我国高校科技成果转化法律问题研究》，北方工业大学硕士学位论文，2024。

陈悦：《科技成果转化效率评价及影响因素研究》，齐鲁工业大学硕士学位论文，2024。

吕泽亚：《四川高校科技成果转化效率评价及影响因素研究》，西南科技大学硕士学位论文，2024。

赵娜：《科技政策对科技成果转化效率的影响研究》，沈阳工业大学硕士学位论文，2023。

康跃骞：《金融支持河北省科技成果转化研究》，河北金融学院硕士学位论文，2023。

李肖肖：《青岛市科技成果转化政策执行研究》，山东大学硕士学位论文，2023。

陈雅倩：《我国科技成果转化政策组合特征及其影响研究》，西安建筑科技大学硕士学位论文，2023。

罗青：《风险投资视角下高校科技成果转化项目评价体系构建及应用》，华南理工大学硕士学位论文，2023。

尹亮：《促进科技成果转化的融资机制研究》，北京化工大学硕士学位论文，2023。

陈奕霏：《利益相关者视角下高校科技成果转化的动力问题研究》，北京化工大学硕士学位论文，2023。

宜昌提升文旅产业影响力的
对策建议[*]

阚如良　张　姿　牟惠琳　王健飞　宋秀生[**]

摘　要：　文旅产业是宜昌聚焦发展的"3+2"主导产业之一，是打造世界级宜昌的特色优势产业。本报告在宜昌文旅产业影响力评价和借鉴旅游城市经验的基础上，在产业融合、产品迭代、宠客服务和品牌营销方面提出了提升宜昌文旅产业影响力的对策。研究表明，要把宜昌文旅产业与现代化产业体系构建统筹起来，把文旅产业有机嵌入三次产业协调发展中，树立大旅游发展观，不断提高产业融合度、打造核心吸引物、建强文旅产业链，全方位提升文旅产业影响力和实力。

关键词：　文旅产业　影响力　竞争力　宜昌

党的二十届三中全会提出，"优化文化服务和文化产品供给机制""健全文化和旅游深度融合发展体制机制"，这为当前和今后一个时期文旅产业发展指明了前进方向、提供了根本遵循。湖北省委省政府赋予宜昌"建设长江大保护典范城市、打造世界级宜昌"的历史使命。打造世界级宜昌，文旅产业要先行。宜昌文旅资源富集，5A级景区数量位居全省第一，为什

---

[*]　本文系宜昌市2024年度社科重点课题"宜昌提升文旅产业影响力研究"（项目编号：ysk24zdkt004）研究成果。

[**]　阚如良，三峡大学经济与管理学院教授、三峡智库专家；张姿、牟惠琳，三峡大学经济与管理学院硕士研究生；王健飞，宜昌市残联党组书记、理事长；宋秀生，宜昌市文化和旅游局办公室主任。

么在全国范围内仍不太"出圈出彩"？宜昌市文旅产业影响力到底有多大？存在哪些制约因素？如何提升文旅产业影响力？这些迫切需要进行科学评估，进而谋求新突破。

一 宜昌文旅产业演变历程与现状评估

（一）宜昌文旅产业演变历程

自改革开放以来，宜昌依托长江三峡，借葛洲坝、三峡大坝建设机遇，文旅产业实现增长性发展，其演变可划分为以下五个阶段。

自然成长阶段（1978~1991年）。宜昌旅游依托三峡风光和葛洲坝工程建设而兴起，1981年葛洲坝一期工程完工后，"来宜昌看葛洲坝"使宜昌声名大噪，当年接待入境游客达到9409人次，在全国出类拔萃。1991年，国家旅游局组织评选"中国旅游胜地四十佳"，长江三峡、葛洲坝一并入围。这一时期，宜昌旅游产品供给单一，三峡观光游占主导，以入境旅游者和三峡过境游为主。

工程驱动阶段（1992~2002年）。1992年三峡工程正式立项，到2002年三峡工程成功截流，在三峡工程建设和国内游兴起驱动下，宜昌借机完善文旅产业要素，宜昌旅游市场保持较快增长，年均增长幅度为25.38%。受三峡工程建设阶段性事件影响，宜昌入境旅游接待波动性大。

景区驱动阶段（2003~2011年）。随着三峡工程建成蓄水，"高峡出平湖"壮丽景观显现，三峡旅游经济重心向宜昌偏移，宜昌借机开发旅游景区。在三峡大坝、三峡人家、清江画廊等高品质景区驱动下，宜昌文旅产业发展领跑湖北、全国靠前。

景村双驱阶段（2012~2019年）。以三峡大坝、葛洲坝、西陵峡沿线景区景点组成的"两坝一峡"龙头产品逐步形成，乡村旅游在助力精准脱贫中快速崛起，景区游、乡村游成为双轮驱动力，宜昌游客接待量、旅游总收入一路上升，年均增长幅度分别为21.67%、28.67%。其间，2008~2014年宜昌文旅产业在全省地位明显下降（占比低于10%），"靠山吃山、靠水吃水"路径依赖大，城市游支撑力不强。

转型提质阶段（2020年至今）。2020年以来，新冠疫情改变了国内外文旅产业格局和发展理念，宜昌聚焦"世界级旅游城市"目标，积极构建"景区游—乡村游—城市游"三轮驱动格局，文旅产业发展从"卖山水"向"卖文化""卖体验"转变，致力破冰突围、重焕荣光。

（二）宜昌文旅产业现状评估

宜昌文旅产业要素齐备，但标杆影响不"出彩"，食住行游购娱能满足到访游客需求。2023年，全市拥有67家A级景区，其中5A级景区4家；星级饭店41家，其中五星级2家、四星级14家；省级旅游度假区4个，5C级营地1家、4C级1家、甲级民宿2家、乙级1家；旅行社251家（5A级6家、4A级7家），注册导游近4000名；国家全域旅游示范区2个，全国乡村旅游重点镇1个、重点村2个。单就5A级景区影响力看，宜昌年接待游客最高的是三峡大坝330万人次，不到全国5A级景区年接待平均值430万人次（2019年全国280家5A级景区接待游客120861.89万人次），标杆性影响力有限。

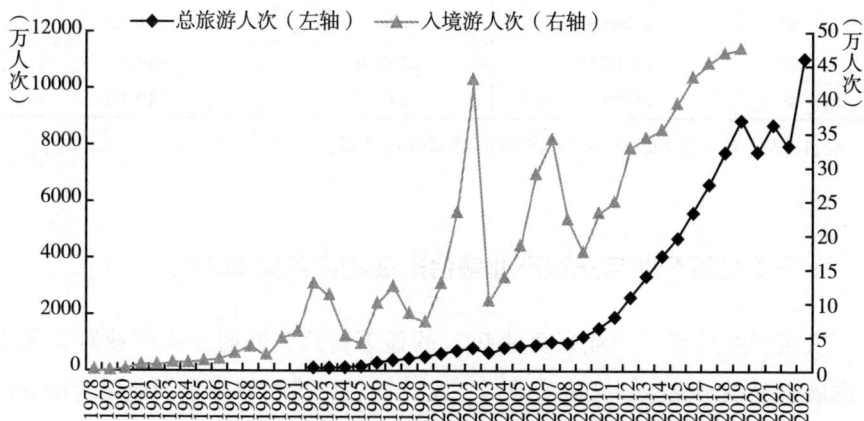

图1　1978~2023年宜昌接待游客量和入境游客量变化情况

资料来源：历年宜昌市国民经济和社会发展统计公报。

宜昌文旅产业规模可观，但市场热度不"出圈"。2023年宜昌接待游客量和旅游收入"双过亿"，接待游客11085.54万人次，旅游收入1107.78亿元，旅游收入占全市GDP达到19.24%，在全国同类旅游城市中仍保持一定的地位（见表1）。全市现有文化产业市场主体16000多家，规模以上文旅服务业企业160家，其中湖北交投宜昌公司、湖北文旅宜昌公司、湖北三峡文旅集团及兴发文旅集团等，具备较强的投资实力及运营能力。但与热点旅游城市相比，在入境游客接待上，2019年桂林314.59万人次、张家界137.04万人次，宜昌47.53万人次；疫情恢复后的2023年，桂林28.93万人次，张家界68.74万人次，宜昌仅3万余人次，差距明显；在国内游客消费上，2023年宜昌到访游客人均消费不足千元，低于青岛的1469元、桂林的1236元、苏州的1670元和无锡的1723元；2023年宜昌接待一日游游客占比高达79.5%，接待省内游客占比高达87.4%。可见，宜昌文旅产业的贡献度和影响力还有较大提升空间。

表1　2023年宜昌与国内同类旅游城市指标对比

城　　市	年游客接待量（万人次）	旅游总收入（亿元）	旅游收入占全市GDP比重（%）
宜　昌	11085.54	1107.78	19.24
青　岛	13000	1910	12.12
桂　林	13927.57	1721.73	67.90
苏　州	17000	2840	11.52
无　锡	12712.97	2190.0	14.12
洛　阳	14000	1041.7	19.00

资料来源：各城市2023年国民经济和社会发展统计公报。

（三）文旅产业与三次产业融合形成的向内影响力

文旅产业具有"一业兴百业旺"的显著特质，同时三次产业对文旅产业发展也提供了支撑，文旅产业与三次产业关联度可以衡量产业融合度的高低，一般可分为五个层级，分别是低度融合（0.00~0.19）、中低度融合（0.20~0.39）、中度融合（0.40~0.59）、中高度融合（0.60~0.79）和高度融合（0.80～1.00）。本次研究选取宜昌2019～2023年产业发展指标，采用灰色关联度方法测算，结果如表2所示。

表2　宜昌市文旅产业与三次产业各指标的灰色关联度及排序

一级指标	灰色关联度	排序	二级指标	灰色关联度	排序
第一产业	0.654	3	农林牧渔服务业生产总值	0.662	6
			农业生产总值	0.684	5
			林业生产总值	0.648	7
			牧业生产总值	0.635	10
			渔业生产总值	0.642	8
第二产业	0.656	2	建筑业生产总值	0.739	4
			工业生产利税	0.572	12
第三产业	0.732	1	交通运输、仓储邮政业生产总值	0.806	2
			批发零售住宿餐饮业生产总值	0.846	1
			金融业生产总值	0.642	9
			房地产业生产总值	0.789	3
			高新技术产业产值	0.575	11

灰色关联度测评结果。从表2不难看出，宜昌市文旅产业与三次产业的融合水平处在中高度融合层级，依次是第三产业（0.732）、第二产业（0.656）和第一产业（0.654）。细分二级指标发现，排在前三位的依次是第三产业中的批发零售住宿餐饮业生产总值（0.846），交通运输、仓储邮政业生产总值（0.806），房地产业生产总值（0.789），产业融合水平达到或接近高度融合层级（0.80～1.00），表明宜昌在消费助旅、交旅融合、旅游地产等融合发展上有成效。第一产业中的渔业生产总值（0.642）和牧业生产总值（0.635）、第三产业中的金融业生产总值（0.642）与文旅产业关联度偏低。而第二产业的工业生产利税（0.572）和第三产业的高新技术产业产值（0.575）处在中度融合层级，表明宜昌在工业与文旅融合方面相对薄弱，高新技术对文旅产业的支撑力不强。

产业融合形成的影响力评估。一是宜昌文旅产业与三次产业之间的融合水平较高，处在中高度融合层级，这为宜昌文旅产业稳健发展提供了强有力的支撑。二是宜昌文旅产业与第三产业的融合水平高，消费助旅、交旅融合、旅游地产是特色亮点和重要支撑。三是农文旅融合拓宽了宜昌文旅产业发展空间，特别需要加强渔业、牧业与文旅产业的融合发展。四是宜昌文旅产业与工业融合度偏低，水利工程旅游也是亮点，但其他工业旅游尤其是旅游工业仍是宜昌工文旅融合的短板。五是宜昌文旅产业与金融业的融合度处于劣势，在一定程度上制约了宜昌重大文旅项目的投资进展。六是宜昌文旅产业与高新技术产业为中度融合层级，亟待向"创新驱动型"发展模式转型升级，探索一条科技赋能文旅产业发展之路。

（四）宜昌文旅产业综合竞争力形成的向外影响力

文旅综合竞争力包括文旅要素竞争力和文旅市场竞争力，选取测评指标25个，数据来源为2019年各地统计年鉴。参照对象选取省外青岛、桂林、苏州、无锡、洛阳、九江6个城市和省内襄阳、荆州、荆门、恩施等4个城市，采取因子分析法，得出各地文旅要素竞争力得分和排名（见表3）、文旅市场竞争力得分和排名（见表4），汇总的文旅产业综合竞争力如图2所示。

表3 文旅要素竞争力得分及排名

城 市	文旅产业支撑力		文旅接待消费能力		落地交通服务能力		文旅要素竞争力	
	得分	排名	得分	排名	得分	排名	得分	排名
宜 昌	0.531	2	-0.179	7	-1.452	10	-0.147	6
青 岛	0.004	4	2.239	1	-0.105	7	0.758	2
桂 林	-1.244	11	0.965	2	0.701	2	-0.052	5
洛 阳	-0.349	7	0.283	4	0.328	6	0.018	4
无 锡	-0.259	6	-0.012	6	1.959	1	0.309	3
苏 州	2.873	1	0.134	5	0.674	3	1.440	1
九 江	0.311	3	-1.343	11	0.356	5	-0.255	7
襄 阳	-0.002	5	-0.763	9	-0.868	9	-0.455	9
荆 州	-0.378	8	-0.687	8	-0.515	8	-0.515	10
荆 门	-0.953	10	-1.207	10	0.525	4	-0.720	11
恩 施	-0.535	9	0.569	3	-1.603	11	-0.382	8

表4　文旅市场竞争力得分及排名

城　市	旅游市场增长态势		国内旅游竞争力		国际旅游竞争力		文旅市场竞争力	
	得分	排名	得分	排名	得分	排名	得分	排名
宜昌	0.084	5	-0.173	7	-0.566	8	-0.155	7
青岛	-0.172	6	-0.111	6	1.328	3	0.213	3
桂林	2.170	1	0.006	5	1.745	1	1.389	1
洛阳	-0.241	7	0.578	3	-0.185	5	0.029	4
无锡	-1.130	10	0.401	4	0.101	4	-0.350	9
苏州	-1.465	11	0.739	2	1.559	2	-0.038	6
九江	0.738	3	2.407	1	-1.389	11	0.742	2
襄阳	-0.725	9	-0.610	8	-1.000	10	-0.756	10
荆州	1.088	2	-1.157	10	-0.628	9	-0.033	5
荆门	-0.666	8	-1.392	11	-0.433	6	-0.836	11
恩施	0.319	4	-0.688	9	-0.533	7	-0.204	8

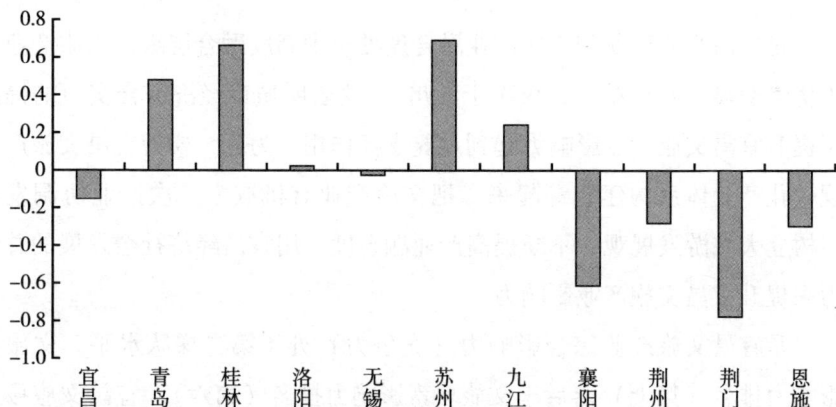

图2　参比城市文旅产业综合竞争力

文旅产业综合影响力评估。宜昌文旅产业综合竞争力处在第二梯队；其中桂林、苏州、青岛处在第一梯队，九江、洛阳、无锡和宜昌处在第二梯队，恩施、荆州、襄阳、荆门处在第三梯队。

文旅要素竞争力评估。一是宜昌文旅要素竞争力总体上处在中等实力水平（排序第六），明显落后于苏州、青岛、无锡、洛阳和桂林等旅游城市。

二是宜昌文旅接待消费能力排序第七,依次落后于青岛、桂林、恩施、洛阳、苏州和无锡。三是宜昌文旅产业支撑力排序第二,仅次于苏州,表明宜昌经济社会发展实力对宜昌文旅产业发展有很好的支撑作用。四是落地交通服务能力排序第十,仅高于恩施,尽管宜昌交旅融合有特色,但在落地交通服务能力建设上特别需要加强。

文旅市场竞争力评估。一是宜昌文旅市场竞争力总体上处在中等实力水平(排序第七),明显落后于桂林、九江、青岛、洛阳、荆州、苏州等旅游城市。二是宜昌国内旅游竞争力排序第七,依次落后于九江、苏州、洛阳、无锡、桂林和青岛。三是宜昌国际旅游竞争力处于劣势,排序第八,明显低于桂林、苏州、青岛、无锡、洛阳、荆门和恩施。四是宜昌旅游市场增长态势相对靠前,排序第五,低于省里的荆州、恩施以及省外的桂林、九江。

(五)宜昌文旅产业影响力的综合研判

一是宜昌文旅产业与三次产业融合度处于中高度融合层级,文旅产业支撑力优势明显(排序第二,仅次于苏州)。这表明城市经济综合实力的提高对于提升宜昌文旅产业影响力起到重要支撑作用。为此,要把宜昌文旅产业与现代化产业体系构建统筹起来,把文旅产业有机嵌入三次产业协调发展中,树立大旅游发展观,不断提高产业融合度,用宜昌经济社会发展的总体实力来提升宜昌文旅产业影响力。

二是宜昌文旅产业综合影响力(竞争力)处于第二梯队水平。文旅市场影响力排名(第七)落后于文旅要素影响力排名(第六),宜昌文旅接待消费能力也相对滞后(排序第七),表明宜昌文旅资源优势转化为产业优势略显不足。为此,要聚焦特色文旅资源开发,进一步增强龙头产品的市场竞争力和综合接待消费能力。

三是国际旅游竞争力和落地交通服务能力是宜昌文旅产业影响力的两大主要短板,同时旅游市场增长态势省内的荆州和恩施后来居上。为此,要在高度重视提升宜昌文旅国际影响力的同时,继续加大国内旅游市场开拓力度,加快完善和提升市域内的旅游交通路网和交通服务能力。

四是宜昌在消费助旅、交旅融合、旅游地产等方面优势明显，在金融惠旅、科技赋能和工旅融合方面处于劣势。为此，宜昌要在进一步强化农文旅融合发展的同时，着力加大金融业对文旅产业发展的支持力度，强化科技文旅融合和文旅产业创新，重视并加快推进工业旅游和旅游工业（旅游装备制造业）融合发展。

二 案例借鉴

选取山东青岛、广西桂林、江苏无锡、河南洛阳等 4 个老牌旅游城市，黑龙江哈尔滨、河南开封、山东淄博、甘肃天水等 4 个新近出圈旅游城市作为参照对象，可借鉴的主要经验总结如下。

（一）聚焦打造核心吸引物是提高影响力的关键

提高文旅产业影响力，打造好旅游核心吸引物和拳头性产品尤为关键。桂林漓江山水景观、洛阳和开封的历史文化、青岛迷人的海滨风光、哈尔滨特色冰雪世界，甚至淄博的烧烤和天水的麻辣烫都成为一座城市独具魅力的吸引物。核心吸引物不单单就是景区，也可以是主题公园、高品质演艺、特色节庆等，通过聚焦核心、整合资源、强化合作，形成城市的符号标识，增强旅游市场竞争力。

（二）科技赋能创造消费场景是提高影响力的新方式

河南洛阳、开封近年来之所以火爆全网，究其根本是将原本束之高阁的文化资源与旅游消费深度结合，借助科技构建了一个又一个的特色消费场景，无论是洛邑古城中的汉服旅拍，还是时尚打卡龙门石窟，抑或精彩绝伦的系列《奇妙游》，借助光影、AR/VR 等现代科学技术，形成了超越时空的身心享受，为游客制造了场景体验感。创新推动文旅融合，强化科技赋能，打造别具一格的消费场景，是提高文旅产业影响力的方式。

（三）全方位一站式宠客服务是提高影响力的新手法

山东淄博、黑龙江哈尔滨的走红既有偶然性，也有必然性，其中充满人文关怀的旅游服务是其中关键因素之一。成功的旅游目的地不仅需要丰富的文旅业态、多元的消费场景，更需要自主自由的消费选择和系统完善的配套服务。让游客和消费者体验到"宾至如归"，已成为一座城市提升文旅竞争力的重要因素。

（四）品牌建设与营销 IP 化是提高影响力的新逻辑

宠客的东北"尔滨"、热情好客的山东"赶烤人"等，表明城市营销已经从传统的单一名片推广向更具体验性和参与感的"人格化"城市营销升级。为此，文旅产品营销要有机嫁接到城市旅游形象品牌营销体系中，把城市作为旅游目的地的整体形象来营销推广。要重视国际旅游市场营销，拓宽国际旅游营销渠道，按照目的地国的话语体系讲好旅游城市故事。要找到一座城市的人格化 IP，由此延伸关联话题，适应和满足消费者情绪价值，在营销渠道和内容上不断创新是未来文旅营销推广的基本逻辑。

三　对策建议

宜昌拥有世界级的三峡、世界级工程、世界级的文化，迫切需要构建有世界级影响力的文旅产业体系，不仅要提升文旅产业的实力，更要持续增强文旅产业的韧性。宜昌提升文旅产业影响力，关键是要把握发展规律，突出竞争优势，针对薄弱环节，在产业融合、产品迭代、宠客服务、品牌营销等领域谋求新突破，实现新跨越。

（一）在产业融合上提升影响力

构建现代化产业体系要有系统观点，宜昌要把文旅产业放在国民经济社会整个系统中予以谋划，进一步增强文旅产业与三次产业尤其是主导产业的融合水平。要立足大文旅、大产业格局，主动打破行业、技术、市场界限，将文旅产业巧妙嵌入更广泛的现代化产业体系中，按照产业链供应链思维重点谋划文旅商融合、农文旅融合和工文旅融合，促进资源共享和优势互补。

一是要加快构建文旅商消费聚集区。借鉴西安"大唐不夜城"、洛阳"洛邑古城"、长春"这有山"等项目的先进经验，结合城市更新和产业集中发展，宜昌可在城市建设中选择若干城市商圈、特色街区、主题乐园和文旅聚集区，推动文旅商一体化发展，将其打造成为有特色消费、有品牌标识度、有人间烟火气的文旅商消费聚集区。建议把巴山金谷、两岛一湾区、奥体中心—卷桥河等作为全市文旅产业聚集区予以谋划和统筹发展，要像抓工业园区一样，推动宜昌城区文旅产业在重点区域实现聚集发展，避免遍地开花无序发展。

二是要积极培育工文旅产业集群。推动文旅产业与"3+2"主导产业（现代化工新材料、生命健康、新能源及高端装备、大数据及算力经济以及文化旅游）的融合发展，发展工业旅游和旅游工业，促进工文旅产业相互渗透、延伸、交叉融合。建议聚焦内河游轮产业，结合新能源及高端装备业，加快构建集游轮游船研发、生产、交易、保养、驾培、旅游等于一体的绿色智能船舶全产业链，提高宜昌游轮游船产业在全国的市场占有率，借势打造世界内河游轮旅游典范。聚焦康养旅游产业，发挥宜昌独特的生态优势，对接生命健康业，积极开辟特色医疗、康复疗养、美容保健、养生养老、康养旅游等大健康产业赛道。聚焦科技旅游产业，对接大数据及算力经济，推进5G、大数据、云计算、超高清、全息投影、AI、VR/AR/MR等新兴技术应用，加快培育智慧景区、数字文博院馆、沉浸式体验场馆、光影秀、元宇宙、线上演播等新业态和新场景。重视低空经济产业的培育与发展，可结合现代化工新材料，积极嵌入低空经济产业链中，提供碳纤维等关键原材料和电池等核心零部件，成为飞行器制造不可或缺的一环，因地制宜发展低空旅游业。

三是要科学推动农文旅融合发展。结合乡村振兴和农业农村现代化发展，不仅要面向游客开发乡村旅游景点，吸引游客到乡村去进行文旅休闲消费；更要面向文旅消费链，加强柑橘、茶叶等优势农产品的商品化加工和品牌创意设计，推动特色农产品进入文旅消费市场，让乡村振兴插上"文旅"翅膀实现腾飞。

四是要加大金融业对文旅产业的支持力度。设立文旅产业发展专项基金，调动银行、担保、信托、证券、保险等金融部门及金融机构积极性，创新推出文旅产业专项信贷、质押融资、股权交易等金融产品和服务，优化文旅产业金融生态，增强金融领域对文旅产业投融资服务能力。

（二）在产品迭代上提升影响力

在文旅产业竞争日益激烈的当下，科技赋能不断推动文旅产业迭代升级，是突破行业内卷式竞争、培育长期竞争力和广泛影响力的有效手段。要聚焦优势文旅资源，提升产品文化内涵和科技含量，适度超前谋划，不断开发唯一性、独创性、引爆力的核心吸引物，持续提升宜昌文旅产业影响力。

一是要聚焦"两坝一峡"核心吸引物，打造三峡游轮游品牌。把内河游轮游作为宜昌文旅产业最大的特色和亮点，做特做大做强。主动服务"电化长江"战略，推动新能源游轮产品研发和应用，在提升现有长江夜游和"两坝一峡"游轮游品质的同时，有序发展长江豪华游轮以及高峡平湖、清江、黄柏河等特色游轮旅游。不断创新游轮建造和消费场景，推动游轮主题文化开发，可推出大型"行浸式同步投影"夜游产品，探索打造山水实景相融合的水上游轮主题公园和游轮度假酒店。

二是要聚焦文旅融合发展。以巴楚文化为脉络，挖掘宜昌文化资源的丰富内涵和当代价值，推动优秀文化创造性转化、创新性发展，形成具有巴楚风、三峡情、宜昌韵的文旅体验精品。推进屈原、昭君、嫘祖、廪君、关公等文化 IP，在动漫游戏、音乐影视、文创商品、文艺演出等多元领域中植入创作，打造一批沉浸式文旅项目。通过景观打造、场景布置、标识设计等方式，推动文旅融合进景区、进街巷、进商圈、进公园、进社区，大大提升宜昌文旅渗透力和感染力。

三是聚焦科技赋能文旅发展。利用现代科技、主题演艺讲好宜昌故事，打造一批独具韵味、深得人心的招牌作品，让世界级文化符号焕发光彩。例如，借鉴《只有河南》讲好饥荒与粮食的故事，创意推出《只有宜昌》讲好长江治水的故事；借鉴贵阳《红飘带》讲好红军长征的故事，创意推出《蓝飘带》讲好长江大保护的故事。

（三）在宠客服务上提升影响力

构建游客满意的服务体系，不仅是对日益增长的高品质、多元化旅游需求的积极回应，也是增强旅游目的地竞争力、实现可持续发展的重要一环。宜昌应加强研究游客行为规律，让宠客服务融入旅游活动的全过程、全要素，提升游客体验感和城市美誉度。

一是强化旅游服务品质化建设，提升游客愉悦体验。宜昌应加速推进大剧院、美术馆、科技馆及会展中心等多元化功能场馆的建设，并精心规划诗歌艺术馆、钢琴博物馆及宜昌非遗馆等特色主题场馆，以丰富游客的文化体验。同时，积极引进国际化标准的主题酒店、度假酒店、会议酒店及精品民宿，扶持本地传统老店与美食名店，甄选并推广地方特色名吃与名宴，打造多语种导游团队，增设外币兑换机构与免税店，全方位提升国际旅游服务水平，确保游客在宜昌能够玩得好、住得好、吃得好。

二是推进旅游服务智慧化转型，增强游客便捷感受。运用大数据、云计算等现代信息技术，对文旅体场馆及服务设施进行智能化改造，推广电子票、人脸识别、云排队、智能机器人、虚拟展厅、智慧导览及智慧停车场等新型文旅服务手段。引导旅游景区普及电子地图、线路推荐及语音导览等智慧化服务，使公共服务更加贴近游客需求，实现"云端"与"指尖"的便捷体验。

三是全社会实施"宠客计划"，为游客提供暖心服务。职能部门、各行各业和全社会要把到访游客当"市民和亲人、家人"一样对待，把主客共享的细微服务落实到街办社区和行业第一线，在接待服务、停车服务和志愿服务等领域做到柔性执法和暖心服务。要从严打击"不合理低价"、"恶意涨价"及"非法经营"等行为，采取旅游市场"红黑榜"制度、游客消费评价与投诉机制、舆情监测和迅速响应机制，避免"宠客计划"受到负面舆情冲击。定期开展旅游从业人员的专业素养与技能培训活动，评选并推广"明星企业"、"标杆项目"及"优秀人才"，以榜样的力量引导旅游市场向健康、可持续的方向发展。

（四）在品牌营销上提升影响力

一个城市的品牌形象不仅是其内在魅力的外在展现，更是吸引人口、投资者和合作伙伴的关键因素。宜昌文旅形象是展现宜昌城市形象的重要窗口，应聚焦提升文旅营销的品牌性、精准性、针对性、时效性，助力宜昌在品牌知名度、市场响应度和宣传参与度上不断突围，形成世界级旅游城市的营销矩阵。

一是聚焦优势，品牌化营销。宜昌应挖掘长江三峡、三峡大坝、屈原昭君等世界级文旅品牌，强化与宜昌城市品牌的传播黏性，不断提升宜昌文旅产业影响力。采用"凝视理论"，进一步强化宜昌与长江三峡、三峡工程、葛洲坝等全球知名品牌符号的链接，在市场推广、营销宣传、广告制作、影像摄制、电影拍摄、新媒体传播中，运用经典照片、多帧镜头和简明直接的表达方式，持续刺激受众对宜昌与长江三峡、三峡大坝的认知度，让"三峡工程在宜昌"成为品牌共识。

二是市县联合，一体化营销。整合宜昌文旅企事业单位，联合文旅新媒体，加强与电视、广播等大众媒体合作，建成"一体化策划、集中式采集、多渠道生成、立体化传播"的全媒体宣传矩阵，打造"新兴自媒体—互联网平台—省市媒体—中央电视台"四级联动传播体系，宣传好世界级三峡、世界级文化、世界级工程、世界级康养等经典名片和文旅内容。

三是区域合作，目的地营销。区域合作营销长江三峡国际旅游目的地品牌，重点与鄂西、渝东、湘西等区域协同合作，构建和发展好"大三峡""大武陵""大神农架""宜荆荆恩神"文旅产业联盟，加深与"昭君和亲路"、"一带一路"和万里茶道沿线城市的交流共享，推动区域品牌共塑、产品共建、线路互联、游客互送、成果共享。针对性开拓港澳台以及日韩、东南亚、欧洲等境外市场,如以杨守敬文化对接日本市场开拓,以三国文化对接东南亚市场开拓。

四是政企联动,产业融合营销。借势总部设在宜昌的世界 500 强或中国 500 强企业,依托其在精细磷化、酵母生产、钢琴、汽车、船舶制造等行业的全球影响力,以优质商品输出宜昌文旅品牌信息,形成连接世界的融合营销范式。借鉴青岛啤酒节等成功经验,借势安琪酵母的全球影响力,策划举办宜昌国际烘焙大赛;借势长江钢琴的品牌力,策划举办宜昌长江钢琴音乐节;借势宜昌磷化工和清洁能源优势,策划举办国际清洁能源大会和产业博览会。

参考文献

殷为华、刘楠楠、鲁飞宇:《长江经济带文旅产业融合发展水平测度及空间演化研究》,《世界地理研究》2022 年第 5 期。

葛震:《关于激发文旅融合新势能提升沈阳城市文化影响力的对策研究》,《沈阳干部学刊》2023 年第 3 期。

江永洪:《陕西省文化旅游产业竞争力水平测度与产业融合研究》,《当代经济》2023 年第 10 期。

周志红:《广东省旅游经济的影响力及其地区差异分析》,华南师范大学硕士学位论文,2003。

杨倩霞:《乡村振兴背景下湛江市旅游业与一二三产业的融合发展研究》,《现代营销》(上旬刊)2023 年第 10 期。

王强民:《加快全域旅游发展持续提升高原生态旅游体验区影响力》,《发展》2019 年第 2 期。

Hassan, S. S., "Determinants of Market Competitiveness in an Environmentally Sustainable Tourism Industry", *Journal of Travel Research* 3, 2000.

Liu Z., Zhang M., Osmani M., "Building Information Modelling (BIM) Driven Sustainable Cultural Heritage Tourism", *Buildings* 8, 2023.

B.18
黄冈建设全国革命老区
高质量发展先行区研究

秦尊文*

摘　要：　在国家推动革命老区振兴发展的背景下，黄冈作为大别山革命老区的"核心发展区域"，近年实现了综合实力的稳步提升，在创新动能、乡村振兴、基础设施、生态建设等领域取得积极成效，持续夯实高质量发展基础。建议黄冈锚定"全国革命老区高质量发展先行区"定位，通过提升城市能级、推动传统产业智能化升级、强化绿色发展等举措，持续打造区域核心增长极。同时，以交通互联、科创协同、教育赋能、金融创新及红色旅游联动为抓手，促进跨区域资源整合，带动大别山革命老区协同"出圈"。

关键词：　革命老区　高质量发展先行区　黄冈

一　黄冈高质量发展的基础条件

（一）综合实力稳步提升

2023 年，黄冈市实现地区生产总值 2884.68 亿元，比 2020 年的 2169.55 亿元增长 32.96%。为贯彻落实《关于新时代支持革命老区振兴发展的意见》有关部署，2022 年 5 月国家发展改革委印发《革命老区重点城市对口合作工作方案》，列出由沿海发达地区对口帮扶的 20 个革命老区城

* 秦尊文，湖北省社会科学院二级研究员、博士生导师，主要研究方向为流域经济、区域经济。

市（简称"20 个老区城市"）。在 20 个老区城市中，黄冈市 2023 年 GDP
和增速均为第 8 位（见表 1）。

表 1 全国 20 个老区城市面积人口和地区生产总值

地　区	面积（平方公里）	常住人口（万人）	地区生产总值			
			绝对量（亿元）	位次	增幅（%）	位次
江西赣州市	39379	898	4606.21	2	5.3	12
江西吉安市	25300	442.51	2735.10	10	3.7	17
福建龙岩市	19052	273	3317.96	4	3.8	16
福建三明市	22928	248	3010.30	6	1.8	19
广东梅州市	15925	387.69	1408.43	17	6.5	4
陕西延安市	37037	226.93	2280.24	11	1.8	19
甘肃庆阳市	27119	215.94	1100.37	18	8.5	1
安徽六安市	15451	440.5	2113.40	12	6.2	6
河南信阳市	18925	618.6	2959.40	7	2.5	18
湖北黄冈市	17453	579.22	2884.68	8	6.0	8
广西百色市	36252	357.15	1849.81	14	6.1	7
四川巴中市	12292	267.6	780.29	19	6.0	8
湖北恩施州	3972	339.64	1481.29	15	6.0	8
贵州遵义市	30780	660.67	4601.56	3	6.8	3
山西长治市	13864	315.2	2806.20	9	5.6	11
广东汕尾市	4838	268.69	1430.84	16	5.0	13
山东临沂市	17191	1197	6105.20	1	6.3	5
浙江丽水市	17298	251.4	1964.44	13	7.5	2
湖南郴州市	19388	465.79	3110.60	5	5.0	13
湖南张家界	9516	151.03	613.95	20	4.6	15

资料来源：各市州 2023 年国民经济和社会发展统计公报。

城乡市场繁荣，2023 年黄冈市社会消费品零售总额达到 1576.88 亿元，
在 20 个老区城市中居第 3 位；增幅为 8.7%，居第 5 位。地方一般公共预算
收入达到 177.76 亿元，居第 8 位。反映出黄冈市财力较强，在 20 个老区城
市中居中上游水平（见表 2）。

表 2 全国 20 个老区城市社会消费品零售总额和地方一般公共预算收入

单位：亿元，%

地区	社会消费品零售总额				地方一般公共预算收入	
	绝对量	位次	增速	位次	绝对量	位次
江西赣州市	2223.04	2	5.9	12	319.60	3
江西吉安市	1171.60	8	7.0	10	204.80	5
福建龙岩市	1487.08	4	4.2	15	172.70	10
福建三明市	914.17	10	3.5	16	117.97	14
广东梅州市	694.81	14	5.6	13	92.70	16
陕西延安市	445.86	17	0.1	20	190.02	6
甘肃庆阳市	206.40	20	3.3	17	77.93	17
安徽六安市	1283.90	7	8.5	6	173.60	9
河南信阳市	1329.22	6	4.7	14	141.61	12
湖北黄冈市	1576.88	3	8.7	5	177.76	8
广西百色市	423.46	18	1.0	19	113.24	15
四川巴中市	542.17	15	9.9	3	56.07	19
湖北恩施州	769.28	12	9.0	4	126.04	13
贵州遵义市	1368.23	5	10.5	2	326.37	2
山西长治市	718.16	13	8.2	8	315.08	4
广东汕尾市	491.45	16	3.2	18	66.51	18
山东临沂市	3226.70	1	10.6	1	445.80	1
浙江丽水市	871.64	11	8.3	7	170.86	11
湖南郴州市	1168.40	9	7.7	9	188.00	7
湖南张家界	233.19	19	6.3	11	35.88	20

资料来源：各市州 2023 年国民经济和社会发展统计公报。

（二）创新动能持续增强

依托武汉科技人才资源，2023 年，黄冈市在东湖高新区设立黄冈（光谷）离岸科创中心并开园运营，入驻企业 36 家。组建湖北中科、湖北蕲艾、武穴磷资源、麻城石材、麻城菊花、湖北心脑同治 6 个产业技术研究院。以供应链赋能产业链，提升价值链实施工业倍增计划。与省联投集团共建的智能科技产业园正式开园，启动与东湖高新区共建的"光谷第九园"二期以及鄂东印染基地、罗田（北仑）轴承产业园等园区建设。设立的产业发展基金总规模达 22 亿元，新增规上工业企业 239 家，数量居全省第四。新旧动能加快转换，光电子信息产值增长 21.2%。高新技术企业个数超过 1000 家，省级以上专精特新企业达到 308 家，数量均居全省第 4 位。固定资产投资总额跃居全省第 7 位，比上年增长 6.9%，在全国 20 个老区城市中居第 7 位（见表 3）。黄商集团入选国家级服务业标准化试点。生态旅游发展态势良好，2023 年全市共接待游客 5609.05 万人次，比上年增长 35.16%；实现旅游综合收入 439.76 亿元，比上年增长 45.05%。

表 3 2023 年全国 20 个老区城市规上工业增加值和固定资产投资

单位：%

地 区	规模以上工业增加值		固定资产投资总额	
	增速	位次	增速	位次
江西赣州市	10.3	4	1.7	10
江西吉安市	4.6	14	1.6	12
福建龙岩市	0.2	18	-3.7	17
福建三明市	3.5	15	2.8	9
广东梅州市	8.9	6	7.6	5
陕西延安市	0.1	19	1.7	10
甘肃庆阳市	12.6	2	21.6	1
安徽六安市	7.8	9	9.0	3
河南信阳市	2.0	16	-0.9	15
湖北黄冈市	7.3	10	6.9	7
广西百色市	13.7	1	-25.8	20
四川巴中市	6.5	12	0.7	14
湖北恩施州	10.1	5	7.8	4
贵州遵义市	8.5	7	-12.5	18
山西长治市	6.1	13	1.6	12
广东汕尾市	-12.3	20	-3.3	16
山东临沂市	12.2	3	6.5	8
浙江丽水市	7.9	8	15.6	2
湖南郴州市	7.1	11	7.3	6
湖南张家界	1.3	17	-20.3	19

资料来源：各市州 2023 年国民经济和社会发展统计公报。

（三）乡村振兴深入推进

搭建"一县一品"农产品供应链平台，推进农业转型升级。2023 年，黄冈市规上加工企业达到 489 家，加工比提高到 0.8∶1。农业生产稳步增长，粮食总产 55.1 亿斤。团风入选国家农业绿色发展先行区创建名单。

大力培育地标优品。黄冈入选国家知识产权强市建设试点城市，60 家企业入选"湖北精品"培育名单，新增湖北优势商标 19 件。麻城福白菊、英山云雾茶入选中国地理标志农产品品牌声誉百强。

2023 年，黄冈市大健康产业实现产值 1065.81 亿元，居全省前列。宏源药业成功上市，入选国家中医药传承创新发展示范试点。2023 年，蕲艾以品牌强度 884 和品牌价值 110.05 亿元，荣登全国区域品牌第 30 位，开湖北地标品牌之先河。

2023 年，黄冈市农村常住居民人均可支配收入 19346 元，在全国 20 个老区城市中居第 11 位。增速为 8.4%，快于同期城镇常住居民人均可支配收入增速（6.0%），反映城乡收入差距进一步缩小（见表 4）。

表 4　2023 年全国 20 个老区城市城乡常住居民人均可支配收入

单位：元，%

地　区	城镇常住居民人均可支配收入				农村常住居民人均可支配收入			
	绝对量	位次	增速	位次	绝对量	位次	增速	位次
江西赣州市	44199	7	4.7	11	17381	15	9.3	1
江西吉安市	46840	4	4.2	15	21019	8	7.3	13
福建龙岩市	47879	2	4.1	17	26056	2	6.8	20
福建三明市	46517	5	4.2	15	24822	3	6.9	19
广东梅州市	35129	19	3.6	20	21707	6	7.0	17
陕西延安市	43108	10	5.3	7	16492	17	8.2	7
甘肃庆阳市	39878	13	6.1	3	13246	20	7.9	11
安徽六安市	41279	12	6.2	2	18696	13	8.6	3
河南信阳市	36525	18	4.9	11	19446	10	8.5	4
湖北黄冈市	38473	15	6.0	4	19346	11	8.4	5
广西百色市	39154	14	3.8	19	16972	16	7.3	13
四川巴中市	42659	11	4.6	13	18155	14	7.0	17

地　区	城镇常住居民人均可支配收入				农村常住居民人均可支配收入			
	绝对量	位次	增速	位次	绝对量	位次	增速	位次
湖北恩施州	38248	16	6.5	1	15571	18	8.3	6
贵州遵义市	44573	6	4.5	14	18748	12	8.2	7
山西长治市	43169	9	5.0	11	21226	7	9.2	2
广东汕尾市	36595	17	5.3	7	22741	4	7.1	15
山东临沂市	47005	3	5.7	6	20509	9	7.9	11
浙江丽水市	58583	1	5.0	9	30811	1	8.2	7
湖南郴州市	44039	8	3.9	18	22224	5	7.1	15
湖南张家界	32900	20	5.8	5	14500	19	8.2	7

资料来源：各市州 2023 年国民经济和社会发展统计公报。

（四）基础设施不断完善

综合立体交通网络基本成型。2023 年，黄冈市境内铁路营运里程达 626.4 公里。内河航道通航里程达 698 公里。公路通车总里程 34174 公里，居全省第 2 位，其中高速公路 771 公里，居全省第 3 位；国道 7 条 888.74 公里，省道 36 条 2016.03 公里。实现了县县通高速、县县有国道、乡乡有省道、村村通客车、组组通公路。

能源基础设施建设成效明显。"十四五"以来，黄冈市能源装机 975.2 万千瓦，其中新能源 562.5 万千瓦，占总装机规模 57.7%，装机规模居全省首位。

信息基础设施加快布局。"十四五"以来，黄冈市完成 5G 基站投资 40.39 亿元，建设基站 5774 座，各县（市、区）主城区 5G 网络覆盖率达 96.2%。大力开展"万企上云"工程，上云企业累计 4000 家以上，打造省级上云标杆企业 9 家。索菲亚工业 4.0、伊利柔性定制、科峰传动智能制造等一批智能工厂、智能车间、智能生产线投入生产。

（五）生态文明建设上新台阶

坚持共抓大保护、不搞大开发，坚持生态优先、绿色发展，狠抓长江生态环境突出问题整改，扎实推进"双十行动"。扎实推进长江禁渔，常态化开展"联巡、联查、联打、联治"。2023 年，黄冈市组织开展退捕渔民职业技能培训 929 人次，实现转产转业就业安置 2397 人，转产就业安置率100%。加强生物多样性保护，累计检查野生动物养殖场所 66 家，未发现涉及野生动物案件。推进入河排污口溯源整治，全市 1168 个长江入河排污口已完成整治 1054 个，总体整治完成率达到省控要求。持续推进土地绿化，全市完成营造林 86.09 万亩，黄州、团风、麻城、罗田、英山获得"湖北省森林城市"称号；建设完成黄冈市主要污染物总量暨排污权交易管理平台，在全省首次实现一站受理、一网通办、一天办结。加快产业转型升级，新能源、光伏等装机规模居全省第一；谋划技改项目 323 个，争取省级资金1.73 亿元；成功创建国家绿色工厂 10 家、省级绿色工厂 10 家。

（六）改革开放取得新成效

深入推动改革创新。围绕对内整合、对外开放，市级组建教育、医疗、文旅、供销等 4 个集团，市县一体组建乡村振兴 4 个投资平台，推动资源优势转化为发展胜势。全域推进融合型教联体改革，稳步推进县域医共体和城乡养老服务体系建设，加快城乡公共服务均衡一体化发展。创新 15 类农村资源要素融资办法，有效破解"三农"融资困局。

推进更高水平的对外开放。全市初步形成了以医药化工、纺织品服装为主，机电、石材、农产品等为辅的外向型经济产业体系，主要进出口企业达270 家，外贸进出口规模持续扩大，结构不断优化。祥云集团、美丰化工、晨鸣纸业、洛曼劳仕、香江电器、宏源药业等骨干企业稳步增长。2023 年，全市外贸进出口 153.8 亿元，同比增长 18.9%，超全省平均水平 13.1 个百分点，居全省第 6 位，其中出口 141.2 亿元，同比增长 22.7%，超全省平均水平 18 个百分点，居全省第 4 位。投资 12 亿元的唐家渡一类水运口岸通过省级验收，临港新城综合码头开港运营，投资 4.65 亿元的市进出口产业孵化基地顺利封顶。B 型保税物流中心和市跨境电商产业园建设加快推进。成功创建 4 个省级外贸转型升级基地、11 家外贸综合服务中心，中小企业出口信用保险实现全覆盖。全市对外经贸合作主要国家和地区达 45 个。晨鸣纸业、广济药业、祥云集团获批海关 AEO 高级认证。全市实际利用外资（FDI）4289 万美元，同比增长 30.25%。

二 持续打造大别山革命老区核心增长极

国务院明确了全国 12 个革命老区，黄冈要做全国革命老区高质量发展先行区，必须首先在所在的大别山革命老区当先锋、打头阵，打造核心增长极。

（一）坚持国家赋予的战略定位不动摇

国务院《大别山革命老区振兴发展规划》（简称《规划》）将黄冈列为"核心发展区域"。要求依托黄冈高新技术开发区等平台，着力打造黄冈临港经济带，建设"大别山革命老区核心增长极"。这是国务院对黄冈市的明确要求，也是建设全国革命老区高质量发展先行区的依据和底气。《规划》对黄冈城市发展作出"湖北沿江重要增长极，区域性中心城市，重要的红色旅游目的地和国内外知名生态文化旅游胜地，生态文明示范区"四个定位。《规划》2020 年底到期后，国家没再编制新一轮的单个老区发展规划，而是出台《"十四五"支持革命老区巩固拓展脱贫攻坚成果衔接推进乡村振兴实施方案》，将黄冈列入"革命老区重点城市"。2022 年 4 月出台的《关于湖北省"十四五"支持革命老区巩固拓展脱贫攻坚成果衔接推进乡村振兴的实施意见》，再次强调"支持黄冈市建设大别山革命老区中心城市"。

从城市性质来说，"大别山革命老区核心增长极"就是"大别山革命老区中心城市"。应长期坚持这一定性，毫不动摇。发挥比较优势，强化竞相发展，做大经济总量，做优产业质量，做实城市功能，做强县域经济、块状经济，加快构建具有黄冈特色的现代经济体系，全面提升经济社会发展能力。要以流域综合治理为基础统筹推进高水平保护和高质量发展，探索与省级发展调控机制相适应的市县统筹机制，在推动高质量发展上走在革命老区前列。

（二）不断提升黄冈城市能级

做大做强黄冈中心城区。《武鄂黄黄发展规划纲要》明确的"黄冈主城组团"范围是：西、南以长江为界，北至武汉黄冈城际铁路，东至巴水。总面积172平方公里，规划城镇建设用地约110平方公里，可用地约49平方公里。在中心城区，"经济密度"尤为重要。提高黄冈中心城区"经济密度"的路径，就是推动城镇和产业"双集中"，即向49平方公里集中。在中心城区，确定"北拓东进"作为未来城市空间拓展方向，争取集聚人口30万人以上。加强基础设施建设，提升中心城区承载能级。发挥中心城区依山傍水的优势，塑造高品质的滨江城市新形象，提升魅力城市能级。深化市区人口聚集政策措施，构建宜居宜养宜学幸福城市，提升人口集聚能级。向北方依托武汉产业辐射及与武汉新城合作动力，重点发展禹王东组团和禹王西组团；向东方近期重点推动环白潭湖组团建设，完善环白潭湖组团的公共服务、绿化休闲等城市宜居功能，植入现代服务及产业服务功能，并推动南湖组团更新提质，植入商贸物流、临空制造功能；中部老城组团与环遗爱湖组团以宜居精致城区为目标落实品质提升与城市更新。

深入推进黄团浠一体化发展。黄团浠一体化地区处于武鄂黄黄核心圈层，区位交通、空间优势明显，具备形成"江北小湾区"的基础条件。按照西部对接长江新区、西南对接武汉新城、南部对接鄂州主城和花湖国际机场、东南对接黄石主城及黄石新港的思路，加速推进基础设施、生态环保、城镇建设、产业布局、公共服务等一体化发展。

（三）推动传统产业转型升级

《"十四五"支持革命老区巩固拓展脱贫攻坚成果衔接推进乡村振兴实施方案》指出，"做大做强特色先进制造业，支持发展清洁能源、有色金属、装备制造、纺织服装、生物医药等特色产业及配套产业"。黄冈要发展特色产业，加快建设鄂东传统产业转型升级样板区。

黄冈有丰富的矿产资源，花岗岩、石灰岩、石膏矿等储量大；也是全国重要的农产品生产基地、省级纺织产业集群。建材、农产品加工、纺织服装等传统产业是黄冈的当家产业，但缺乏精深加工，大多是卖原料或初加工，产业层次低、产业链条短，转型升级潜力大。要立足资源禀赋，依托光谷科创资源和多式联运优势，以供应链思维改造提升传统产业，加快传统产业高端化、智能化升级改造。

鼓励园区特色化发展。支持浠水长江经济带国家级转型升级示范开发区建设，支持黄梅县省级承接长丝织造产业转移示范区和团风县省级承接装配式建筑产业转移示范区建设。积极承接大武汉产业转移，打造武汉配套功能拓展区和非核心功能疏解承载地。

（四）进一步提高绿色发展水平

高质量发展的首要特征与核心内容是绿色发展。要顺应自然，保护生态，巩固"十年禁渔"行动成果，强化长江水资源保护和合理利用，实现"人民保护长江、长江造福人民"的良性循环。加大重点生态功能区保护力度，实施环境污染联防联治，显著改善长江生态环境，深入推进长江干堤堤防提质升级，重点推进倒、举、巴、浠、蕲等重要支流综合治理，争取白莲河区域生态产品价值实现机制试点率先突破，推动革命老区绿色发展。深入推进流域综合治理，提升城乡防洪排涝能力，完善河湖生态流量保障机制。加快形成减污降碳激励约束机制。强化对高耗能、高排放重点行业的技术改造，全面运用绿色低碳环保设备与工艺，实现脱硫、脱碳、脱硝、脱尘，最大限度消除污染。推动高端、先进、智能制造业发展，加快构建绿色制造体系；要依托互联网、大数据、人工智能等新兴技术手段，培育发展新质生产力。

三 黄冈要带领大别山革命老区"出圈"

黄冈要打造大别山革命老区核心增长极，不仅要自己发展起来，还要带动周边发展。

（一）以交通区位联动大别山

实施交通互联互通工程。以武汉为圆点划分四象限，黄冈基本覆盖了第一象限，武汉"米"字形复合交通轴线，向北、向东和向东北三个方向必经黄冈，这三个方向都指向大别山区。黄冈是武汉辐射带动大别山区的桥头堡。要联合武汉、鄂州、黄石共建国际综合交通枢纽，推进黄鄂黄国家综合货运枢纽补链强链申报工作。

打造轨道上的都市圈。积极研究武汉市黄陂区、新洲区城市轨道延伸至红安、麻城，谋划武汉经罗田、英山、岳西至安庆铁路。有序建设麻城石材铁路专用线、黄冈港武穴港区多式联运项目铁路专用线，发挥铁水联运作用，完善铁路站场功能。

加强高（快）速路网建设。加快武汉城市圈大通道、武汉城市圈大外环建设，积极推进武汉新港经鄂黄第三过江通道至黄冈主城组团快速通道项目。

积极参与长江中游航运中心建设。重点发展以黄州港、武穴港为核心，以团风港、浠水港、蕲春港、黄梅港为辅助的港口体系，推进"江海联运、水铁联运、水水中转、港城一体"，支持团风临港经济区、黄州一类水运口岸与武汉新港深度整合发展。

着力打造市临空经济发展区、巴河片区两大临空物流产业集群。加强与花湖机场合作联动，开展路空联运，高效融入"全球 123 快货物流圈"。吸引大别山区县市入区建设"飞地园区"，发展"飞地经济"。

（二）以科技创新升华大别山

武汉是仅次于北京、上海的全国第三大科教城，科技创新资源极为丰富。要推进科技城建设，深化与东湖高新产业同链、科技同创、园区共建。探索"人才飞地"模式，柔性引进武汉更多高校院所专家教授指导企业开展技术创新。建好光谷联合黄冈科技城，尽快发挥东湖高新智能科技产业园、TCL 黄冈智能制造产业园的引领作用。

《"十四五"支持革命老区巩固拓展脱贫攻坚成果衔接推进乡村振兴实施方案》指出：支持黄冈等城市加强与省会城市的对接协作，加强与都市圈协调联动；支持在有条件的革命老区优先布局一批国家级创新平台，支持科研院所、高等学校与革命老区开展合作。《"十四五"支持革命老区巩固拓展脱贫攻坚成果衔接推进乡村振兴实施方案》指出：做大做强特色先进制造业，支持发展清洁能源、有色金属、装备制造、纺织服装、生物医药等特色产业及配套产业。

建设武汉都市圈协同创新功能区。联合武汉高校科研院所共建一批重点实验室、企校联合创新中心、工程研究中心、企业技术中心等技术创新平台。依托龙头企业建立产业公共技术创新平台，做实湖北中科、蕲艾、心脑同治、薯芋等省级产业技术研究院，谋划建设钢构、磷资源、氢能等产业技术研究院，带动产业链大中小企业协同整合创新，积极引进武汉前沿创新平台、新型研发机构等到黄冈设立分中心、子平台。

着力增强协同创新功能。加强与武汉东湖新技术开发区的紧密协同，高标准建设光谷科创大走廊黄冈功能区。对接武汉新城，深化产业同链、科技同创、园区共建，聚力打造光谷产业创新发展重要承载地；着力增强公共服务功能，充分发挥教育、文旅、康养等品牌优势，建设优质公共服务资源集聚区，打造都市圈消费中心；着力增强商贸流通功能，依托花湖机场，建设多式联运仓储物流基地、农产品集散中心，建设国家现代流通战略支点城市。

武汉建筑业创新能力强，在全球具有领先优势。黄冈传统建筑业具有较大规模，建材业也有较强竞争力。要引进、消化、吸收武汉相关技术和工艺，提升产品质量和产业层次，带动大别山区建筑业和建材业转型升级。

（三）以优质教育润泽大别山

黄冈基础教育全国闻名，特别是黄冈中学创造了经久不衰的神话；黄冈高等教育基础也较好，在大别山区域高校数量最多，黄冈师范学院、黄冈职业技术学院在同类学校上具有较强实力。

要以黄冈中学为龙头，放大黄冈基础教育品牌效应，开发黄冈优质教育资源，发展现代教育服务业，打造中部教育名城。推进示范高中建设，开展跨区域联合共建，推进优质教育资源城乡共享、区域共享。推进教育新型基础设施建设，促进信息技术与教育教学深度整合，实现黄冈教育数字化转型，重塑黄冈教育品牌，为大别山区乃至全国输出更多具有黄冈特色的优质教育资源。

深化职普融通、产教融合、校企合作，为大别山革命老区和全社会培养更多实用型人才。支持湖北应急管理职业技术学院、黄冈职业技术学院等办出特色，服务大别山革命老区经济社会发展。支持黄冈市中等职业学校（集团）和县市理工中专（职教中心），对内使劲、对外联合，提升办学水平，充分发挥服务地方经济发展的作用，加强技术工人队伍建设。

办好普通高等教育。支持黄冈师范学院做强本科教育，做好研究生教育，加快建设李时珍中医药学院。积极承接武汉高校（干部培训学院）"外溢"。支持武汉商贸职业学院红安校区发展，吸引更多武汉高校到黄冈建设校区。

加强党政干部教育。支持湖北红安干部学院（湖北组织干部学院）发展，加强党政干部培训，弘扬大别山精神，振兴革命老区。

（四）以资本金融搞活大别山

黄冈打造大别山金融工程以来，信贷规模、增速、增量等主要指标稳居全省前列，为搞活大别山革命老区经济做出了很大贡献。要继续实施大别山金融工程升级版。深化金融创新实践，2023年全市两项绿色货币政策工具支持落地总规模59.5亿元，带动金融机构发放绿色贷款91.1亿元；碳减排支持工具落地47.4亿元，带动银行机构发放碳减排贷款79亿元，位居全省第一。

黄冈资本市场学院依托武汉、上海等地金融专家在黄冈职业技术学院建立，是全国三家资本市场学院之一。2021年成立以来，推进了一大批企业上市。要打出产业、科技、人才、资本四大生产要素深度融合的"组合拳"，要加强与湖北省上市指导中心、证券中介机构等的合作，结合当前资本市场形势，各证券交易所发行上市审核政策，企业上市过程中常见的财务、法律方面重点问题及解决对策，为全市负责企业上市工作的金融干部、省级上市后备"金种子""银种子""专精特新"企业提供专业辅导，推动企业抢抓政策窗口期，尽快借力资本市场发展壮大。加快推进实施"上市倍增计划""楚天种子行动"，充分发挥本土资源优势，凝聚各方合力，深度挖掘一批后备企业、培育辅导一批重点企业、申报上市一批优质企业，稳步推进企业上市工作再上新台阶，形成梯次发展格局，为大别山革命老区经济社会高质量发展提供更加有力的资本市场支撑。

（五）以红色旅游带活大别山

黄冈是鄂豫皖革命根据地中心区域，是全国著名革命老区，被列为国家十二大红色旅游区之一，红安是全国著名的"将军县"。全省有 25 处列入全国爱国主义教育示范基地，黄冈独占 6 处，占全省的24%。黄冈是全省及大别山区三省六市红色资源最为富集的区域，现有红色 A 级旅游景区 31 个，10 个景区（点）列入全国红色旅游经典景区名录，3 个景区入选建党百年红色旅游经典线路。

红色资源是黄冈振兴发展的优势所在，黄冈红色资源仍有巨大拓展空间。黄冈要结合新的历史条件，继续深入挖掘研究和利用老区红色资源，努力将红色资源优势转化为政治优势、经济优势、发展优势。积极推进红安县全国红色旅游融合发展示范区创建工作，依托丰富的红色资源、自然资源和历史资源，通过合理的空间差异化布局，构建"一核一廊三组团"融合发展格局，努力打造全国红色旅游融合发展示范样板。有序实施七里坪革命旧址保护利用、黄麻纪念园将军馆陈列布展、西汪家革命旧址修缮等项目，为创建全国革命文物保护利用示范区打下坚实基础。加快推进长征国家文化公园英山园区后续项目建设，开展长征历史步道沿线景观提升工作，完善园区文化元素植入工作，充分发挥长征国家文化公园引领作用，力争把英山园区打造成湖北全省乃至全国的爱国主义教育基地、国防教育基地、红色文化研学基地、红色旅行研学基地和红色旅游胜地。

加强与周边区域的合作。积极筹办好"2024 中国红色旅游推广联盟年会暨首届湖北红安红色文化旅游节"等节会活动，交流经典红色旅游景区发展经验。加强与信阳、六安等大别山生态文化旅游发展带城市的合作对接，共商"大别山"红色旅游区域合作机制，共研"革命大别山·红色鄂豫皖"精品路线，共建"大别山"红色旅游品牌宣传营销矩阵，共同建设全国红色旅游融合发展示范区。

谋划建设大型综合性红色文化孪生博物馆。在黄州城区建设红色文化博物馆实体、吸引观众现场参观的同时，同步建设红色文化数字孪生博物馆。探索运用元宇宙技术构建虚实融合的红色文化资源育人场景。建议积极向中央有关部门争取将黄冈大型红色文化孪生博物馆纳入国家相关红色文物保护利用规划和国家元宇宙技术示范项目，并纳入全国爱国主义教育示范基地，补充进入全国红色旅游精品线。这是对大别山红色历史地位的肯定，也是对黄冈数十万英烈在天之灵的告慰。

参考文献

秦尊文：《中部崛起研究与规划》，湖北人民出版社，2024。

秦尊文：《大别山崛起核心增长极》，《湖北日报》2016 年 1 月 19 日。

秦尊文：《武汉城市圈发展规划与实施》，《中国投资》2022 年第 10 期。

刘洁：《政府工作报告——2024 年 1 月 9 日在黄冈市第六届人民代表大会第四次会议上》，《黄冈日报》2024 年 1 月 19 日。

B.19
咸宁"以竹代塑"引领绿色
发展路径与对策研究

张　静*

摘　要： 加快推动"以竹代塑"是咸宁服务碳达峰、碳中和战略目标的具体行动，是建设武汉都市圈自然生态公园城市的有效途径。咸宁市是全国主要竹产区之一，竹文化底蕴深厚、竹资源品种丰富、竹产品加工种类齐全，推进"以竹代塑"基础好。建议咸宁发挥资源优势和区位优势，加快形成创新赋能、链条紧密、优质高效、生态安全的竹产业高质量发展新格局，使"以竹代塑"转化为引领咸宁绿色发展和富民强市的突出优势。

关键词： 以竹代塑　绿色发展　咸宁

推进"以竹代塑"对推进人与自然和谐共生的美丽中国建设具有重要意义。2024 年 7 月，中国共产党第二十届中央委员会第三次全体会议通过的《中共中央关于进一步全面深化改革　推进中国式现代化的决定》明确，推进生态优先、节约集约、绿色低碳发展，促进人与自然和谐共生。2023年 10 月，国家发展改革委会同工业和信息化部、财政部、国家林草局等部门制定的《加快"以竹代塑"发展三年行动计划》指出，以构建"以竹代塑"产业体系为重点，着力抓好竹林资源培育、竹材精深加工、产品设计制造、市场应用拓展等全链条全要素协调发展，有效提升"以竹代塑"动

---

* 张静，湖北省社会科学院科研处处长、长江中游城市群研究中心副主任，研究员，主要研究方向为区域经济、流域经济、生态经济。

能、产能、效能，推动"以竹代塑"高质量发展。本文立足咸宁竹资源和竹产业现状，对咸宁发展"以竹代塑"的优势与短板进行分析。从"加快打造竹产业循环产业链、聚力提升竹产业创新能力、全面建设竹林碳汇示范基地、塑造'以竹代塑'引领型发展"四个方面，提出了发挥"以竹代塑"潜力，引领咸宁绿色发展的路径与对策建议。

一 咸宁发展"以竹代塑"面临的机遇与挑战

（一）"以竹代塑"契合全球可持续发展趋势

据联合国环境规划署数据，人类每年生产超过4亿吨塑料，塑料污染给全球可持续发展带来极大挑战。目前已有140多个国家明确制定或发布相关禁塑限塑政策。联合国环境规划署正在组织编写的"全球治理塑料污染条约"提出到2040年将全球塑料污染减少80%。寻找塑料替代品是从源头减少塑料污染的有效途径，是全球应对塑料污染危机的当务之急。

与塑料制品相比，竹子韧性好、可塑性强，生长速度快、固碳能力强，整个生命周期都保持低水平甚至零级别碳足迹，在减少塑料污染、代替塑料产品方面具有突出优势。2022年11月，中国政府与国际竹藤组织共同发布"以竹代塑"倡议，标志着"以竹代塑"上升为国家行动、全球倡议。数据显示，如果全球每年使用6亿吨竹子替代PVC（聚氯乙烯）产品，预计将减少40亿吨二氧化碳排放。竹林碳汇是最优质的碳汇类型之一，毛竹年固碳量是杉木林的1.46倍，是热带雨林的1.33倍。且竹林采伐不影响竹林生态系统固碳量的增加，竹产品及其使用可以长期封存碳，具有碳排放滞后效应。"以竹代塑"提供了基于自然的可持续发展解决方案。

（二）"以竹代塑"市场空间和应用场景广阔

我国"以竹代塑"基础丰厚，是世界上竹类资源最丰富、最早开发和使用竹子的国家。第九次全国森林资源清查结果显示，我国成片竹林面积、年产竹材、年产竹笋数量分别达到世界总量的 1/3、1/3、1/2，均居世界首位。同时，竹类资源利用率仍有较大的提升空间。我国"以竹代塑"新技术、新产品开发不断涌现，《"十四五"林业草原保护发展规划纲要》将竹材创新应用列入新产业新业态加以培育。"以竹代塑"应用场景广泛，我国拥有涵盖资源培育、加工利用、出口贸易等各环节的完整产业链，在建筑、装饰、造纸、运输、食品、纺织、化工等领域具有比较优势，已经成为引领绿色生产生活方式的重要手段。

近年来，国家和主要竹产业省市出台相关政策，鼓励竹产业高质量发展。国家林草局、国家发改委等联合印发的《关于加快推进竹产业创新发展的意见》提出，到 2025 年，全国竹产业总产值突破 7000 亿元；到 2035 年，全国竹产业总产值超过 1 万亿元。《四川省"十四五"竹产业高质量发展和竹林风景线高质量建设规划》明确到 2025 年竹产业总产值达到 1200 亿元，2035 年竹产业总产值突破 2000 亿元。福建《关于加快推进竹产业高质量发展的通知》提出，到 2025 年竹产业总产值超 1200 亿元。江西省《关于加快推进竹产业高质量发展的意见》计划到 2025 年全省竹产业综合产值达到 1000 亿元。湖北省《推进竹产业高质量发展的意见》提出 2025 年全省竹产业综合年产值达到 300 亿元。浙江安吉、贵州赤水、湖南桃江、江西铜鼓、湖北咸宁等创新开展"以竹代塑"全产业链，为落实"以竹代塑"倡议提供了若干可供借鉴的政策方案。

（三）咸宁发展"以竹代塑"优势与短板共存

一是竹资源丰富但综合效益偏低。2023 年咸宁竹林种植面积达 188 万亩，占全省的 80%，竹产业链是全市八大农业主导产业链之一。同时，存在竹林培育科技含量不足、交通和灌溉基础设施薄弱、机械化采运程度较低、社会化服务组织缺乏、规模化经营程度总体不高等问题。竹林综合效益偏低，全市 70% 左右的竹林属于低产林。而贵州赤水市拥有 132.8 万亩竹林资源，竹产业综合收入占 GDP 的 50% 左右，财政和农民收入 50% 以上来自竹产业。

二是竹加工产品丰富但科技含量不高。咸宁竹加工产品丰富，各类竹产品达 600 多种，几乎涵盖目前竹产业产品的主要类型。同时，咸宁竹产业创新研发投入不足，竹产业高层次顶尖人才匮乏。产学研合作不够深入，科技成果转化应用能力不够。竹类加工企业规模偏小、分布偏散，园区集聚和服务功能较弱，企业间关联度不高、协同性不强，全市产值 1 亿元以上竹加工的企业仅有 3 家，其中国家级林业重点龙头企业 1 家，省级林业重点龙头企业 9 家。与浙江安吉县竹产业集群企业 900 余家，其中产值亿元以上企业 11 家、省级农业骨干龙头企业 5 家、省级林业骨干龙头企业 22 家相比差距明显。

三是竹林旅游资源丰富但缺乏品牌效应。咸宁拥有星星竹海、洪下竹海、大幕山竹海等竹林风景区。同时，竹旅游景区分布较为分散，配套基础设施建设滞后，竹文化内涵挖掘不深、文创产品开发不足，规范化的竹文旅配套服务体系尚未形成，制约了竹品牌效应的提升。而四川宜宾市对竹产业资源禀赋和特色优势进行有效整合，大力发展竹林旅游项目，形成了品牌效应，进而推动乡村振兴和提升对外开放水平。

四是竹林碳汇开发潜力巨大但交易渠道不畅。咸宁通山、嘉鱼、崇阳等县碳汇造林项目面积占全省 65% 以上，通山县竹子造林碳汇项目是全国首个可进入国内碳市场交易的 CCER 竹子造林碳汇项目。同时，咸宁全域竹林碳汇尚处于起步阶段，缺乏统一的竹林碳汇监测计量评价系统和碳汇交易平台，竹加工企业购碳渠道不清、缺乏认证核证的碳汇产品包，林农单体碳汇体量小、计量难，碳汇项目实施难。与此同时，浙江省安吉县全域推进 84 万亩竹林碳汇综合改革，系统谋划竹产业碳汇能力提升项目，成立全国首个县级竹林碳汇收储交易平台，打通竹林碳汇从生产到收储、交易的渠道，实现碳汇"可度量、可抵押、可交易、可变现"，以竹林碳汇撬动整个竹产业发展。

近年来，咸宁市委市政府高度重视竹产业高质量发展，成立了市竹产业发展领导小组，通过编制竹产业发展规划和实施意见、制定配套政策、培育壮大市场主体、筹办竹产业发展大会、成立竹产业发展协会、搭建科技研发平台、推进招商引资等手段，为全市竹产业发展提供强劲动力。同时，在政策措施落到实处、取得实效方面还存在差距，"以竹代塑"顶层设计和政策支持尚处于起步阶段，竹产业区域开发模式缺乏系统规划，一二三产业结合互动不紧密（一产缺规模和资金、二产缺科技创新和龙头企业、三产缺客源和基础设施），宣传推广方面存在瓶颈，"以竹代塑"提供应用的场景较少。

二 以竹代塑引领咸宁绿色发展的对策建议

（一）立足资源和产业集聚基础，加快打造竹产业循环产业链

一是推进竹资源特色化培育。实施竹林精准提升工程。支持竹种优化试验基地及规范化母竹繁育基地建设，加强材用竹、笋用竹、笋材两用竹、纸浆用竹、纤维用竹等竹类良种定向选育和推广应用。发展竹下生态种植、养殖、采集等复合经营，推广竹药、竹菌、竹禽、竹畜等模式。加强与国家林草局竹子研究开发中心合作，争取建立数智林业示范基地，深化数字智能技术应用。推动竹林集约高效经营。加快竹林流转，引导竹农以承包经营竹林资产或货币出资入股的方式，组建按股份分红的股份制合作组织。健全竹产区公共基础设施建设支持体系，重点支持竹林道、竹产业综合体、作业机械、灌溉设施、公共品牌培育、专业合作社等建设。强化竹林生产专业化社会化服务队伍建设。借鉴"安吉竹笋+合作社商标品牌"商标管理模式，建立竹笋品牌质量溯源管理系统。

二是推进竹加工体系化发展。加快培育壮大竹产业集群。加快专项规划和组织实施，加快推进竹材分解、初级加工、精深加工三级竹产业加工体系建设。加速发展竹地板、竹材加工、竹家具、竹装饰品、竹炭等特色优势产业。积极发展竹纤维、生物活性产品、竹医药化工制品、竹生物质能源制品、竹木质素产品、竹产业现代装备制造等新兴产业。优化提升竹产业集聚发展平台。支持咸宁市竹循环经济产业园提质升级，强化集中供热、蒸煮、

碳化、烘干、环保处理等共性生产设施和工艺配套。简化优化建设审批手续，支持重点产竹乡镇规划建设污染可控的现代竹材、竹笋初级加工小微园。探索建立初级加工产品与精深加工企业的"订单"机制，鼓励不同区域之间竹材初级加工产品的资源流动互补。开展全竹综合利用试点示范，强化竹材、竹叶、竹笋及加工剩余物综合利用，提升笋竹产业的清洁生产和新产品开发、新材料应用水平。

三是推进竹文旅品牌化建设。深化竹文旅与历史文化民俗有机融合。支持建立竹影视文化基地、主题公园、主题博物馆、主题博览园、主题酒店、主题餐厅及竹工艺设计中心、大师工作室等。支持举办竹文化高峰论坛、竹创意产品设计大赛、竹博览会等活动。支持建立竹文创基地，传承发展竹编、竹扇、竹灯、竹雕刻、竹造纸等非物质文化遗产，推动竹文创产品设计规模化品牌化生产。推动竹林康养与乡村振兴有机结合。整合咸安星星竹海、赤壁随阳竹海、崇阳金沙竹海资源，打造以竹元素为主题的竹林休闲、康养、旅游、露营、徒步、越野、研学等新业态，提升景区景点旅游配套设施功能。建成一批以竹为主体的美丽示范乡村，因地制宜建设竹林文旅度假、竹林民宿、竹林康养、竹产业体验基地、竹生态科普教育基地。支持申报国家和省级森林公园、特色小镇、森林人家、森林康养基地、森林氧吧。

（二）依托省内外科创优势，聚力提升竹产业创新能力

一是加快建设竹产业创新平台。坚持竹产业创新发展需求导向，加强与国家林草局竹子研究开发中心、国际竹藤中心、中国林科院和省内外高校院所交流对接，深化"以竹代塑"科技合作。争取支持建立国家级或省级竹产业研发中心、省级重点实验室、高新技术企业研发中心等创新载体。鼓励支持有条件的企业联合高校院所组建竹产业创新基地、竹产业科技创新联盟。支持湖北科技学院和咸宁职院建立竹研究中心。支持建设以竹产业为主导的省级农业科技园区。

二是加快技术攻关和成果转化。加强"以竹代塑"基础研究，建立竹产业创新专项基金，策划实施一批科技计划项目，围绕竹工程材、竹户外用

材、竹缠绕卷材、竹展平材、竹纤维复合材料、竹纤维异型材料、定向重组竹集成材等领域，加强竹产业关键共性技术、前沿引领技术等联合攻关，提升竹产品功能、稳定竹产品性能、降低竹产品成本，提高竹产品市场占有率，拓宽"以竹代塑"应用领域。建立完善科研成果转化机制，鼓励各类主体建设专业化众创空间和孵化器，建设科技成果中试工程化服务平台，探索科技服务、成果转化等多模式利益共享机制。支持咸宁市林业科学院、省林科院咸宁竹类研究所引用育留各类竹产业专技人员。支持科技人员以科技成果入股竹产业合作社和企业，建立健全科研人员校企、院企共建双聘机制，实行股权分红等激励。

三是打造创新型竹产业企业集群。积极培育以竹产业为主体的国家林业重点龙头企业、省级林业龙头企业，支持和引导企业强强联合、兼并重组、参股控股、改制上市等。支持本土有市场、有核心竞争力的龙头企业与重点产竹县建立竹产业产学研用协同创新中心，建立竹产业示范基地和中试生产线。引导本地竹产业各个细分领域企业开展联合经营，促进小微企业、代工企业向龙头企业、品牌企业转变。支持竹产业龙头企业、研究院所组建企业工程技术研究中心和新型研发机构。借鉴省级新型研发机构运营模式，依托巨宁公司等龙头企业，整合省内外竹产业领域优质科技资源，争取在咸宁建立湖北竹产业研究院，打造长江中游地区竹产业科技创新和产业转化平台。

（三）放大竹林碳汇试点效应，全面建设竹林碳汇示范基地

一是开展竹林碳汇监测体系建设。湖北是全国林业碳汇计量监测试点和碳排放权交易试点省，湖北幕阜山竹林生态系统国家定位观测研究站是纳入国家生态研究网络的九个竹林生态站之一。进一步加强与国家林草局竹林碳汇工程技术研究中心、湖北省林业科学研究院林业碳汇研究中心、中国地质大学湖北省生态碳汇研究院等机构合作，借助卫星遥感等技术构建竹林碳汇监测网络，整合自然资源、生态环境和发改等部门数据，形成竹林碳汇资源数据库。建立竹林碳汇生态产品价值核算标准体系，研究发布竹林经营碳汇项目方法学，规范测算全市180万亩竹林碳储量现状，分析碳储量变化，预

测增汇能力，评估竹林碳汇市场规模。

二是推进竹林碳汇交易改革创新。学习安吉经验，探索竹林高效经营促汇、竹林持续经营稳汇、退化竹林恢复保汇等竹林增汇经营模式，通过林权流转形成竹林碳汇资源收储清单，实现林地流转合规、资源产权统一、林地产权可溯源。借鉴国际核证碳减排标准（VCS），探索竹林碳汇标准化交易，构建区域竹林碳汇收储交易平台，在亩均评价、能耗评价、环境影响评价等方面先行先试，建设全省竹林碳汇交易试点，积极申报全国林业碳汇试点市。

三是引导竹林碳汇多元主体参与。加快开展竹产品碳足迹碳标签研究，采集原竹产地、产品种类、加工工艺等数据，准确评估竹产品生命周期的碳足迹，建立企业碳账户及竹产品固碳量，形成可展示、可示范的竹产品碳足迹碳标签应用。探索建立碳普惠机制，调动公众参与竹林减排增汇实践的积极性。与钢铁、造纸等行业控排企业开展碳汇交易供需对接，利用林业碳汇量抵消控排企业配额超排量。借鉴安吉经验，推动绿色金融改革创新，研究出台普惠性金融扶持政策支持发展竹林碳汇，探索碳汇期货、期权等金融衍生品的设计和应用。完善毛竹林地保险体系，研发推出创新型基础性林险产品。

（四）夯实政策保障服务体系，塑造"以竹代塑"引领型发展

一是建立"以竹代塑"支持政策。对接国家"以竹代塑"倡议，研究出台《咸宁市"以竹代塑"工作方案》，做好"以竹代塑"产业发展规划，确定重点行业和产品，支持设备装备研发，加大科研攻关及产业化，形成"以竹代塑"竹制品企业清单、相关产品清单、新型产品研发清单。建立完善竹产业发展激励机制，将竹产业高质量发展落实情况纳入市政府绩效重点考核内容，积极争创全国竹产业高质量发展示范市。搭建常态化竹产业公共服务平台，建立竹产业专家顾问库。加强与国际竹藤组织、中国竹产业协会及竹产业重点地区协会、商会交流合作。支持咸宁市竹产业协会开展组织参展、行业自律、产业调研、学术交流、认证评审等工作。完善财政金融支

持。通过争取省产业基金支持，整合发改、工信、农业、林业、科技等相关项目资金，加大财政投入等方式，建立竹产业发展专项资金，对竹产业发展在土地、人才、用工保障等要素上给予政策倾斜和优先保障。探索推广竹塑贷、竹林认证贷、"林下经营权证"抵押贷。积极开展竹产业跨境贸易专项担保产品试点。

二是推进"以竹代塑"应用推广。加大政府采购力度，积极推动竹产品纳入"节能产品政府采购品目清单"。学习安吉经验，安排专项基金鼓励行政、住宿餐饮、生活服务、文化旅游等重点行业领域使用竹制品替代塑料制品，对推广竹产品的企业和购买竹原料产品的消费者均给予一定的奖补。实施竹餐具创新应用推广行动，支持鼓励文旅企业定制个性化竹餐具，在吃、住、行、游、购、娱等方面全面体现竹文化元素，支持竹制牙刷、梳子等"六小件"覆盖全市星级酒店和等级民宿，支持超市和快递网点使用竹制可降解塑料袋。加大"以竹代塑"公共宣传。充分利用举办咸宁温泉国际文化旅游节、竹子节会、竹产品交易会等契机，广泛宣传推广市场潜力大和经济效益好的"代塑"竹产品。以"竹立方"等竹子博览场馆为重要载体，组织市民和中小学生了解竹文化和竹产品。筹办中国·竹产业高质量发展峰会，打造国际竹产业地标性活动，扩大咸宁"以竹代塑"的认知度、美誉度。

三是加快"以竹代塑"市场推广。建立健全竹产业标准体系。坚持标准研制与产业发展一体化。以国家楠竹生产综合标准化示范项目建设为契机，建立健全竹产业集群综合标准体系，增强林下经济、竹产品深度开发等领域标准供给，提升竹产业生产技术规程和产品质量标准。建立健全品牌管理体系。支持行业协会、企业等组织申请区域公共品牌、地理标志和驰名商标，引导企业提高品牌意识和商标注册、运用、管理、保护的能力。以咸宁拥有赤壁竹笋、赤壁毛竹中国地理标志商标，赤壁竹笋、崇阳雷竹中国地理标志产品等为基础，探索推行"地理标志证明商标+企业商标"的"母子商标"管理模式，扩大竹产业品牌影响力和知名度。打造区域性竹交易市场。建设长江中游地区竹产品交易市场，涵盖国际笋产品交易中心、国际竹产品交易中心、创新竹日用品交易中心、竹产品质量检验中心、大数据中心、质量检测中心等功能。加快推进竹材仓储基地和物流体系建设，建立健全竹材质控和仓储管理标准。利用电子标签、物联网等技术，建立竹产业全链线上交易平台和信息平台，并开办线上展销会。加快发展"农户+协会（公司）+平台""竹业企业+委托运营商+平台"等电子商务模式，拓展竹产品销售市场。鼓励竹企业参与境内外交流和展示展销。大力开展竹林 FSC 森林认证，为竹产品拓展欧美市场争取"通行证"。

参考文献

张静：《以高水平保护支撑长江经济带高质量发展》，《政策》2023 年第 9 期。

张静：《加快推进湖北农业减排固碳的路径与对策研究》，《政策》2022 年第 10 期。

张忠家、张静、汤鹏飞：《以中国式现代化推动长江中游城市群高质量发展》，载秦尊文、张静主编《中三角蓝皮书：长江中游城市群发展报告（2023）》，社会科学文献出版社，2023。

附　录
长江中游城市群大事记
（2023年6月至2024年6月）

张　宁*

2023年6月5日　生态环境部会同国家发展改革委、水利部、农业农村部4部门联合印发实施《长江流域水生态考核指标评分细则》（简称《评分细则》），明确提出2022~2024年在长江流域17省（自治区、直辖市）开展水生态考核试点，2025年开展第一次考核。《评分细则》聚焦长江流域突出问题，兼顾长江源头以及上、中、下游自然地理环境和经济社会发展特点与差异，通过建立长江流域水生态考核机制，引导各地履行水生态保护修复责任。

2023年7月6~7日　中华人民共和国科学技术部和湖北省人民政府联合举办2023中非创新合作与发展论坛暨湖北国际技术交流会，大会以"创新引领发展，合作共享机遇"为主题，共享中非合作。大会开幕式举行现场签约，20个项目涉及先进技术、现代农业、生命健康、基础建设、国际贸易、高校合作等领域。

2023年7月13日　江西省南昌市党政代表团赴九江市学习考察，并举行深化昌九一体化发展战略合作框架协议签约仪式，双方将重点围绕优势产业集群打造、现代服务业协同发展、交通互联互通、科技协同创新、文化旅游联动、教育体育合作、生态环境共保共治、医疗保障协同、公共事务协同

---

* 张宁，湖北省社会科学院助理研究员，主要研究方向为区域经济、城市经济。

等方面开展务实合作，进一步深化昌九一体化发展，在推进江西省高质量发展中做出更大贡献。

2023年7月15~16日 湖北通城、湖南平江、江西修水三地县委人才办、县团委联合举办"通平修"绿色发展先行区"汇聚青才智·携手振兴路"活动，三地青年代表通过"走访+座谈"加强交流合作，共同探索湘鄂赣边区发展路径。

2023年7月18日 湖北省宜昌市、荆州市、荆门市、恩施州跨区域知识产权保护工作交流暨合作签约活动提出要加快建立"宜荆荆恩"跨区域知识产权保护协作机制，大力实施知识产权强国战略，积极探索新形势下高效便捷的知识产权执法维权保护合作机制，大力提升知识产权保护能力的重要举措。

2023年8月8日 湘鄂边区域旅游融合发展研讨会在湖南省岳阳市华容县召开。会议围绕"推动湘鄂边区域乡村休闲游高质量发展"主题进行探讨交流，就区域旅游融合发展达成共识，确定以"生态、休闲、融合、共享"为发展导向，建立健全区域旅游发展协调机制，凝心聚力推动区域乡村休闲游全面铺开、融合发展。

2023年8月16日 湖北省黄石市、黄冈市、鄂州市、咸宁市，江西省九江市、景德镇市，安徽省池州市、安庆市，湖南省岳阳市的市场监督管理局在湖北省黄石市联合签订《市场监管政务服务"跨域通办"合作协议》和《知识产权跨区域保护合作协议》，提出要加快建立线上线下多渠道通办模式、审批事项联络员制度和轮值制度；建立知识产权保护会商研讨机制、知识产权保护协作机制、知识产权协同办案机制、知识产权保护资源共享机制、区域人才培养合作机制、知识产权重点保护名录机制等，强化知识产权海外护航和知识产权成果交流制度。

2023年8月16日 鄂州花湖机场开通阿布扎比—鄂州国际货运航线，将推动湖北由"九省通衢"向新时代"九州通衢"加速跨越，加快打造国内国际双循环重要枢纽节点。

2023年8月22日 湖北长江高水平保护十大攻坚提升行动推进会在湖

北省武汉市召开。湖北省副省长张文彤出席会议并强调，要深入学习贯彻习近平总书记关于长江经济带发展的重要讲话和指示批示精神，落实好全国生态环境保护大会和省委省政府工作要求，统筹推动流域综合治理和长江高水平保护。

2023年8月24日　湖南省人民政府印发《长株潭一体化发展三年行动计划（2023~2025年）》，提出到2025年，长株潭地区生产总值突破2.5万亿元，常住人口达到1750万，城镇化率达到80%。千亿产业集群总数突破15个，基本实现"一小时通勤圈"，物流总费用占地区生产总值比重低于13%，城市空气质量优良天数比例达86.4%以上，湘江干流长株潭段水质稳定在Ⅱ类，绿心核心区域森林覆盖率明显提升，形成全民覆盖、普惠共享、城乡一体的基本公共服务体系。

2023年8月30日　湖南省政府常务会审议通过《新时代洞庭湖生态经济区规划实施方案（送审稿）》。方案以生态环境保护修复为基础，以打造"八大洞庭"为目标，提出8个方面29项具体任务，其中涉及多项洞庭湖保护与治理重大水利工程。

2023年8月30日　国家发展改革委会同自然资源部、交通运输部、商务部、国家市场监管总局印发《关于布局建设现代流通战略支点城市的通知》，提出要根据国家所需和城市所长，按照服务重要商品和资源要素流通、强化跨域跨界辐射带动、促进现代流通发展等三个维度布局流通支点城市，并综合考虑城市资源禀赋、发展基础、比较优势、未来潜力，将102个城市纳入布局建设范围，流通支点城市将按综合型、复合型、功能型分类推进建设。其中，武汉、南昌—九江、长沙—株洲—湘潭纳入综合性流通支点城市，赣州、上饶、襄阳、宜昌、黄冈—鄂州—黄石纳入功能型流通支点城市。

2023年9月1日　湖北省宜荆荆都市圈发展联合办公室第2次工作会议暨建设宜荆荆全国性综合交通枢纽第2次联席会议在湖北省荆州市召开。会议签订了《宜荆荆全国性综合交通枢纽建设三年行动方案》和《深化宜荆荆都市圈交通互联互通工程建设备忘录》。

2023 年 9 月 6~7 日　长江中游三省青年企业家协同高质量发展论坛在江西省九江市举行。中国青年企业家协会会员代表，湖北、湖南、江西 3 地青年企业家代表等 70 余人参加活动，聚焦"打造青年企业家舒适的城市发展环境"开展相关主旨演讲、圆桌论坛交流。

2023 年 9 月 8 日　第六届湘鄂赣皖非物质文化遗产联展在江西省南昌市万寿宫历史文化街区开幕，联展以"传承创新·融合共享"为主题，精心设置了非遗节目惠民展演、非遗代表性项目展示等系列活动，"见人见物见生活"，全方位、立体式展现江西、湖南、湖北、安徽四省非遗保护传承的最新成果。

2023 年 9 月 16 日　湖北省随州、襄阳、十堰、神农架四地齐聚湖北工业大学，共同举办 2023 年"襄十随神"城市群专场招聘会，现场 113 家用人单位提供 3000 余个优质就业岗位，吸引了武汉大学、武汉理工大学、湖北大学、湖北工业大学等高校学子踊跃参与，进场近 3000 人次，为"襄十随神"城市群一体化发展提供智力支持，为湖北建设全国构建新发展格局先行区贡献人才力量。

2023 年 9 月 19 日　"守护一江碧水"2023 年湖南洞庭湖水生态保护调研暨"生态美湘"公民科学家探访活动举行，旨在加快恢复沉水及洞庭湖流域的水生生物资源和水域生态环境，推动各方力量更多关注长江大保护，积极探索提出保护和管理对策，合力推动美丽湖南建设取得新成效。

2023 年 10 月 10~13 日　习近平总书记在江西考察时强调，要紧紧围绕新时代新征程党的中心任务，完整准确全面贯彻新发展理念，牢牢把握江西在构建新发展格局中的定位，立足江西的特色和优势，着眼高质量发展、绿色发展、低碳发展等新要求，解放思想、开拓进取，扬长补短、固本兴新，努力在加快革命老区高质量发展上走在前、在推动中部地区崛起上勇争先、在推进长江经济带发展上善作为，奋力谱写中国式现代化江西篇章。

2023 年 10 月 12 日　中共中央总书记、国家主席、中央军委主席习近平 12 日下午在江西省南昌市主持召开进一步推动长江经济带高质量发展座谈会并发表重要讲话。他强调，要完整、准确、全面贯彻新发展理念，坚持共抓大保护、不搞大开发，坚持生态优先、绿色发展，以科技创新为引领，统筹推进生态环境保护和经济社会发展，加强政策协同和工作协同，谋长远之势、行长久之策、建久安之基，进一步推动长江经济带高质量发展，更好支撑和服务中国式现代化。

2023年10月14日　湖北省宜荆荆恩农业科技创新联盟第二届学术交流暨荆州市特色农业产业现场观摩活动在湖北省荆州市举行。四地农科院与荆州市8家企业签订科技合作协议，建立科技服务企业长效机制，并就农业科技创新发展进行学术交流。

2023年10月23日　湖南省人民政府办公厅印发《湖南省耕地保护国土空间专项规划（2021~2035年）》，提出到2025年，基本形成具有湖南特色的全程一体化和数量、质量、生态和文化"四位一体"耕地保护利用体系；到2035年，逐步将永久基本农田全部建成高标准农田，高起点规划助推全省耕地高质量利用和高水平保护。

2023年10月24日　江西省政府新闻办、省生态环境厅联合召开"走在前、勇争先、善作为贯彻落实习近平总书记考察江西重要讲话精神"系列新闻发布会。从发布会获悉，2023年1-9月，江西省PM2.5浓度27微克/立方米；空气质量优良天数比例为96.6%，同比上升5.1个百分点。江西省国考断面水质优良比例97.0%，同比上升0.8个百分点；长江干流10个断面和赣江干流33个断面继续稳定保持Ⅱ类水质，江西省生态环境质量持续保持中部领先，稳居全国前列。江西省推动全面绿色转型，统筹减污降碳协同增效，让高水平保护成为高质量发展的支撑点，坚持深化改革创新，不断健全完善制度体系，让高效能治理成为高水平保护的切入点。

2023年10月26日　湖北省黄石市海事局与鄂州、黄冈、黄石三市交通运输主管部门共同签订推进长江经济带高质量发展"三地四方"战略合作备忘录，合作备忘录将加强长江干线鄂东段水上交通风险防控、隐患治理、污染防治、服务保障等合作，实现生态共治、全域共建、发展共享。

2023年10月30日　湖北省黄鄂黄快速通道鄂州段项目开工仪式在湖北省鄂州市临空经济区举行。该项目为武汉新城与鄂州、黄石、黄冈快速道路系统"三横三纵"的"纵三线",起点位于燕矶长江大桥(鄂州—黄冈界),终点接黄石市。

2023 年 11 月 3 日 江西省政府新闻办、江西省林业局联合召开第三届鄱阳湖国际观鸟季活动新闻发布会,是江西省立足湿地和鸟类等生态资源优势,加快促进鄱阳湖区经济社会发展全面绿色转型、打造生态文明建设高地的重要举措。

2023 年 11 月 17 日 湖北省宜荆荆恩都市圈发展联合办公室第 3 次工作会议暨文旅融合联席会议在湖北省恩施州召开。四市州文旅部门联合签订《"宜荆荆恩"区域文旅产业发展 2024 年行动计划》,将立足四地特色资源和产业基础,坚持政府引导、市场主导、优势互补、有序推进,深化文化旅游领域务实合作,推动四地文旅共同发展、共同进步。

2023 年 11 月 24 日 湖北省襄阳都市圈"襄十随神"医保公共服务同城化工作推进会在湖北省襄阳市召开,襄阳市、十堰市、随州市、神农架林区四地共同签订医保公共服务一体化战略合作协议。

2023 年 11 月 25~26 日 第二届长江大保护司法论坛在湖北省武汉市举行。论坛以"长江流域治理法律保障研究"为主题,提出要在法治轨道上推动长江流域生态环境高水平保护,持续加力推进生态环境立法,为美丽中国建设提供完备法治保障。

2023 年 11 月 29 日 长江中游三省协同推动高质量发展座谈会以视频形式在江西省南昌市、湖北省武汉市、湖南省长沙市和国家发改委会场同步举行。会议深入贯彻党的二十大精神,全面落实习近平总书记关于推动长江经济带高质量发展、促进中部地区加快崛起系列重要讲话和重要指示批示精神,共商协同推动长江中游三省高质量发展大计。

2023 年 12 月 7 日 湖南省长株潭一体化发展常务副市长联席会议在湖南省长沙市召开。会议部署推动第五届市委书记联席会议筹备工作,审议讨论下阶段长株潭一体化发展 2024 年行动计划及拟争取湖南省委省政府支持的政策措施清单等。

2023 年 12 月 11 日 湖北省武汉市、鄂州市、黄冈市、黄石市四地职称互认信息平台同步启动，将通过设置个人申请、人社部门确认、即时生成证书等服务功能，实现职称"跨域办""网上办""马上办"。

2023年12月13日　《"宜荆荆恩"国家森林城市群建设总体规划（2023~2035年）》通过专家评审。宜荆荆恩城市群位于湖北省中西部，包括宜昌市、荆州市、荆门市和恩施土家族苗族自治州4个地级城市。区域内山川、河流、丘陵、峡谷和平原俱全，是国家生物多样性富集区和重要水源涵养区，林木覆盖率高达52.56%。规划依据四地自然地貌特点，根据森林、湿地资源分布现状，形成"山区强四库，平原织两网，城乡提三景，全域筑四链"的总体布局，促进城市群地区社会、经济、文化全面可持续发展。

2023年12月13日　江西省政府新闻办、省公安厅联合召开"走在前、勇争先、善作为贯彻落实习近平总书记考察江西重要讲话精神"系列新闻发布会——推进公安工作现代化 以高水平安全服务保障高质量发展新闻发布会。

2023年12月23日　湖南省长株潭一体化发展第五届市委书记联席会议在湖南省株洲市召开。会议通报了《长株潭一体化发展三年行动计划（2023~2025年）》2023年完成情况，审议并签署了《长株潭一体化发展2024年行动计划》及系列合作协议。

2023年12月23日　赣江新区、南昌市、九江市三地联席会议召开，协调推动重要事项、重点工作。会议指出，要围绕江西省委省政府打造"三大高地"、实施"五大战略"工作部署，坚决落实《关于加快推动赣江新区高质量发展的若干措施》，全面加强沟通对接，持续深化协同合作，切实发挥南昌、九江的更大作用，进一步激发赣江新区的内生活力，凝聚起推动新区高质量发展的强大合力，努力实现一体发展、融合共赢。

2023年12月26日　长江中游城市群省会城市第九次合作协调会在湖南省长沙市召开。会议邀请武汉、长沙、合肥、南昌四市分管市领导率团参会，会议通报了长江中游城市群2023年合作进展情况和《长江中游城市群2024年重点合作事项》起草情况。会议认为，深化区域间经济合作是畅通国内大循环、构建新发展格局的关键举措，也是对长江中游城市群省会城市合作提出的更高要求，四省会城市唯有进一步创新合作模式、加大合作力度、提升合作能级，方能为长江中游城市群加快崛起、为长江经济带发展大局做出新的更大贡献。

2024 年 1 月 9 日　湖北省"宜荆荆"都市圈养老公共服务标准共建共享联席会议在湖北省宜昌市召开。宜昌市、荆州市、荆门市、恩施自治州四地共同签署《"宜荆荆"都市圈养老公共服务共建共享合作协议》。协议明确提出将推动养老服务标准规范共同执行、养老公共服务人才共同培训、养老公共福利跨区共同享受。

2024 年 1 月 15～16 日　由中国科学院生态环境研究中心和湖南省林业局联合主办、南山国家公园管理局承办的国家公园高质量保护与绿色发展研讨会在湖南省长沙市召开。会议聚焦目前我国国家公园建设中，为实现"生态保护、绿色发展、民生改善相统一"目标所面临的挑战与机遇进行讨论，分别提出了对推动国家公园高水平保护与高质量发展的建议。

2024 年 1 月 21 日　江西省和湖北省签订首期长江流域横向生态保护补偿协议，强化区域间联防联控、协同共治，探索具有示范意义的跨省流域横向生态保护补偿机制。2023～2025 年，赣、鄂两省每年分别出资 1 亿元，设立长江流域鄂赣段横向生态保护补偿资金。

2024 年 2 月 29 日　湖南省人民政府办公厅印发《长株潭国家自主创新示范区提质升级行动计划》，锚定"三高四新"美好蓝图，紧扣"三区一极"战略定位，以创新一体化发展为主线，以推进科技创新高地标志性工程为抓手，持续放大"自主创新长株潭现象"。到 2025 年，将自主创新示范区打造成为引领长株潭都市圈现代化建设的主引擎、具有核心竞争力的科技创新高地的主阵地、全国创新版图中的重要一极。

2024 年 3 月 7 日　《湖北长江高水平保护十大提质增效行动方案》发布。提出推动实施入河排污口溯源整治、城镇污水系统治理、船舶和港口污染防治、林地和湿地生态保护修复、农药化肥减量增效和养殖污染治理、重点湖库及消落区综合整治、矿山生态修复治理、磷石膏综合治理攻坚、健全流域横向生态保护补偿机制、完善绿色激励机制等十大行动。

2024年3月16日　长江中游城市群马克思主义学院建设联盟启动仪式在湖北省武汉市举行。联盟成立后将加强人才培养，建立本科生交换机制和硕士生、博士生访学机制，共同探索马克思主义后备人才、骨干人才、学历提升等联合培养方案。开设校际选修思政精品课程，探索联盟内同批次高校学分互认试点改革，整体提升人才培养质量。

2024年3月20日　中共中央总书记、国家主席、中央军委主席习近平在湖南省长沙市主持召开新时代推动中部地区崛起座谈会并发表重要讲话。他强调，中部地区是我国重要粮食生产基地、能源原材料基地、现代装备制造及高技术产业基地和综合交通运输枢纽，在全国具有举足轻重的地位。要一以贯之抓好党中央推动中部地区崛起一系列政策举措的贯彻落实，形成推动高质量发展的合力，在中国式现代化建设中奋力谱写中部地区崛起新篇章。

2024年3月28日　湖南省十四届人大常委会第九次会议分组审议了《湖南省长株潭生态绿心保护条例（修订草案）》。条例修订旨在加强长株潭生态绿心保护，发挥生态源地、生态屏障和生态融通功能，实现生态绿心保值增值，探索绿色转型发展新路径、新模式，打造在全国、全世界有重要影响的城市群生态绿心。

2024年4月9日　湖北省节能环保产业高质量发展大会在北京召开，此次大会以"美丽湖北 绿色共享 以生态环境高水平保护推动长江经济带高质量发展"为主题，邀请全国节能环保相关领域的专家学者、企业家代表约400人参加。

2024年4月17~19日　鄂赣湘长江中游三省反垄断工作协同发展签约仪式在湖北省黄冈市黄梅县举行，三省市场监管部门将在改革创新上先行先试，在协同合作上做优做强，携手打造市场监管协同发展合作新典范。

2024年4月19日　"村长请课"2024年湖南省（春季）乡村文化旅游节系列活动——文旅赋能乡村振兴典型案例推介会在湖南省岳阳市平江县举行。会上，湘鄂赣天岳幕阜山国家文化产业和旅游产业融合发展示范区正式启动创建，发布了湖北通城、湖南平江、江西修水三县精品旅游线路，"通平修"三县旅行社协会会长签署了"融合发展、互送客源"战略合作协议。

2024 年 4 月 21 日 2024 年（第六届）世界大健康博览会在湖北省武汉市举行，武汉都市圈多地大健康产业链上企业纷纷亮相，吸引了海内外 600 多位重要嘉宾参会，千余家知名企业、单位参展，签约了一大批大健康产业链项目。

2024 年 4 月 24 日 湖南省生态环境厅举行"守护好一江碧水"新闻发布会。2018 年以来，湖南牢记"守护好一江碧水"殷殷嘱托，统筹生态环境高水平保护与社会经济高质量发展，有力有序有效纵深推进"一江一湖四水"系统保护和治理，较好实现了"水更清、景更美、鱼更多、发展更绿色、群众更满意"的目标。

2024 年 4 月 28 日 《湖北省人民政府办公厅关于加快培育新质生产力推动高质量发展的实施意见》正式印发，共提出六个方面 18 条具体举措，绘制出湖北加快培育新质生产力的"路线图"。

2024 年 5 月 7 日 湖北省宜昌、荆州、荆门、恩施四地联合签署《跨区域跨流域生态环境执法联动合作协议》，立足宜荆荆恩都市圈生态环境保护，成立跨区域、跨流域生态环境联合执法协作领导小组，建立联络员机制、联席会议机制、案件交办机制。

2024 年 5 月 16 日 最高人民检察院与生态环境部联合在湖北省宜昌市召开检察机关服务保障长江经济带高质量发展研讨会，围绕"以高水平保护赋能长江经济带高质量发展"主题，江苏、安徽、江西、湖南、贵州、湖北六省检察院开展高质效办案服务长江流域生态保护修复作经验交流。

2024 年 5 月 19 日 在第 14 个中国旅游日，湖北省武汉文旅和湖南省长沙文旅正式官宣举办"武汉长沙双城会"活动。近年来随着两城文旅的发展，长沙、武汉互相成了假期热门客源地及目的地，共商、共治、共建、共享，两地的联结更加紧密。两地文旅部门将继续打造"双城会"进阶版，实现两地旅游的优势互补、协同发力。

2024年5月21日　长江水生生物保护暨长江禁捕工作协调机制工作会商会议在京召开，研究了《国务院办公厅关于坚定不移推进长江十年禁渔工作的意见》落实措施及任务分工、长江流域重点水域禁捕退捕工作考核等事项。会议强调，要深入学习贯彻习近平总书记重要指示批示精神，坚决贯彻落实党中央、国务院决策部署，主动担当作为，加强协同配合，坚定不移推进长江十年禁渔。

2024年5月29～30日　洞庭湖生态经济区政协主席联席会议第六次会议在湖南省常德市召开，会议以"聚焦生态农业、唱响农耕文化、繁荣大美洞庭"为主题，围绕生态产品价值实现、生态文旅深度融合等深入协商交流、广泛凝聚力量。

2024年6月1日　第十三届中国中部投资贸易博览会中部投资促进推介会在长沙举行，推介会以"开放创新、中部崛起"为主题，吸引参展企业1000余家，参会客商6400多人，其中外宾600多人，来自47个国家和地区，参展商、采购商3700多人，参展商品来自30多个国家和地区，采购商来自20多个国家和地区。

2024年6月3日　湖南省长沙市推进长株潭一体化发展领导小组办公室印发《长沙市推进长株潭一体化发展2024年工作要点》，提出持续实施产业创新协力协同行动，包括提升国家先进制造业集群、完善产业集群梯度培育体系、促进产业协同发展，其中包含《长株潭一体化发展2024年重点项目清单》。该清单中的49个重点项目，包括产业发展类项目11个、科技创新类项目11个、基础设施类项目13个、公共服务类项目10个、生态环保类项目4个。

2024年6月5日　长江中游三省司法协作联席会议在湖南省长沙市召开。会上，湘鄂赣三省高院共同签订了《关于加强区域司法协作 服务保障长江中游三省协同推动高质量发展的意见》，合力构建长江中游地区司法协作发展的新平台。

2024年6月5日　湖南省长沙、株洲、湘潭三市中级人民法院共同发布《关于加强长株潭生态绿心司法保护与协作的绿色宣言》，旨在凝聚生态绿心自然资源保护合力，共同打造长株潭城市群生态绿心司法保护与协作高地。

2024 年 6 月 6 日 湖北省档案局、湖北省档案馆联合江西省档案局、江西省档案馆、湖南省档案局、湖南省档案馆等单位，以"同温峥嵘岁月 共筑兰台新梦"为主题，在湘鄂赣革命根据地主力军团之一的红三军团诞生地湖北黄石，举办长江中游三省红色档案共享开发利用活动，共谋湘鄂赣大档案格局，更好挖掘红色档案资源，赓续红色血脉，用档案讲好党的故事。

2024 年 6 月 6 日 安徽省人民政府与江西省人民政府签署《长江流域（赣皖段）横向生态保护补偿协议》，同属中部地区的两省在长江干流和支流阊江流域同时建立生态保护补偿机制。

2024 年 6 月 18 日 第四届湖北"宜荆荆恩"大学生创新创业大赛在湖北省荆门市举行。大赛以"智汇荆楚·创就未来"为主题，通过举办大学生创新创业大赛，引导社会各界支持大学生（青年）群体创新创业，搭建创新、创业服务平台，弘扬创新创业文化，激发全民创新创业的热情，打造推动区域经济发展和转型升级的强劲引擎。

2024 年 6 月 20 日 湖南省长株潭一体化区域机关党建联建工作推进会在湖南省长沙市举行，三市主动将区域机关党建联建工作嵌入长株潭一体化发展三年行动计划，找准机关党建服务长株潭一体化发展的切入点，细化 20 多项具体推进举措。

2024 年 6 月 20 日 湖北省与重庆市签订了长江流域渝鄂首期横向生态保护补偿协议，本着"生态优先、绿色发展，责任共担、双向补偿，联防联控、协同保护"的原则，以渝、鄂两省跨界的长江干流培石断面、长江支流唐岩河周家坝断面水质考核情况为依据，以生态环境质量"只能更好、不能变坏"为导向，以进一步改善长江干支流水质为目标，实施补偿资金与水质改善相挂钩的双向补偿机制。

2024 年 6 月 28 日 以"保护商业秘密 推动强企护链"为主题的湘鄂赣三省商业秘密保护工作交流暨主题培训在湖南省长沙市经开区举行。长沙经开区党工委委员、管委会副主任张湘鸿出席会议并致辞，湖南省市场监管局价监竞争局副局长李君，湖北、江西、湖南省市监局商业秘密保护工作相关负责人、三省商业秘密保护重点企业代表以及新闻媒体代表 100 余人参加。

2024 年 6 月 28 日 江西省南昌市出台《南昌—九江综合型现代流通战略支点城市建设方案》，提出从支撑骨干流通走廊建设、优化商品和资源要素流通环境、加强现代商贸流通体系建设、加快发展现代物流体系、提升交通运输流通承载能力、拓展现代金融服务流通功能、加强流通领域信用体系建设等方面发力，加快南昌—九江综合型现代流通战略支点城市建设。

Abstract

The Resolution of the Central Committee of the Communist Party of China on Further Deepening Reform Comprehensively to Advance Chinese Modernization, adopted at the Third Plenary Session of the 20th CPC Central Committee, stresses that it is necessary to focus on building a beautiful China, accelerate the comprehensive green transformation of economic and social development, improve the ecological environment governance system, promote ecological priority, conservation and intensive, green and low-carbon development, and promote harmonious coexistence between man and nature. The relationship between high-quality development and high-level protection is the first of the "five major relationships" in the new era and the new journey to continue to promote the construction of ecological civilization that General Secretary Xi Jinping proposed at the National Conference on Ecological and Environmental Protection. In October 2023, General Secretary Xi Jinping chaired the Symposium on Further promoting the high-quality development of the Yangtze River Economic Belt in Nanchang City, Jiangxi Province, and stressed that "overall promotion of ecological environmental protection and economic and social development". The coordinated promotion of high-level protection and high-quality development of the Changjiang Middle Reaches Megalopolis is a positive practice for the three provinces of Hubei, Hunan and Jiangxi to implement the development strategy of the Yangtze River Economic Belt and the strategy of the rise of the central China, and an urgent need to better support and serve the Chinese-style modernization.

The book consists of three parts: General Report, Special Reports, and Regional Reports, and a total of 19 research reports. According to the analysis of the General Report, in recent years, the Changjiang Middle Reaches Megalopolis has thoroughly implemented the Xi Jinping thought of socialism with Chinese characteristics for a new era, coordinated ecological environmental protection and economic and social development. made major achievements in ecological environmental protection and restoration, significantly changed in the mode of economic development, and continuously strengthened in the linkage of regional development. At the same time, The Changjiang Middle Reaches Megalopolis still faces some difficulties in coordinating high-level protection and high-quality development. Based on this, the general report proposes that the Changjiang Middle Reaches Megalopolis should deeply implement the spirit of the Third Plenary Session of the 20th Central Committee of the Party, adhere to "jointly grasp the great protection, not engage in great development", persevere to promote high-level protection; adhere to lead by scientific and technological innovation, create more new drivers and advantages for high-quality development; continue to strengthen regional coordination and integration, steadily advance the building of an ecological community and a community of shared interests, and strive to write a new chapter of the coordination of the Changjiang Middle Reaches Megalopolis in the process of Chinese modernization. The Special Reports consist of 4 reports, focusing on the inter-provincial border area cooperation, the development of digital economy, the improvement of new quality productivity, and the construction of "Tongpingxiu" green development pilot area in The Changjiang Middle Reaches Megalopolis. The Regional Reports consist of 14 reports, which respectively study the main practices, experiences and strategic paths of Hubei, Hunan and Jiangxi provinces for promoting high-level protection and high-quality development. The research content of Hubei Province mainly focuses on the construction of beautiful Hubei, high-quality development of urbanization, comprehensive management of small watershed, high-quality development of manufacturing industry, and low-altitude economic development. The research content of Hunan Province mainly includes the construction of national important advanced manufacturing highland, the development of advanced energy material industry cluster and the construction of inland reform and opening up highland. The research content of Jiangxi Province focuses on the exploration of ecological restoration model. The research content of Xiangyang, Yichang, Huanggang, and Xianning focuses on the typical exploration of the transformation of scientific and technological achievements, the development of cultural and tourism industry, the high-quality development of old revolutionary base areas, and the green development of "replacing plastic with bamboo".

Keywords: The Changjiang Middle Reaches Megalopolis; High-level Protection; High-quality Development

Contents

I General Report

B.1 Coordinately Promote theHigh-level Protection and High-quality
Development of the Changjiang Middle Reaches Megalopolis
Research Group of Hubei Academy of Social Sciences / 001

Abstract: The Resolution of the Central Committee of the Communist Party
of China on Further Deepening Reform Comprehensively to Advance Chinese
Modernization, adopted at the Third Plenary Session of the 20th CPC Central
Committee, stresses that it is necessary to focus on building a beautiful China,
accelerate the comprehensive green transformation of economic and social
development, improve the ecological environment governance system, promote
ecological priority, conservation and intensive, green and low-carbon
development, and promote harmonious coexistence between man and nature. At
the National Conference on Ecological and Environmental Protection, General
Secretary Xi Jinping elaborated on the "five major relationships" that need to be
handled well on the new journey to continue to promote the construction of
ecological civilization, the first of which is the relationship between high-quality
development and high-level protection. In recent years, the Changjiang Middle
Reaches Megalopolis has deeply implemented Xi Jinping Thought on Socialism
with Chinese Characteristics for the New Era, coordinately promoted ecological
and environmental protection and economic and social development. And in the

Changjiang Middle Reaches Megalopolis major achievements have been made in environmental protection and restoration, marked changes have taken place in the mode of economic development, the linkage of regional development has been strengthened . Meanwhile, the Changjiang Middle Reaches Megalopolis still has some problems, such as the constraints of high-level protection, the need to improve the level of high-quality development, and the need to enhance the coordination between economic and social development and resources and environment. The Changjiang Middle Reaches Megalopolis should thoroughly implement the spirit of the Third Plenary Session of the 20th CPC Central Committee, adhere to the "ecological priority and green development", adhere to innovation-led development, strengthen regional coordination and integration, coordinate the promotion of high-level protection and high-quality development, and strive to write a new chapter of the coordination of the Changjiang Middle Reaches Megalopolis in the process of Chinese modernization.

Keywords: The Changjiang Middle Reaches Megalopolis; Man and Nature Coexist in Harmony; High-level Protection; High-quality Development

II   Special Reports

B . 2   Research on the Progress and Countermeasures of Inter

Provincial Cooperation in the Changjiang

Middle Reaches Megalopolis   *Tang Pengfei* / 039

Abstract: The third plenary session of the 20th Central Committee of the Communist Party of China proposed to build new mechanisms for cooperative development across administrative divisions. As the intersection space of different administrative regions, the interprovincial border areas are not only the breakthrough point for establishing cross administrative cooperation mechanisms, but also the difficulty. In the early stage, the Changjiang Middle Reaches Megalopolis focused on promoting cooperation in interprovincial border areas, such as theDongting Lake Ecological Economic Zone, Hunan Jiangxi Border Region Cooperation Demonstration Zone, "Tongshan-Pingjiang-Xiushui" Green Development Pilot Zone, HuanggangXiaochi and Jiujiang Cross River Cooperation Zone, etc. These regions have achieved positive results in cooperation. From the perspectives of urban agglomerations and river basins, this article selects two typical cases, the Yangtze River Delta Ecological Green Integration Development Demonstration Zone and the Yellow River Golden Triangle, and summarizes the experience and practices from the aspects of cooperation mechanism, cooperation focus, and cooperation characteristics. Based on this, suggestions for cooperation in the inter provincial border areas of the Changjiang Middle Reaches Megalopolis are proposed, including strengthening the important role of counties and towns, jointly promoting cooperation in four major fields, jointly promoting three types of economic development, and jointly building cooperation mechanisms.

Keywords: The Changjiang Middle Reaches Megalopolis; Interprovincial Border Area; Green Development

B. 3   Research on the Development Level and Influencing Factors of Digital Economy in the Urban and Rural Integration Background of the Changjiang Middle Reaches Megalopolis

Xiong Xi, Zhang Zineng, Liu Can and Xiao Yuhang / 055

Abstract: Based on the background of urban-rural integration, a digital economy development level evaluation index system is established. Using relevant data on the digital economy of the Changjiang Middle Reaches Megalopolis from 2013 to 2021, a projection pursuit model using accelerated genetic algorithm is used to calculate the digital development level and regional development level differences of the urban agglomeration in recent years. Empirical testing is conducted to examine the impact of the digital economy of the Changjiang Middle Reaches

Megalopolis on urban-rural integration development under the background of urban-rural integration, And explore its influencing factors. The results indicate that: firstly, there is a strong spatial differentiation in the development level of digital economy among various prefectures and cities in the Changjiang Middle Reaches Megalopolis, and it roughly shows a gradually decreasing spatial differentiation from provincial capital cities such as Wuhan, Changsha, and Nanchang to surrounding prefectures and cities. At the same time, the development of digital economy in the three provincial capital cities has a strong radiative driving effect on other prefectures and cities, and the development level of digital economy in some prefectures and cities has increased rapidly, such as Xiangyang, Yichang Hengyang, Yueyang, Shangrao, Ji'an, etc. Secondly, government investment plays a strong role in promoting the development level of digital economy in various regions of Hubei and Jiangxi provinces. Urbanization has had a significant positive impact on the development level of digital economy in various regions of Hunan in recent years. Thirdly, the development of the digital economy can significantly promote the integration of urban and rural development. The digital foundation and digital activity characterization play a significant role in promoting urban-rural integration in the Changjiang Middle Reaches Megalopolis.

Keywords: Urban Rural Integration; Digital Economy; Horizontal Measurement; Spatiotemporal Differentiation; The Changjiang Middle Reaches Megalopolis

B.4　The Spatio-Temporal Development Characteristics and
　　　Improvement Paths of New Quality Productivity in
　　　the Changjiang Middle Reaches Megalopolis

Li Xiangyang, Song Zhe / 075

Abstract: As the key economic growth point in the Changjiang Middle Reaches Megalopolis, the development of new quality productivity is of great significance to promote the sustainable progress of regional economy. Based on Marxist productivity theory, this study constructs a comprehensive evaluation index system of new quality productivity development, and further employes entropy method, TOPSIS model, Theil index, bidirectional fixed effect model and other methods to measure and analyze the current characteristics and influencing factors of new quality productivity development in the Changjiang Middle Reaches Megalopolis. The results show that: (1) The development level of new quality productivity in the Changjiang Middle Reaches Megalopolis is generally low, but it has been steadily improving. (2) The development of new quality productivity in the Changjiang Middle Reaches Megalopolis has a "head goose effect", and the development level of new quality productivity in provincial capitals such as Wuhan, Changsha and Nanchang are prominent. (3) The development of new quality productivity in the Changjiang Middle Reaches Megalopolis has obvious regional differences, but this difference shows a trend of fluctuation decline. (4) Regional economic vitality, upgrading of industrial structure and increasing fiscal expenditure have a positive impact on the development of new quality productivity of the Changjiang Middle Reaches Megalopolis. However, the improvement of government's administrative capacity is not conducive to the development of new quality productivity of the city. The suggestions are as follows: optimize the environment for talent development, build a strong highland for scientific and technological innovation talents; We will accelerate breakthroughs in core technologies and comprehensively enhance our capacity for scientific and technological innovation. Develop and strengthen the real economy and accelerate the construction of a modern industrial system; We will accelerate the process of regional economic integration and jointly promote the improvement of new quality productivity.

Keywords: the New Quality Productivity Development; Modern Industrial System; the Changjiang Middle Reaches Megalopolis

B.5　Several Thoughts on the Construction of the "Tongpingxiu"

　　Green Development Pilot Zone in the

　　Changjiang Middle Reaches Megalopolis　　　*Liu Tao* / 090

Abstract: Regional coordination and cooperative development has always been a major issue of great concern to the Central Committee of the Communist Party. The three symposiums on the development of the Yangtze River Economic Belt have followed in the same vein, and have always insisted on regional coordinated development as an important focus point for promoting the high-quality development of the Yangtze River Economic Belt. Since the 20th Party Congress, China has entered a new journey of Chinese-style modernization. Improving the mechanism of regional integrated development and building a new mechanism of cross-administrative cooperation and development is an important path for the Yangtze River Economic Belt to practice Chinese-style modernization. The Yangtze River Delta Ecological Green Integrated Development Demonstration Zone, which spans Shanghai, Suzhou and Zhejiang, has made systematic innovations to address the common problems of regional collaborative governance, and established a cross-border multi-sectoral integration and construction mechanism, whose practical experience is an important reference and inspiration for the "Tongpingxiu" (i. e. , Tongcheng, Pingjiang, Xiu Shui) Green Development Pilot Zone in the Changjiang Middle Reaches Megalopolis.

Keywords: Green Development Pilot Zone; Ecological and Green; Integration Development; Tongpingxiu

Ⅲ　Regional Reports

B.6　Exploration and Countermeasures of Ecological Restoration

　　Models in Jiangxi Province

　　　　Research Group of Jiangxi Academy of Social Sciences / 103

Abstract: With the increasingly severe global environmental problems, ecological restoration, as an important means of restoring ecological balance and promoting sustainable development, has become increasingly important. The Third Plenary Session of the 20th Central Committee of the Communist Party of China clearly focused on building a beautiful China, promoting carbon reduction, pollution reduction, green expansion, and growth, improving the ecological environment governance system, promoting ecological priority, conservation and intensive, green and low-carbon development, and promoting harmonious coexistence between humans and nature. Jiangxi is an important ecological barrier in the southern region and an important water source conservation area in the middle and lower reaches of the Yangtze River. Jiangxi strengthens ecological protection and restoration, follows the principle of adapting to local conditions and implementing policies according to zoning and classification, and focuses on the restoration of the Yangtze River coastline, Poyang Lake wetland protection, abandoned mine ecological restoration, and southern hilly ecological restoration. Actively exploring suitable ecological restoration models is of great significance for maintaining ecological security and sustainable economic and social development in the southern region and the Yangtze River Basin, and promoting modernization of harmonious coexistence between humans and nature.

Keywords: Ecological Restoration; Sustainable Development; Jiangxi Province

B.7 The Research on Path and Strategy for Hunan to Build a Nationally Significant Advanced Manufacturing High-Ground

Research Group of Hunan Academy of Social Sciences (*Provincial Government Development Research Center*) / 116

Abstract: The Fourth Plenary Session of the 12th Hunan Provincial Committee proposed to vigorously promote the construction of a national significant advanced manufacturing highland and to accelerate the establishment of a modern industrial system with distinctive Hunan characteristics and advantages. Hunan's manufacturing industry is "quite distinctive" but has a relatively low proportion, and is still constrained by five major bottlenecks: possessing "basic advantages" but lacking "quality and efficiency," having "benchmark industries" but lacking "competitive strength," having "technological innovation" but lacking "empowerment for development," having a "main body stock" but lacking "head leading," and having an "optimized environment" but lacking a "growth atmosphere." It is recommended to strengthen the concept of "homemaking" in manufacturing, cultivate and develop a team of party and government industry talents, adhere to focusing on key areas to attract large and strong enterprises, insist on the integrated development of manufacturing industries, eliminate systemic and institutional malpractices, enhance industrial innovation capabilities, and expand the main body of the manufacturing market.

Keywords: National Advanced Manufacturing Highland; Integrated Development; Hunan Province

B.8 The Advice for Hunan to Build National Level Industrial Cluster of Advanced Energy Materials

Research Group of Hunan Academy of Social Sciences

(Provincial Government Development Research Center) / 126

Abstract: Advanced energy materials play an important leading and strategic role in the development of China's new energy and energy storage industry. At present, the overall development of the advanced energy materials industry cluster in Hunan Province is progressing steadily, the product technology layout is gradually improving, the industrial supporting system is solid and stable, and the industrial environment ecology is changing rapidly. However, it still faces bottlenecks such as difficulty in achieving "win-win cooperation" in various links of the industry, difficulty in taking the "key step" of improving quality and efficiency, and lack of "source and vitality" for industrial growth. It is suggested to build a "benign closed loop" of industries in the support and guarantee of factors, create a "source of vitality" of industries in cultivating high-quality market entities, outline an "ecological circle" of industrial environment in optimizing financing methods and accelerating technological breakthroughs, create a cluster "community" in improving quality and upgrading, extending and supplementing chains, and gather advanced energy materials industry "strong engines" in forward-looking layout of high-end industries.

Keywords: Advanced Energy Materials Industry Cluster; Ecological Construction; Hunan Province

B.9　Thoughts and Suggestions on Hunan's Use of "Green and Open Cooperation" to Create a Highland Window for Reform and Opening Up in Inland Areas

Yang Shunshun / 137

Abstract: Promoting the combination strategy of "Open + Green" and comprehensively advancing green and open cooperation is a characteristic lever and practical path to build a "highland of reform and opening up in inland areas" based on the resource and environmental endowment of Hunan Province. This article starts from the platforms and entities of green open cooperation, governance areas, and industrial cooperation. It compares and analyzes the main shortcomings of Hunan in recent years relative to coastal, bordering, and neighboring provinces and cities. It proposes to build an open cooperation platform around the governance of Dongting Lake, promoting industrial cooperation in advantageous fields such as green manufacturing and ecological governance, strengthening ecological collaboration with the Yangtze River Economic Belt and the Greater Bay Area, and stimulating the main role of cities, enterprises, and social organizations in green and open cooperation.

Keywords: Green Development; Open Cooperation; High Ground of Reform and Opening up in Inland Areas; Hunan Province

B.10   Study on the Ideas and Main Tasks of Building a
Beautiful Hubei Province

Research Group of Hubei Institute of
Ecological and Environmental Sciences / 146

Abstract: A Beautiful China is one of the important goals of building a great modern socialist country. Actively carrying out local practice of building a Beautiful China is an effective way to achieve the goal of building a BeautifulChina. Beautiful provinces construction is an essential carrier unit to promote the constructio n of Beautiful China. Hubei Province is an important strategic pivot for comprehensively promoting the construction of a Beautiful China. How to promote the construction of a Beautiful Hubei Province should identify the main problems and challenges and clarify the practical needs. This article summarizes the foundation and advantages of building a Beautiful Hubei Province, analyzes the main problems and challenges faced in promoting the construction of a Beautiful Hubei Province, proposes angeneral idea and pathway for promoting the construction of a Beautiful Hubei. Focusing on construction pattern, green and low-carbon development, environmental pollution control, ecological protection, safety bottom line, urban-rural construction, cultural construction, modernization of the ecological and environmental governance system and governance, and other key areas in building a Beautiful Hubei Province, eight main tasks for building a Beautiful Hubei Province are put forward, including establishing a new pattern for the construction of a Beautiful Hubei, accelerating the green transformation of development mode, promoting the fundamental improvement of the ecological environment, consolidating and enhancing the ecological system service function, strengthening the safety bottom line, building green and livable urban and rural environment, building a spiritual civilization homeland, and constructing a modern and efficient environmental governance system.

Keywords: Ecology and Environment Protection; Green Development; A Beautiful Hubei Province

Abstract: The new urbanization in Hubei Province has achieved significant results。 However, in the process of promotion, there are significant differences in urbanization levels among different regions, relative imbalances in development between regions, urban and rural areas, low levels of urban construction and management, uneven supply of public services between urban and rural areas, insufficient protection of urban historical and cultural heritage, and fragile urban ecological environment. It is suggested to promote the high-quality development of new urbanization by leveraging the leading role of urban agglomerations, promoting local urbanization and "dual concentration" development with county towns as important carriers, implementing urban renewal actions, strengthening urban digital management, and high-level protection of urban historical culture and ecological environment.

Keywords: New Urbanization; High Quality Development; Hubei Province

Abstract: County town are both urban and rural, and have a natural connectingfunction in geographical space to promote the flow of urban-rural elements. Starting from the county scale, this paper conducts a systematic analysis of the overall situation, level measurement and spatial pattern of the urbanization development of county towns in the Wuhan Metropolitan Area, summarizes the key issues in the urbanization development of county towns in the Wuhan Metropolitan Area, and combines the actual situation of county towns to propose the policy optimization path of creating a "strong magnetic field" for county towns and accelerating the high-quality development of the urbanization of county towns in the Wuhan Metropolitan Area.

Keywords: County Urbanization; Urbanization Development; Wuhan Metropolitan Area

B.13　Comprehensive Management of Small Watersheds in Hubei: Theoretical Examination and Path Deliberation

Huang Qi / 207

Abstract: Small watersheds, positioned at the periphery of river basins, retain a degree of "wildness" and represent the fundamental issue within the watershed system's management. The governance of these small watersheds is a crucial entry point for government levels in ecological and environmental management and has emerged as a pivotal breakthrough in the academic study of watershed systems. The management of small watersheds is characterized by a significant degree of "irreversibility," necessitating a cautious approach to intervention. Current practices in small watershed management are predominantly focused on the application of engineering techniques, with a deficiency in in-depth analysis of management strategies and a theoretical dissection of governance philosophies. This paper, grounded in practical issues, employs a multi-theoretical lens to deeply dissect the rationality and scientific basis of small watershed management, the interplay between "protection" and "development," the establishment of sustainable development objectives, and the appropriateness of external interventions. Drawing on theoretical insights and practical experiences from Hubei, the paper systematically deliberates on the integrated management pathways for small watersheds. The study posits that the key to effective integrated management of small watersheds in Hubei lies in anchoring the boundaries of the "three living spaces" within the small watersheds. The essential strategy involves devising nature-based solutions for small watershed management, with the fundamental approach being an integrated management of all elements of the small watershed, encompassing "water, land, production, village, and people. " The findings offer practical guidance to address misconceptions in current small watershed management and to encourage the formulation and refinement of watershed plans and practices at various governmental levels.

Keywords: Small Watershed Management; Ecological Environment Governance; Hubei Province

Abstract: Low altitude economy has been established as a representative of new quality productivity. Low altitude economy has become an important direction for the development of strategic industries in various regions of China. This article takes the urbanization of Wuhan-Ezhou as the background, and analyzes the development trend of low altitude economy in China and the development foundation of Wuhan and Ezhou. This article finds that there are overall development deficiencies, significant gaps in the field of unmanned aerial vehicles, and relatively lagging policies and regulations in the joint construction of a low altitude economic circle in the Wuhan-Ezhou region. And corresponding overall ideas and specific strategies for jointly building a low altitude economic circle between the two regions under the background of Wuhan-Ezhou urbanization were proposed.

Keywords: Wuhan-Ezhou Urbanization; Low Altitude Economic Circle; Drone Industry

B.15 Suggestions for Promoting High Quality Interactive

Development of Foreign Trade and Manufacturing

Industry in Hubei Province   *Guan Zhipeng* / 237

Abstract: In recent years, Hubei Province's foreign trade has grown rapidly, but the volume is relatively small, and the interactive development between foreign trade and industry presents the characteristics of structural coupling and coexistence of contradictions. In order to promote high-level opening up of the manufacturing industry and implement the action requirements of "optimizing input and output" in foreign trade, we should stable scale, create brands, smooth channels, and focus on linkage. We should strive to promote the coordinated development of foreign trade and industry, and form a virtuous cycle of mutual promotion and common high-quality development between foreign trade and manufacturing.

Keywords: Foreign Trade and Manufacturing Industry; High Quality Interactive Development; Hubei Province

B.16 Research on "Use" Oriented the Path and Countermeasures

for Accelerating the Transfer and Transformation of

Scientific and Technological Achievements in

Xiangyang   *Wang Ligang* / 248

Abstract: Accelerating the transformation of scientific and technological achievements is the only way to cultivate and develop new quality productive forces. In recent years, Xiangyang has introduced a series of policies to promote the transformation of scientific and technological achievements. They focus on the bottlenecks of industrial development, promoting the construction of technology innovation supply-chain platforms, smoothing the channels for the transformation and docking of scientific and technological achievements, and carrying out various forms of scientific and technological achievement transformation and docking activities. At the same time, there are also several practical problems in the transformation of scientific and technological achievements in Xiangyang, such as a shortage of high-quality achievements in universities and colleges, weak ability of enterprises to undertake the transformation of achievements, and weak functions of achievement transformation service institutions. This article introduces two typical cases of the transformation of achievements, such as rural revitalization and the automobile industry. On this basis, this article suggests: In the future, Xiangyang will take "use" as the guidance, strengthen the effective supply of high-value achievements, strengthen the innovation of industry university research cooperation, improve the service support of achievements transformation, accelerate the transformation of scientific and technological achievements, and contribute scientific and technological strength to the promotion of Chinese path to modernization in Xiangyang.

Keywords: Technology Transfer; New Quality Productivity; Xiangyang

B.17 Countermeasures and Suggestions for Enhancing the
Influence of Yichang's Cultural and Tourism Industry

Kan Ruliang, Zhang Zi, Mou Huilin,
Wang Jianfei and Song Xiusheng / 259

Abstract: The cultural and tourism industry is one of the " 3 + 2 " leading industries that Yichang focuses on for development, and it is a distinctive and advantageous industry for building Yichang into a world-class city. So, what is the influence of Yichang's cultural and tourism industry? What are the constraining factors? How can we enhance the influence of the cultural and tourism industry? Based on the evaluation of the influence of Yichang's cultural and tourism industry and the experience of tourist cities, this research proposes strategies to enhance the influence of Yichang's cultural and tourism industry in terms of industry integration, product iteration, customer service, and brand marketing. The research indicates that it is necessary to integrate Yichang's cultural and tourism industry with the construction of a modern industrial system, organically embed the cultural and tourism industry into the coordinated development of the three industries, establish a perspective of comprehensive tourism development, continuously improve the degree of industry integration, create core attractions, strengthen the cultural and tourism industry chain, and comprehensively enhance the influence and strength of the cultural and tourism industry.

Keywords: Cultural and Tourism Industry; Influence; Competitiveness; Yichang

B.18 Research on Huanggang Building a National Revolutionary Old Area High Quality Development Pilot Zone

Qin Zunwen / 274

Abstract: Under the national initiative to revitalize and develop revolutionary old areas, Huanggang, as the "core development zone" of the Dabie Mountain revolutionary old base area, has steadily enhanced its comprehensive strength in recent years, achieving positive results in areas such as innovation-driven development, rural revitalization, infrastructure, and ecological construction, and continuously laying a solid foundation for high-quality development. It is recommended that Huanggang anchor its positioning as a "pioneer zone for high-quality development in revolutionary old areas across the country", and through measures such as enhancing urban functions, promoting intelligent upgrading of traditional industries, and strengthening green development, continue to build a core growth pole in the region. Additionally, by taking transportation interconnection, collaborative sci-tech innovation, education empowerment, financial innovation, and red tourism integration, the city can promote cross-regional resource coordination and drive coordinated breakthroughs for the Dabie Mountain revolutionary old base area, fostering synergistic regional development.

Keywords: Revolutionary Old Area; High Quality Development Pilot Zone; Huanggang

B. 19 The research on the Green Development Path and Strategies of 'Bamboo as a Substitute for Plastic' in Xianning *Zhang Jing* / 289

Abstract: Accelerating the initiative of "bamboo as a substitute for plastic" is a concrete action for Xianning to serve the strategic goals of carbon peak and carbon neutrality, and an effective approach to building a natural ecological park city within the Wuhan metropolitan circle. Xianning is one of the main bamboo-producing areas in the country, with a profound bamboo culture, rich bamboo resources, and a complete range of bamboo product processing. The foundation for promoting "bamboo as a substitute for plastic" is solid. It is suggested that Xianning leverage its resource and location advantages to rapidly form a new pattern of high-quality development of the bamboo industry characterized by innovation empowerment, tight linkage, high quality and efficiency, and ecological safety, thereby transforming "bamboo as a substitute for plastic" into a prominent advantage that leads Xianning's green development and strengthens the city's prosperity and people's wealth.

Keywords: Bamboo as a Substitute for Plastic; Green Development; Xianning

社会科学文献出版社

皮 书

智库成果出版与传播平台

✤ 皮书定义 ✤

皮书是对中国与世界发展状况和热点问题进行年度监测，以专业的角度、专家的视野和实证研究方法，针对某一领域或区域现状与发展态势展开分析和预测，具备前沿性、原创性、实证性、连续性、时效性等特点的公开出版物，由一系列权威研究报告组成。

✤ 皮书作者 ✤

皮书系列报告作者以国内外一流研究机构、知名高校等重点智库的研究人员为主，多为相关领域一流专家学者，他们的观点代表了当下学界对中国与世界的现实和未来最高水平的解读与分析。

✤ 皮书荣誉 ✤

皮书作为中国社会科学院基础理论研究与应用对策研究融合发展的代表性成果，不仅是哲学社会科学工作者服务中国特色社会主义现代化建设的重要成果，更是助力中国特色新型智库建设、构建中国特色哲学社会科学"三大体系"的重要平台。皮书系列先后被列入"十二五""十三五""十四五"时期国家重点出版物出版专项规划项目；自2013年起，重点皮书被列入中国社会科学院国家哲学社会科学创新工程项目。

皮书网

（网址：www.pishu.cn）

发布皮书研创资讯，传播皮书精彩内容
引领皮书出版潮流，打造皮书服务平台

栏目设置

◆**关于皮书**

何谓皮书、皮书分类、皮书大事记、
皮书荣誉、皮书出版第一人、皮书编辑部

◆**最新资讯**

通知公告、新闻动态、媒体聚焦、
网站专题、视频直播、下载专区

◆**皮书研创**

皮书规范、皮书出版、
皮书研究、研创团队

◆**皮书评奖评价**

指标体系、皮书评价、皮书评奖

所获荣誉

◆2008 年、2011 年、2014 年，皮书网均
在全国新闻出版业网站荣誉评选中获得
"最具商业价值网站"称号；

◆2012 年，获得"出版业网站百强"称号。

网库合一

2014年，皮书网与皮书数据库端口合
一，实现资源共享，搭建智库成果融合创
新平台。

皮书网

"皮书说"
微信公众号

权威报告·连续出版·独家资源

皮书数据库
ANNUAL REPORT(YEARBOOK)
DATABASE

分析解读当下中国发展变迁的高端智库平台

所获荣誉

- 2022年，入选技术赋能"新闻+"推荐案例
- 2020年，入选全国新闻出版深度融合发展创新案例
- 2019年，入选国家新闻出版署数字出版精品遴选推荐计划
- 2016年，入选"十三五"国家重点电子出版物出版规划骨干工程
- 2013年，荣获"中国出版政府奖·网络出版物奖"提名奖

皮书数据库　　"社科数托邦"
　　　　　　　　微信公众号

成为用户

　　登录网址www.pishu.com.cn访问皮书数据库网站或下载皮书数据库APP，通过手机号码验证或邮箱验证即可成为皮书数据库用户。

用户福利

- 已注册用户购书后可免费获赠100元皮书数据库充值卡。刮开充值卡涂层获取充值密码，登录并进入"会员中心"—"在线充值"—"充值卡充值"，充值成功即可购买和查看数据库内容。
- 用户福利最终解释权归社会科学文献出版社所有。

社会科学文献出版社 皮书系列
SOCIAL SCIENCES ACADEMIC PRESS (CHINA)

卡号：335677829768
密码：

数据库服务热线：010-59367265
数据库服务QQ：2475522410
数据库服务邮箱：database@ssap.cn
图书销售热线：010-59367070/7028
图书服务QQ：1265056568
图书服务邮箱：duzhe@ssap.cn

S 基本子库
SUB DATABASE

中国社会发展数据库（下设 12 个专题子库）

紧扣人口、政治、外交、法律、教育、医疗卫生、资源环境等 12 个社会发展领域的前沿和热点，全面整合专业著作、智库报告、学术资讯、调研数据等类型资源，帮助用户追踪中国社会发展动态、研究社会发展战略与政策、了解社会热点问题、分析社会发展趋势。

中国经济发展数据库（下设 12 专题子库）

内容涵盖宏观经济、产业经济、工业经济、农业经济、财政金融、房地产经济、城市经济、商业贸易等 12 个重点经济领域，为把握经济运行态势、洞察经济发展规律、研判经济发展趋势、进行经济调控决策提供参考和依据。

中国行业发展数据库（下设 17 个专题子库）

以中国国民经济行业分类为依据，覆盖金融业、旅游业、交通运输业、能源矿产业、制造业等 100 多个行业，跟踪分析国民经济相关行业市场运行状况和政策导向，汇集行业发展前沿资讯，为投资、从业及各种经济决策提供理论支撑和实践指导。

中国区域发展数据库（下设 4 个专题子库）

对中国特定区域内的经济、社会、文化等领域现状与发展情况进行深度分析和预测，涉及省级行政区、城市群、城市、农村等不同维度，研究层级至县及县以下行政区，为学者研究地方经济社会宏观态势、经验模式、发展案例提供支撑，为地方政府决策提供参考。

中国文化传媒数据库（下设 18 个专题子库）

内容覆盖文化产业、新闻传播、电影娱乐、文学艺术、群众文化、图书情报等 18 个重点研究领域，聚焦文化传媒领域发展前沿、热点话题、行业实践，服务用户的教学科研、文化投资、企业规划等需要。

世界经济与国际关系数据库（下设 6 个专题子库）

整合世界经济、国际政治、世界文化与科技、全球性问题、国际组织与国际法、区域研究 6 大领域研究成果，对世界经济形势、国际形势进行连续性深度分析，对年度热点问题进行专题解读，为研判全球发展趋势提供事实和数据支持。

法律声明

"皮书系列"（含蓝皮书、绿皮书、黄皮书）之品牌由社会科学文献出版社最早使用并持续至今，现已被中国图书行业所熟知。"皮书系列"的相关商标已在国家商标管理部门商标局注册，包括但不限于LOGO（ ▧ ）、皮书、Pishu、经济蓝皮书、社会蓝皮书等。"皮书系列"图书的注册商标专用权及封面设计、版式设计的著作权均为社会科学文献出版社所有。未经社会科学文献出版社书面授权许可，任何使用与"皮书系列"图书注册商标、封面设计、版式设计相同或者近似的文字、图形或其组合的行为均系侵权行为。

经作者授权，本书的专有出版权及信息网络传播权等为社会科学文献出版社享有。未经社会科学文献出版社书面授权许可，任何就本书内容的复制、发行或以数字形式进行网络传播的行为均系侵权行为。

社会科学文献出版社将通过法律途径追究上述侵权行为的法律责任，维护自身合法权益。

欢迎社会各界人士对侵犯社会科学文献出版社上述权利的侵权行为进行举报。电话：010-59367121，电子邮箱：fawubu@ssap.cn。

社会科学文献出版社